好妈妈培养优秀男孩100招

韩 旭◎著

一本让你的教育理念和教育方法得到全面提升的书

中国婦女出版社

图书在版编目（CIP）数据

好妈妈培养优秀男孩100招 / 韩旭著 . -- 北京 : 中国妇女出版社 , 2016.6
ISBN 978-7-5127-1270-6

Ⅰ . ①好… Ⅱ . ①韩… Ⅲ . ①男性－家庭教育 Ⅳ . ① G78

中国版本图书馆 CIP 数据核字 (2016) 第 060377 号

好妈妈培养优秀男孩100招

作　　者：韩　旭　著
责任编辑：陈　元
封面设计：尚世视觉
责任印制：王卫东
出版发行：中国妇女出版社
地　　址：北京东城区史家胡同甲24号　邮政编码：100010
电　　话：(010) 65133160（发行部）　65133161（邮购）
网　　址：www.womenbooks.com.cn
经　　销：各地新华书店
印　　刷：北京楠萍印刷有限公司
开　　本：170×240　1/16
印　　张：21
字　　数：300千字
版　　次：2016年6月第1版
印　　次：2016年6月第1次
书　　号：ISBN 978-7-5127-1270-6
定　　价：38.00元

前言

妈妈如何做，男孩才出色

一提起妈妈，我们的内心中就会充满感动，从十月怀胎，到把我们养育成人，妈妈谱写了一首首母爱之歌。

生活中，每个妈妈采用的教育方式是不同的，作为一个男孩的妈妈，你的教育方式是先进的还是落伍的，是成功的还是失败的……我们不妨先看几个小故事。

故事一：超市的收银台前排着长长的队，大家拎着购物篮有序地等待结款。可是，一个手握冰棍的小男孩却分开拥挤的人群，从队伍后面不停向前挤。大家看到这种情况，纷纷皱起了眉头，暗中责怪男孩没有教养。有一位长者实在看不下去，便拦住了男孩，严肃地对他说："孩子，大家都在排队，你是后来的，应该站到后面去。"小男孩伸出手，指了指站在收银台外、正向这边观望的一位女士说："我妈妈叫我这样做的。妈妈说这样买东西快、省时间。"

故事二：有一个"神童"，天资聪颖，6岁就已经完成了小学课程，13岁考上了大学，17岁成了硕士研究生。然而，他在读研期间，因长期生活不能自理，被学校劝退了。原来，"神童"的妈妈望子成龙心切，所以从初中到大学，她一手操办了男孩所有的生活事项。男孩从未做过家务，更没有洗过衣服，甚至洗头、洗脸都要由妈妈帮忙。男孩也不懂得与人交往的常识，进别人屋不会敲门，逢人不愿打招呼……除学习成绩外，男孩的各种能力都极度欠缺，因而被迫离开了校园。

相信很多人都见过或听过这类故事。这些孩子出现这样那样的问题，与妈妈的教育有很大关系。

成功的教育就是要培养出举止文明、心智成熟、能力超群、善良懂事的男孩。然而，现在的男孩却不那么好教育。“4+2+1”是较为普遍的家庭模式，这使得位于顶端的男孩成为家庭的重心。从男孩来到这个世上，他的父母，尤其是妈妈，总是尽其所能给予他最多的关心和溺爱。但突然有一天，妈妈却发现，教育结果实在令人失望。

男孩不团结同学，不擅长交友，内心极度冷漠；

男孩不懂得关爱他人，不知道孝顺长辈，从来不会感恩；

男孩把学习丢在了一边，对妈妈和老师的要求置若罔闻；

男孩什么活儿都不会干，什么挫折都承受不了，严重缺乏生存能力；

男孩开始骂人、打架、上网、抽烟、喝酒；

……

妈妈的教育决定着孩子的未来。在家庭教育中，母亲的角色非常关键，对男孩的影响也极为深刻，从男孩的性格塑造、习惯养成、品行打磨、能力培养，到提升男孩的智商、情商、财商、德商和学习力，妈妈都有着不可推卸的责任。因此，作为男孩的妈妈，首要的任务就是学习一些科学的教育方法和技巧。

针对男孩教育，本书为妈妈指出培养优秀男孩的四个方向。

方向一：孜孜不倦，注重对男孩的“心理抚养”

不少妈妈认为只要男孩学习成绩好，身体健康，其他的都是次要的。她们无暇顾及男孩在成长过程中的心理体验和心理感受，更不要说仔细地关注其心理健康问题了。可男孩毕竟还小，他没有较高的情商，不懂得如何自我调节、自我解脱，不懂得如何适应竞争激烈的社会，若妈妈不注重对他的心理抚养，那么男孩就很容易走向岔路。

作为男孩的妈妈，你一定要明白，教育孩子要从改变孩子的“心”开始！只有走进男孩的内心世界，深入地了解男孩的心理状态，才能有效地解决男孩的成长烦恼，提升男孩的心理素质，对他进行科学的引导与培养。

方向二：不打不骂，与男孩建立良好的亲子关系

在教育界有一句名言：好的关系胜过许多教育。确实如此，妈妈与男孩的关系好，对男孩的教育就容易成功；妈妈与男孩的关系不好，对男孩的教育就容易失败。

那么，什么是良好的亲子关系？简单说来，就是爱和自由。所谓的“爱”，是指深深地理解与接受，无条件地尊重男孩、理解男孩、信任男孩、接受男孩、宽容男孩。这样做，可以让妈妈同男孩之间的关系更亲密。

所谓的“自由”，是指妈妈与男孩都要独立。妈妈不能用成人的想法去塑造男孩，更不要过于依恋孩子。只有与男孩保持一定的距离，各自都有自己的空间，才能让男孩独立成长。

方向三：循循善诱，引导男孩养成良好的习惯

从一定意义上说，习惯决定孩子的命运，现今家庭教育的一个核心任务就是让男孩养成良好的习惯。

大量事实证明，习惯是一种顽强的力量，可以主宰人的一生。孩子的一切都从习惯培养开始。例如智育，其实就是良好的思维习惯的培养；德育，就是细小的行为习惯的培养。因此，哲学家培根说：“习惯是人生的主宰。”著名教育家叶圣陶说：“教育就是培养习惯。”

当然，良好习惯的养成关键在最初的一段时间。妈妈对男孩的起点要低、要求要严、矫正要勤，这样才能塑造一个正直、诚实、责任心强、有爱心、能力超群、做事高效的孩子。

方向四：对症下药，教男孩爱学习、会学习、学好习

“爱学”是“会学”的前提，而“会学”是“爱学”的保证，“会学”才能“学好”。可现在很多妈妈都不懂得教育男孩学习的方法。有的妈妈事事管、时时管，结果做了很多事，男孩却越来越不爱学习；有的妈妈什么都不管，什么都不做，一味放任男孩，这样的教育效果更不好。

其实，男孩不爱学习只是表面现象，背后一定有原因。比如，男孩没有找到自己具有优势的一面，男孩的求知欲和学习潜能没有被激活，男孩没有养成良好的学习习惯，男孩没有意识到学习是他自己的事情……妈妈要找到背后的原因，再科学地帮助男孩克服厌学情绪。

另外，妈妈还要引导孩子树立明确的学习目标，找到合适的学习方法，建立良好的学习习惯，如坚持预习和复习、制订学习计划、把玩儿和学习相结合、整理错题、课外阅读等。通过这些引导，才能真正提升男孩的学习力。

最后，要说的是，在教育子女方面，世界上没有绝对的权威，也没有唯一的答案。真正有用的教育方式是需要妈妈静下心来思考和提炼的，妈妈一定要有耐心和信心。这样，培养一个优秀的男子汉就不是遥远的梦想了。

目录

第一章　走进孩子的世界，听懂男孩的心灵密码

第二章　引导男孩走向成功，妈妈的职责无可替代

第三章　自古纨绔少伟男，男孩一定要“穷”着养

第四章　好关系胜过好教育，与儿子实现零距离沟通

第五章 做高情商的妈妈，教出高情商的儿子

第六章 性格好命就好，让男孩赢在性格上

第七章 培养良好的习惯，使男孩受益终生

第八章　培养生存技能，让男孩成为命运的主宰者

第九章　塑造男孩的学习力，让他在未来更有竞争力

第十章 财商决定男孩一生，教男孩驾驭金钱和财富

第十一章 重视品德教育，让男孩拥有高尚的人格

第十二章 解读青春密码，陪伴男孩走过青春期

第一章　走进孩子的世界，听懂男孩的心灵密码

每个男孩心底都有一座神秘的花园，作为妈妈，你了解这些吗？

你知道男孩淘气，是因为他更喜欢冒险和探索吗？

你知道男孩好争斗，是因为他心中有英雄梦吗？

……

如果你无法肯定地回答这些问题，那就请走进这一章，去真正读懂男孩那些不可思议的行为吧！

第①招

剪刀、蜗牛和小狗尾巴——这就是男孩

曾有一位妈妈这样谈到自己教育儿子的经历：

我儿子从小就是个淘气包。在慈爱的奶奶面前，儿子的调皮行为变本加厉。白天，不管他是坐着还是站着，手脚都忙个不停，又抓又踢的。到了晚上也不消停，他会反反复复起床好几次，吵着要大人陪他玩儿，玩儿累了再睡，睡几小时又醒了。有一次，他戴着奥特曼的面具突然出现在一个小女孩面前，把那个小女孩吓得哇哇大哭，害得我忙向那个女孩的家长道歉。

现在，我的儿子已经上小学三年级了，可依然爱搞恶作剧。有时我气坏了，会打他两下，他当时表示悔过，可是过后就再闯其他的祸。为此，我真的伤透了脑筋。

事实上，很多男孩都是这样的，自从学会走路就开始不断地制造“麻烦”。但你要综合看待男孩，不要只看到他调皮的一面。

如果你有一个儿子，就应该好好了解一下他：

他精力充沛，始终都是斗志昂扬；

他敢于突破，干劲儿十足；

他喜欢集体生活，十分团结；

他崇尚公平，富有正义感；

他的肌肉充满力量，天生喜欢各种运动；

他很少有悲伤的时候，总是积极寻求快乐；

他的大脑充满奇思妙想，动手能力特别强；

他性格坚强，从头到脚都透着一股不服输的精神;

……

男孩的想法、男孩的行为、男孩的需求……作为妈妈，你都应该了

解。只有先进入男孩的世界，你才能真正了解男孩，也才有可能帮助他勾画出生命的蓝图。无论男孩现在看起来有多么淘气，妈妈作为他的第一任老师，都应尽自己最大的努力教育男孩，只要教育方法得当，就能将男孩培养成栋梁之材。

每个男孩都是与众不同的，他可能很敏感，动不动就掉眼泪；他可能很自我，难以与人分享他的想法；他可能太过慷慨大方，不懂节约；他在感受事物的方式、想问题的方式、学习的方式、游戏的方式等方面可能与众不同。只有对男孩的方方面面都有了清晰的了解，你才能更好地帮助他健康地成长。

在教育男孩的过程中，妈妈有必要记住这个原则 ：要永远做他体贴入微的护航人，特别是在他最需要关注、理解的时候。你要时时体察他生活中可能出现的各种问题，并在问题出现时，及时找到解决问题的方法。

随时记录男孩的个性

一位妈妈在儿子出生后准备了一个日记本，专门用来记录儿子生活中的点点滴滴。

我的儿子热衷于藏东西。我不知道他是怎么形成这个“爱好”的。后来从日常一些小事情来判断，我发现他是把藏东西当成了一种吸引人注意的手段，所以便没有制止他。有时我会故作惊讶地大叫 ：“天哪，哪个淘气包藏起了我的手机？”“哪个调皮鬼藏起了我的眼镜？”…… 说这些的时候，我一直在用余光偷偷观察他，我注意到他一直在抿嘴笑。果然，我猜得没错，我的儿子做这样的事情只是想让我给他更多的关注。

生活中，妈妈应该对儿子的喜好做到心里有数。例如，他喜欢或不喜欢吃什么东西；他最喜欢的运动、课余消遣和游戏方式是什么；他有哪些特长；最愿意去哪些地方；喜欢穿什么样的衣服等。这样，妈妈才能更好地读懂孩子的想法。

用积极的态度看问题

马上要期中考试了，明明每天都学习到晚上10点才熄灯睡觉。考试的前一天晚上，钟表的时针已经过了12点，明明房间里的灯还亮着。妈妈不想让儿子熬得太晚，便进入他的房间催促他睡觉。谁知，她被眼前的一幕气坏了。明明根本没有学习,而是全神贯注地看着足球比赛。经过严厉的询问，妈妈才知道，这些天来，儿子学习是假的，看体育节目才是真的。明明的妈妈强制性地关掉了电视机，并狠狠地训斥了儿子一顿。对于第二天的考试，她已不抱任何希望了。

就这样过了一个星期，考试的分数下来了，明明拿着考卷兴高采烈地进了家。明明的妈妈简直不敢相信,每天看电视的儿子竟然排进了班级前10名。

有时，妈妈应该让孩子自己决定该做些什么以及如何去做。也就是说，妈妈应该用积极的态度去看一些问题。

把你的想法老老实实告诉孩子

能否做到有效的沟通，对于两代人来说是至关重要的。一个家庭，如果只是单纯拥有良好的物质条件是远远不够的，优质的心理环境才是关键。优质的心理环境是男孩心理及人格健康的基础，关系到他一生的幸福。

妈妈可以在观察孩子的一些行动之后把自己对孩子的想法老老实实地告诉他，比如，可以这样说："儿子，我喜欢你处理这件事情的方式，你是怎么想到的呢？""你这点做得不太好，你觉得呢？""对于这件事，想知道我是怎样看的吗？"……用提问的方式表达出自己的所感所想，也有助于孩子了解你。

孩子是大人的一面镜子，他会折射出家庭教育成功的一面，同时也会折射出家庭教育失败的一面。所以，妈妈要重视与孩子的沟通。

专家课堂

每个男孩都充满着无限的可能，父母只有真正地了解男孩，才能引导他更好地描绘自己的人生。

男孩是一本难懂的书，随着年龄的增长，他的心理、情绪都会产生一些变化。妈妈的责任，就在于及时了解、掌握这些变化，给予其必要的指导和帮助。

第②招

从小小孩到男子汉——男孩成长的三个关键期

任何一个男孩都不是一夜之间长大的，他的变化有一个循序渐进的过程。男孩在成长过程中会经历三个阶段，妈妈应该充分了解这三个阶段中男孩的心理及生理特征，以便在孩子最需要帮助时伸出援助之手。

第一阶段：0~6岁

无论哪种性格的男孩，他们在6岁前都有一个共同点——非常需要妈妈的关爱和教育。这个对世界充满好奇的小生命，喜欢被妈妈抱在怀里，喜欢妈妈和自己说话，喜欢被别人逗得咯咯直笑；喜欢撒娇，希望妈妈能时时陪在自己身边……因此从某种意义上说，6岁前的男孩是属于妈妈的。

第二阶段：7~13岁

男孩过了 6岁，性格上往往会发生巨大的变化。这时的男孩突然变得有了男子气概，即使是平时特别安静、内向的男孩都充满了“英雄情结”。他把自己幻想成蜘蛛侠、变形金刚、奥特曼……喜欢挥舞着玩具刀枪，装模作样地“打打杀杀”，而嘴里还一刻不闲，为每一次“打斗”配着音：“我是超人，看我的，啪啪啪……” 其实，妈妈应该了解，这个活跃期是每个男孩都会经历的。

男孩之所以发生上述变化，是因为他在这个年龄段开始尝试着成为男人，他在兴趣与爱好方面越来越像爸爸。他更喜欢和爸爸或其他男性在一起，想向他们学习，想模仿他们。这个时期的男孩做事情的目的非常单纯——就是学着做一个男人。

第三阶段：14~18岁

这个阶段的男孩，要完成从幼稚到成熟的转变。此时，男孩进入了生长发育期，他的身体会发生一系列显著的变化：

他的身体轮廓逐渐明显起来；

他的肩膀变宽，周围的肌肉渐渐出现新的线条；

他的四肢和骨骼变长、变结实了；

他的嗓音由稚嫩的童音变为低沉的音调；

他渐渐长出了喉结，生出了胡须；

……

在这个阶段，男孩向往更广阔的世界，喜欢具有吸引力的事物，但是他判断是非的能力尚不完善，这就要求每一个男孩的妈妈要做出正确的引导，为男孩解答成长道路上遇到的疑惑，避免男孩陷入抽烟、喝酒、斗殴等事件中。

相信通过以上的介绍，妈妈已经了解了男孩成长道路上的三个阶段，那么，妈妈具体应该怎么做呢？

多多亲近孩子

一个妈妈这样描述她的教子经历：

我非常幸运，生了一对龙凤胎。虽然他们同时降生，但在表现上差别还是很大的。我的女儿很少哭闹，但我的儿子就大不一样了：他常常动个不停，有时还会恶狠狠地对我晃起小拳头，只有我来到他身边，将他抱在怀里时，他才好一些。

我的儿子每次哭闹都要不停地蹬腿，这时我轻轻地亲吻一下他的额头，他便会平静许多，但是很显然，他的“怒火”还没有熄，我只有不停地对他说话，他才能渐渐停止哭闹。后来我意识到，与我的女儿相比，我的儿子更需要我的安抚、拥抱和亲吻。可见，养育一个男孩，需要更多的耐心……

妈妈一定要抓住孩子降生后的最初几年时光，多多亲近孩子，比如常常拥抱他，和他交流，给他讲故事……在母爱的包围下，男孩会更踏实和安全地成长，他的心智也会发育得更好。

进入男孩的世界，体会他的感受

一天，4岁的齐齐突然拉起妈妈的衣角问："妈妈，你不是答应我今天给我买拼图积木吗？"齐齐的妈妈正在厨房忙着收拾碗筷，一看到齐齐进来"捣乱"，于是有点儿不耐烦地说："儿子，快回去，这里脏，一会儿我忙完就过去陪你。"齐齐噘着小嘴进屋了。

过了一会儿，齐齐妈妈忙完了厨房里的活儿，出去看齐齐，却发现他正满脸泪痕地蜷在角落里。妈妈问："你怎么哭啦？"齐齐说："你骗人，你说好给我买拼图积木，但到现在都没有给我买！"妈妈仔细地回忆了一下，自己好像确实说过这样的话。妈妈很后悔，忘记了对儿子的承诺。

不要以为男孩还小，什么都不知道，其实他非常细心和敏感。妈妈有时会忘记自己随口许下的承诺，但男孩却记在了心里。他总在默默关注着妈妈的一举一动，并希望妈妈也对自己多一些关注。因此，无论男孩处于哪个阶段，作为他的妈妈，你都要走入他的内心世界，体会他的感受。

言传身教，让男孩学会自律

一天，张女士领着7岁的儿子龙龙逛街，刚走到商店门口，龙龙不小心掉了一枚5角钱硬币。张女士本来以为儿子会把钱捡起来，但龙龙却一脚把硬币踢飞了。张女士生气地问："你在干什么？为什么不把钱捡起来呢？"龙龙一副得意的表情，说："这点儿小钱我才不要呢，要捡我就捡大钱！"龙龙的一番话让张女士感到吃惊，儿子为什么如此不爱惜钱呢？仔细一想，可能是自己平时和丈夫谈论金钱的时候被龙龙听见过。张女士经常对丈夫开玩笑说："这点儿小钱我才不赚，要赚我就要赚大钱！"没想到，自己无心的话语却给孩子带来了负面影响，张女士非常后悔。

妈妈是孩子最好的老师，孩子每天和妈妈在一起，妈妈的行为习惯孩子看在眼里记在心里，自然很快就能学会，并且效仿。因此，在教育男孩时，妈妈应该首先养成良好的生活习惯，并格外留意自己的言行，不要把不良信息传达给孩子。

专家课堂

卡尔·威特从教育儿子小卡尔的经验中，得出的结论是：孩子成长最重要的是父母对他的后天教育，而后天教育中最重要的是早期教育。他认为在孩子3岁以前的这段时期，父母可从以下两方面给孩子“灌输”信息：

1.反复给孩子“灌输”语言、音乐、文字和图形等信息，以提高其智力。

2.时常给孩子讲一些人生的基本准则和态度。

第3招

男孩不如女孩吗——全面认识男孩的特点

很多男孩的妈妈都很羡慕那些生了女孩的妈妈，在她们看来，女孩乖巧、伶俐、懂事，更加讨人喜欢。其实，每个孩子都有自己出众的一面，也有不足的一面。妈妈应全面认识男孩的特点，因材施教，为其日后的成功奠定良好的基础。

男孩的特点

男孩具有较强的实践能力、自学能力；

在大多数情况下，男孩喜欢单刀直入地解决问题，因为他们具有较为明确的目的性；

大多数男孩都具备很强的逻辑思维能力、推理能力、运算能力和理解能力；

事业对成熟的男孩来说是非常重要的，大多数男孩会把某一领域的成功作为生活目标；

男孩在语言交流时更倾向于提出建议和解决问题的办法等。

好好培养男孩的每一种天分

妈妈不要仅仅把目光停留在孩子的学习成绩上，要知道，学习不能作为衡量所有才能的标准。

以下是一位妈妈的教子经验：

小舟这次考试排在了全班倒数第四名。为此，我心情很差，回家后一动不动地坐在桌前思考儿子的问题究竟出在哪里。在我冥思苦想的这段时间，有几个小朋友接二连三地敲门，要找小舟出去玩儿。但儿子知道我因为他而伤心，所以一直没有出去。

过了一会儿，又传来了敲门声，我好奇地打开门，见到门口站了好几个小孩，他们异口同声地哀求我说："阿姨，你让小舟陪我们玩儿一会儿吧！没有他，我们玩儿着没意思……"正是这样的一句话点醒了我。我的儿子虽然成绩很差，却拥有良好的人缘，每个孩子都很喜欢他。

想到这里，我开始鼓励他多多交朋友，把同学叫到家里一起做功课。经过半年的时间，小舟的学习成绩明显提高了，社交能力也变得越来越强了。

妈妈在平时要多多留意，努力发现儿子的特点或天分。他是否喜欢音乐或美术等，他是否口齿伶俐、感受力强、具有幽默感，他是否喜欢模仿、喜欢表达……找到孩子的长处后，就可以有针对性地进行引导，最终变成他的一种能力。

锻炼男孩的表达能力

对于成长中的男孩来说，培养他的表达能力是非常重要的。只有锻炼他完整、顺畅地表达出自己的感受，他才会被人了解和接受，获得理想的沟通效果。

为了锻炼儿子的表达能力，在他3岁时，我开始引导他讲故事给我听。我还记得儿子第一次为我讲故事时的情景，他磕磕巴巴，显得很心急，可越心急便越讲不清楚，最后讲到一半就不想讲了。我在一边鼓励他："儿子，你讲得真棒，比妈妈讲得好。可是，你为什么不讲了呢？"儿子听我说完这些话像是受到了莫大的鼓舞，便又接着为我讲了下去。

在我的鼓励下，儿子爱上了阅读，爱上了演讲，他的表达能力在同龄孩子中非常出众……

这位妈妈的做法非常值得借鉴，我们也应该这样做。在男孩还小的时候，就要试着通过认物、读诗、讲故事等方式，让男孩从小就对语言产生兴趣，然后教他开口说话、讲故事，并给予他鼓励，从而使男孩产生强烈的表达欲望。当然，在这个过程中，妈妈会遇到许多的困难，但是千万不要灰心，只要持之以恒，男孩就可以拥有良好的表达能力。

专家课堂

男孩天生好动、淘气，父母在教育他们时应该注意哪些问题呢？

1.应当多留意男孩喜欢什么、爱好什么，并着重培养男孩的特长。

2.着重培养男孩的交往能力。

第④招

男儿有泪不轻弹——识别男孩特殊的表达方式

生活中，妈妈和老师常常告诫男孩：“要坚强做人，男子汉是不会掉眼泪的。”一般来说，如果男孩对别人的行为不满，或者自己的心情不好时，常常会闷闷不乐地在屋子里走来走去，严重时还会对熟悉的人大声喊叫、摔东西、伤害别人，甚至自残……其实这样的发泄方式非常不可取。这时，如果妈妈出面训斥，男孩的愤怒情绪更加难以宣泄。所以，妈妈应多关注男孩情绪表达的方式，让男孩通过合理方式宣泄不良情绪。

引导男孩倾诉心声，并认真聆听

李扬妈妈中午接到儿子的老师打来的电话，要她去学校一趟。她赶过去时，看见儿子正低头站在教室门口。老师说：“上课时李扬影响同学听课，我说了他多次，但他都不听，所以让他出来冷静冷静。”李扬妈妈心想，儿子一向很乖，今天怎么会对老师做出这样的事呢？尽管有些疑惑，但她还是真诚地对老师说：“不好意思，给您添麻烦了。”这时，旁边的李扬听了这话，显得很不高兴，他狠狠地推了妈妈一下，然后大步走开了……

李扬妈妈与老师道了别，接着追了出去。她见儿子快速地向前走着，眼睛红红的。李扬妈妈温柔地问：“儿子,为什么要推妈妈？”李扬嘴唇动了动，但没有说话，眼泪却哗哗地流了下来。李扬妈妈挽住了儿子的胳膊，说：“时间还真是快啊！儿子，你看，你现在是个大男孩啦！刚才推妈妈那一下，还真有劲儿啊！”

李扬终于哭出了声，说道：“妈妈，对不起！”妈妈笑了，说：“扬扬，你真傻，妈妈把你养大，会不了解你的性格吗？我其实一直对老师的话有所怀疑，你们之间一定存在什么误会，可我一直在等待着你对我说原因，没想到，你就那样走掉了。”

李扬说："我同桌把我的文具盒藏了起来，我要他还给我，他不还，我上课没法记笔记，只好去翻他的书包，没想到，被老师看见了……妈妈，对不起，我错了……"

妈妈说："有问题要及时说出来，不要闷在心里，你不说出来，别人便难以了解情况……好啦，儿子，我们别提这件事啦！既然你今天公然翘课了，那妈妈下午也翘班吧！不过有一点可要说好了，只此一次哦！"

人人都说"男儿有泪不轻弹"，但男孩在生活中也会遇到各种各样的困难，他们也会为某件事黯然神伤，他们也会被无数的烦恼纠缠……男孩也需要发泄自己的情绪。因此，他们需要一个聆听者，一个能够让他们倾诉心声的对象。妈妈往往是他们最值得信赖的人选。因此，作为男孩的妈妈，应该及时关注儿子的情绪变化，当你觉察出他的情绪有异常时，应积极引导孩子把憋在心里的不快说出来。

比如遇到上述事例中的那种情形，可能很多妈妈在面对这样"不尊师""不孝敬"的孩子时，都会大声斥责，但聪明的李扬妈妈没有那样做，而是积极引导孩子说出了心声。试想一下，如果李扬一直把这件事憋在心里，日后肯定会影响到他与妈妈的感情。

体谅男孩特殊的表达方式

比起生闷气、摔东西、吼叫等，有的男孩更愿意用身体来发泄自己的愤怒情绪，例如，用手砸墙、敲打自己的头、狠狠跺脚……当男孩成长到 5岁左右，这样的特征就会变得特别明显。此时，妈妈应该试着体谅男孩这种特殊的表达方式，千万不要对孩子的行为加以指责或"镇压"，否则可能会对男孩性格的发展产生不利影响。

小京的考试成绩很不好，回到家后，他将自己关在屋里，用拳头狠狠地敲打墙壁，他的手也因此受了伤。小京的妈妈知道这件事后，便为儿子买回了拳击袋和拳击手套，她告诉儿子："你不开心的时候，可以像李小龙一样练练拳，然后你的所有烦恼就消失了。"从此以后，每当小京不开心时，就会像妈妈说的那样发泄自己的情绪，后来再也没有发生过伤害自己的事情……

各位妈妈不妨学学小京的妈妈，在孩子情绪异常的时候，让他利用正确的方式宣泄不良情绪。此外，妈妈还应该等到男孩的情绪稳定后，耐心地指导他，让他学会科学合理地表达、调节自己的情绪。

专家课堂

生活中，父母应当如何正确地帮助男孩疏导不良情绪呢？

1.告诉他，男儿有泪也轻弹，让他正视哭这件事情，不要觉得男孩哭就是可耻的。

2.闲暇时多和男孩谈谈心，把自己的人生经验讲给男孩听。

3.尊重男孩，不要强制他别哭、别生气等，而是应当帮助他找到宣泄不良情绪的正确途径。

第⑤招

精力旺盛的"淘气包"——合理教育和引导很重要

男孩思维活跃、精力旺盛，喜欢冒险，追求刺激，在很多人眼中，都是淘气包。其实，妈妈只要多关注男孩的心理需求，合理引导、教育男孩，他就不会总是闯祸，让人既担心，又焦虑。

允许精力过剩的男孩玩"打架游戏"

生活中，有的男孩好动、喜欢打斗。对此，妈妈不要过于抱怨和无奈，也不要过多阻拦，除非他正在进行特别暴力、危害自己或他人健康的行为，正确的做法是让男孩把过剩的精力宣泄掉。

一位妈妈这样讲述自己的教子经历：

一次，我看见我的儿子与他的好朋友强强打了起来，他们挥舞着手臂，互相拍打着。我当时连忙将儿子拉到一边，给他讲了很多道理，比如小伙伴之间应该团结友爱、互相帮助等。儿子点头答应："妈妈，你回去吧，我知道了。"

我相信了他，便起身往家走。可没走几步，我发现这两个男孩又厮打在一起了。我怒气冲冲地将他们拆散，并询问他们打架的原因，但两个孩子似乎都说不上来，他们只是觉得这样好玩儿。我当时真的疑惑了——只是好玩儿而已吗？

男孩就是这样"叛逆"，当妈妈告诉他，某些暴力行为是不被允许的，他往往不会乖乖听话。相反，一些暴力和破坏行为的次数还会变得越来越多。因此，妈妈与其通过"禁止"的方法，还不如让男孩将他过剩的精力完全地宣泄掉。只有这样，他才能静下心来做其他的事情。

在男孩想要与人"打斗"时，妈妈可以制订一些规则，你可以这样对儿子说：

你可以与小朋友们玩"打架游戏"，但你不能伤害别人，也要尽力保护自己不受到伤害。你不能使用太尖或太硬的"武器"，否则就是破坏了"游戏"的规则。当然，你也要允许你的"对手"这样做……

要知道，大多数的男孩其实是很讲规则的，前提是你帮助他制订。当他被告知，在某些规则下，暴力和破坏行为是被允许的，他往往会在遵守规则的前提下，去释放自己过剩的精力。

正确引导，淡化男孩追求刺激的欲望

一个7岁的小男孩讲述了这样一件事情：

每当我碰打火机的时候，我的妈妈总是会对我大呼小叫。我不明白她为什么那么讨厌我动打火机，可是我真的想知道，火苗是怎么从打火机里钻出来的。

有一次，我趁妈妈出去的时候，偷偷拿起了打火机。真是神奇啊，我学着爸爸的样子扣动打火机，火苗便呼呼地钻出来了。幸好我动作灵活，否则就烧到眉毛了。

我正玩儿着，就听见门响了，妈妈回来了，我马上将打火机放回原处……

男孩喜欢寻求刺激，挑战极限。比如，射击、滑翔机、滑板、赛车等刺激性的项目都是他们的最爱……毕竟我们无法每天24小时都守在孩子身边，留心他们的行为，所以，妈妈应该采取正确的引导方式来淡化男孩追求刺激的欲望。

如何淡化呢？妈妈可以在日常生活中多关注男孩行为中积极的一面，并给予真诚的肯定，引导他朝着优势的方向发展，长此以往，他的冒险欲望会慢慢减弱。

大家可以参考下面这位妈妈的做法：

妈妈发现自己的儿子特别喜欢蜘蛛侠，便这样同孩子聊天："儿子，你最喜欢蜘蛛侠哪里呢？"男孩不假思索地说："我最喜欢他的手，可以生出很多丝线，有了那些丝线，他就可以飞来飞去。"妈妈接着问："会飞的东西很多，你为什么喜欢蜘蛛侠呢？"男孩想了一会儿，说："因为他很正义，很善良，也很勇敢！"妈妈听后露出了笑容，说："这就对了，他之所以成为英雄，不仅仅因为会飞，主要是因为这些优秀品质。假如你拥有了这些品质，你也可以成为大家心中的'蜘蛛侠'。"

此后，儿子变了许多，比从前懂事多了，常常主动帮妈妈干家务，帮同学们解决困难，他用自己的方式成了大家眼中的"蜘蛛侠"。

其实，读懂男孩是很容易的。如果妈妈越是关注他的冒险欲望，他的冒险行为就会越来越多；但如果妈妈试着关注他行为中的积极方面，例如，在冒险的同时，看到他的创造性，那么男孩寻求刺激的欲望大部分都会通过创造行为表现出来。这样既减弱了男孩的冒险行为，又能增强男孩的创造欲望。因此，当你正在为儿子的冒险行为而苦恼不已时，可以尝试着去发现他行为中的积极方面，满足他的好奇心和探索欲望。

给男孩一些自由和权利

男孩敢于向权威挑战，喜欢玩有输赢的游戏，喜欢自由表达自己的意见和情感……在与别人相处的过程中，男孩最关注的事情就是谁做主，自己是否能控制局面，这样的性格在日常生活中表现得特别明显。

例如，有很多男孩都不喜欢早睡，这时妈妈就不要逼迫他早早上床，可以让他自主安排休息时间——但前提条件是不能熬得太晚，也不要发出太大的声响，干扰别人的睡眠。再比如，孩子想看电视，妈妈也不妨给他一些自由，但必须在完成作业的前提下……这样，男孩会感到妈妈对自己的信任和理解，就能够心情舒畅地做自己喜欢的事情，也会服从妈妈的教育和管理。但是妈妈为男孩分配权利时要特别注意，赋予自由，并不是放任自流；同时，提出的条件也不要太苛刻，以免引起孩子的抵触情绪。

专家课堂

英国的教育专家伊丽莎白·哈特利–布鲁尔认为，父母要想让孩子按照自己所想的那样做，可以尝试以下方法：

1.父母要保持积极正面的心态，要对孩子所做的事情进行全面的分析。

2.不要对孩子说“我也认为你这次考试不会及格”之类的话，想当然地认为孩子会有糟糕的成绩或表现。

3.父母切忌往男孩身上贴“淘气”“坏小子”“谎话精”等负面标签，要给孩子更多的希望，让他对自己充满信心。

第⑥招

“电视机里装着小人吗”——男孩的探索心理

生活中，我们总会听到妈妈有意无意地说出以下这些话：

“我家那个小祖宗，简直就是个‘破坏王’，昨天刚给他买的电动玩具车，没两天就被他拆得七零八落了。”

“儿子最近总是有很多问题，一会儿问我地球为什么不掉下去，一会儿又问我月亮为什么总在晚上出现。就算我能回答一两个，可不能回答所有问题，都快被他‘问死’了。”……

事实上，上述这些行为是男孩探索心理的表现。

一位儿童心理学家曾经指出，男孩具有“破坏性”，其原因大致有两种，一是因为好奇而破坏，另一种可能就是故意破坏。因此，妈妈一定要正确认识男孩“破坏性”行为背后的真正原因，然后对孩子的行为进行正确引导。

正确对待“破坏小子”的好奇心

8岁的男孩廷廷不但是有名的“破坏小子”，见什么拆什么，更是“十万个为什么”。从早到晚他都在问：“妈妈，为什么树会长叶子？”“妈妈，电视里怎么会有人说话？”“这个是为什么？”面对儿子不停地问“为什么”，妈妈本就很头疼，谁知这小子竟然为了找到答案，常常搞一些“破坏活动”，结果害得妈妈一天到晚为他收拾“烂摊子”。

生活中，正是男孩的这种探索心理和好奇心理，推动着他主动去获取知识。因此，当男孩对周围的事物产生兴趣，并且想要探知其中的奥秘时，你应该及时给予鼓励：“儿子，你真了不起，竟然能注意到这一点。让我们一起想办法解决这个问题。”

接下来，如果妈妈能进一步给男孩提供正确的获取知识的渠道，教会男孩解决问题的方法，那么男孩不仅能获取知识，更有利于培养男孩的思维能力、解决问题的能力等，而这些能力和习惯，也必将为男孩今后的学习打下良好的基础。

尊重和理解男孩的“破坏能力”

蔡志忠是一位很有名的漫画大师。他小时候很顽皮，有一次在家里用墨汁胡乱地描画，他把客厅通往书房的墙壁作为画板，画上了一个一个的小人。儿子的这种调皮行为自然惹得父亲火冒三丈，但父亲没有痛打儿子，只是批评了蔡志忠两句，之后又给儿子买了一些画笔和一块小黑板。自然，父亲的支持和认同，让儿子不断地创造和努力，最后获得了成功。

我们可以试想一下，如果父亲看到蔡志忠的“破坏行为”后对他一顿大骂，那么一位天才的艺术家也许就此变得平庸。因此，你应该学着尊重和理解儿子的“破坏能力”，而不要简单、粗暴地阻止孩子。正确的做法是妈妈与孩子平等交流，鼓励孩子通过正确的方法进行探索，进而将孩子的“破坏能力”引向正途。

发现并挖掘儿子“破坏性”背后的天赋

妈妈或许不知道，男孩“破坏性”行为背后隐藏着很多天赋：创新能力、探索能力、思维能力、动手能力等。所以，如果你忽视了自己儿子“破坏行为”背后的这些天赋，很可能让孩子变成一个平凡的人。

一位妈妈曾这样讲述自己的教子经验：

我儿子从小就和别的男孩不一样，他不喜欢手枪、汽车等男孩标志性的玩具，却特别喜欢玩积木，而且他还总是把妹妹辛辛苦苦搭好的积木推倒，自己再重新设计一个。女儿被儿子的这种行为弄得大哭起来，但我并没有训斥儿子的破坏行为，而是一点点地把儿子的这种爱好引向正路。例如，我会经常带他参观一些独特风格的建筑，给他买图片书，和他一起玩搭积木的游戏，并比赛谁搭出的积木又好又快…… 渐渐地，儿子对那些“小房子”产生

男孩本来就应该这样，长大就好了。
真是烦死人了！我刚离开一会儿，你就在墙上画画，以后不许这样了！
就是，男孩小时候都这样。
儿子，你在墙上画了这么多小动物，看来很有绘画天分。不过呢，妈妈清理起来很辛苦呀！
好的，爸爸妈妈，我错了！
爸爸明天给你买个画板，以后咱们在画板上画，妈妈就不会这么辛苦了！

了兴趣。更让我欣喜的是，他自己在学校搭建的建筑模型竟获得了一等奖，而且从此之后，儿子真正爱上了建筑，希望将来成为一名优秀的建筑师。

这真是一位非常明智的妈妈，她不但没有批评儿子的这种“破坏行为”，相反，她看到了儿子这种行为背后的天赋——对建筑的兴趣。于是，她鼓励儿子继续坚持自己的这种兴趣，并且运用恰当的方法引导儿子真正爱上建筑，或许在不久的将来这个小男孩真的会成为一名出色的建筑师。

专家课堂

意大利著名教育家蒙台梭利认为，父母要理智看待孩子的“搞破坏”行为，认清孩子是“无意破坏”还是“有意破坏”。具体教育方法是：

1.如果孩子是“有意破坏”，父母应主要通过对其进行一些生理和心理训练来解决，例如给他买铅笔、蜡笔等，让他画、涂、写。

2.如果孩子是“无意破坏”，父母应给予理解，并关心、支持孩子的这种好奇心，鼓励孩子的求知欲和探索精神。

3.切忌对孩子的“破坏行为”批评、怒斥，这会让孩子丧失好奇心。

第⑦招

“1+1为什么不等于3”——爱问是男孩的天性

作为妈妈的你，是不是经常为男孩脑袋里那些稀奇古怪的问题感到头疼呢？男孩对周围的事物总是充满疑问与好奇，从宇宙星空到花草树木，他们想知道的事情太多了。

妈妈应该懂得，男孩好问是一个很好的习惯，这是男孩开始学习知识的表现。纵观古今中外，但凡有所成就的人都是从善于质疑开始的。所谓“学问学问，一半学一半问”，说的就是这个道理。如果妈妈能够耐心解答男孩的疑问，或帮助男孩找到解决疑问的方法，长此以往，能够让男孩养成勤于思考的好习惯。

多加鼓励，让男孩在疑问中形成发散思维

生活中，能够对自己质疑的事情提出问题，这证明男孩在思考。所以，你千万不要认为男孩提出这些问题是因为他不听话、不懂事，甚至有意和你作对，也不要为了维护自己的尊严而拒绝回答孩子的提问。这样只能打击男孩思考的积极性，让他成为墨守成规的人。

下面是一位妈妈的亲身经历：

张女士正在厨房里做饭，这时候正在屋子里看电视的 6 岁的儿子跑进厨房，问张女士："妈妈，星星是从哪里来的？"

张女士先是一愣，接着说："我儿子的问题提得真不错，你想想看呢？"

说完，张女士继续切菜，而她的儿子则一个人走出了厨房，过了好一会儿，儿子又兴冲冲地跑进来对着张女士说："妈妈，我知道了，星星一定是用月亮剩下的材料切成的。"

张女士一听笑了，然后从冰箱里拿出了一个冰激凌，递给儿子，说："真是个好答案，这个就是给你的奖励。吃完晚饭，妈妈给你讲月球和行星的故事……"

妈妈的鼓励会让男孩乐于思考。当然，并不是所有的问题都要直接给出答案，妈妈一定要善于区分孩子的问题，对于那些孩子自己能够解决的问题，妈妈一定要鼓励孩子自己去完成。这样不仅解决了孩子的疑问，还能很好地锻炼他的独立性，让他知道有些事情是需要他自己去做的。如果有些问题妈妈也不知道答案，千万不要随便编造一个，而是要尽量引导孩子，告诉他这需要进一步地学习才能找到答案，让他对学习产生积极性，自己去寻找答案。

教孩子在思考的基础上学会辨析

一天，妈妈带着12岁的儿子邓阳去商场买鞋子，商场的鞋子太多了，看得邓阳眼睛都花了。这时，一位导购员走了过来，手里拿着一双鞋子对邓阳的妈妈说："大姐，你看这双鞋子多好，暖和，而且鞋底厚、螺纹多，冬天穿防滑。"

导购阿姨的一句话勾起了邓阳的好奇心，邓阳扯扯妈妈的袖子说："为什么鞋底厚、螺纹多的鞋冬天就能防滑啊？"妈妈笑着摸了摸邓阳的头，说："那你自己可以做一些试验啊，这双鞋不错，我们就买这双吧。"

邓阳点点头，脑子里却全是疑问。回到家里，邓阳就迫不及待地拿出夏天鞋底较薄、螺纹较少的鞋子和新买的鞋子做对比，还专门跑到外面去做试验。后来，妈妈问他想到答案了没有，他兴奋地点点头说："螺纹多，鞋与地面的摩擦就大，所以就防滑了。"

对于年龄稍大一点儿的孩子来说，让他自己去思考答案，比你直接给他一个答案重要得多。作为妈妈，当男孩提出问题后，应当积极地鼓励他去自己思考答案，这样更有利于培养男孩的思维意识和独立意识。

专家课堂

教育家蒙台梭利认为，每个孩子身上都藏有巨大的潜力，而要想打开孩子的"潜力之门"，就要利用他天生的好奇心带他去大自然中找寻答案。对此，蒙台梭利给父母提供的方法是：

1.父母可让孩子试着栽培植物，以培养他的观察力和耐心。

2.父母可允许孩子养育小动物，以便培养孩子的爱心。

3.让孩子注意观察四季变化，体验大自然的千姿百态。

第⑧招

“我就是要当老大”——每个男孩都有领导欲

一位养育了一儿一女的妈妈在博客里这样写道：

儿子还没出世之前，我一直认为养儿子和养女儿是一样的。因为有养育大女儿的经验在先，所以等到养儿子的时候，我也采用了同样的育儿方式。可是现实告诉我，养儿子和养女儿是两码事。其中，最让我印象深刻的就是儿子身上所表现出的领导欲。

平时,5岁的儿子总是对7岁的女儿说："我是男生,你要听我的。"有时，他也会小大人般地对我说："妈妈，你要听我的！"我真是想不明白，儿子这么小怎么就有这么强的领导欲呢？

这位妈妈的疑惑想必很多妈妈都有过——为什么男孩都希望成为头儿呢？对于这个问题，心理学家已经做出了回答：每个男人都有领导他人的欲望，每到一个新的环境，他最关心的就是“谁是头儿”。他想知道这个新环境的规则是什么，当“头儿”有什么具体的条件，然后与自己现有的条件进行对比，确定自己如何才能成为这个新环境的“领导者”。

说到底，男孩的领导欲就是他的竞争心理，而这种天性会随着男孩的年龄、家庭环境、社会环境等而不断变化，如果妈妈能够在男孩小时候就对他的这种竞争天性进行正确引导，那么他就会变得更加有进取心和上进心。

给男孩当“领导”的机会

俊俊是家里的“周末监督员”。不过,他这个监督员和别的监督员不一样，他不负责监督坏行为，而是监督、搜集爸爸妈妈的好习惯。所以，每到周末，俊俊就变成了一个“小侦探”，满屋子转悠搜寻爸爸妈妈的好习惯。此刻他正在厨房里，跟在正在做饭的妈妈身边，观察妈妈怎样洗菜、切菜、做饭，有时还帮助妈妈倒垃圾。该炒菜了，妈妈就让俊俊到客厅去找爸爸的好习惯。

俊俊一到客厅，就看到爸爸正从烟盒里抽出一支烟，可爸爸一看到他，尴尬地笑了一下，就把烟又放了回去，俊俊马上把爸爸的这一行为记在了自己的“监督本”上。

晚上，俊俊像往常那样把爸爸妈妈召集到了客厅，开始了每周由他主持的“家庭总结会议”。他煞有介事地对爸爸妈妈说：“爸爸妈妈今天表现得都很棒，妈妈洗菜很干净，而且很关心俊俊，怕我被油烟熏到；爸爸也很乖，今天没有吸烟。”爸爸妈妈听到俊俊的夸赞会心地笑了，而俊俊也在耳濡目染之中学会了爸爸妈妈的这些好习惯。

男孩天生就有领导欲，俊俊的父母正是利用了儿子的这一心理，很聪明地让儿子当家里的“领导”。其实，他们是在用另外一种方式教育儿子什么是好习惯、哪些事情应该做、哪些事情不该做。也正是在父母的这种巧妙教育下，俊俊身上的好习惯越来越多，坏习惯越来越少。因此，妈妈一定要想办法给自己的儿子制造“当领导”的机会，让他尝尝当“领导”的滋味，并让他在当“领导”的过程中增强认识问题、分析问题、解决问题的能力，让他养成良好的品行和习惯。

赞赏男孩想要当“头儿”的心理

“妈妈，我想当班长！”8岁的儿子刚回到家就兴冲冲地对坐在沙发上的妈妈说。可是，妈妈只是斜眼看了儿子一下，口气轻蔑地说:“你想当班长？你根本没这本事，别做梦了！”

儿子有没有本事，可不是妈妈一句话就能下定论的，但是妈妈这一句“你根本没这本事”却能把儿子所有的自信和热情打击掉。也许，你的儿子年龄还很小，也没有什么过人的能力，而他却经常向你讲起他的目标和梦想，以及他想赢过谁、取得怎样的成绩。这时，你千万不要胡乱搪塞自己的儿子，更不能打击他，因为男孩在这一方面是十分敏感的。漠视、打击和批评都会让他受到伤害，所以你最应该做的就是赞扬、肯定和鼓励他。你应该坚定地对你的儿子说：“儿子，你这种想法真是太棒了！妈妈相信你能凭借自己的努力达到你的目标！”相信你的儿子在得到你的尊重和肯定之后，一定会带着更多的自信心和热情朝着目标前进。

妈妈要学会巧用男孩的竞争心理

男孩都有竞争心理，所以，妈妈有时不妨利用男孩的这一特点，用“激将法”把男孩的竞争意识激发出来，让男孩乖乖地去做你想让他做的事情。

下面一位妈妈的育儿经验很值得其他妈妈学习：

儿子的房间总是乱糟糟的，我让他收拾房间，他就反驳我说：“我不喜欢收拾房间！”这小家伙是个“常有理”，但我知道他骨子里是个很有竞争意识的人。于是我就对儿子说：“儿子，你看这样好不好，妈妈和你来一场比赛怎么样？我打扫客厅，你打扫自己的房间，我一定比你干得好。”儿子似乎被激“怒”了，说：“哼，我才不信呢，我一定干得比你好。”说完，就迅速地干了起来。

当然，妈妈在使用“激将法”的时候，一定要掌握好“度”，否则就可能让不谙世事的小男孩过度认同和依赖你的观点，以至于到后来真的会认为自己“这也不行”“那也做不来”，进而失去进取心。

专家课堂

小男孩都有当“头儿”的欲望，父母该如何巧妙地正确引导他们这种“领导欲”呢？英国的教育专家伊丽莎白·哈特利–布鲁尔给出了自己的答案——鼓励和支持男孩，而不要强迫和控制他。她的具体建议是：

1.父母要时刻关注儿子的行为，并在一旁观察他从事的各种活动，必要时，询问孩子进展如何。

2.为男孩提供一定的帮助，带他去他需要去的任何地方，并和他一起讨论遇到的各种问题和解决方法。

3.当男孩跟你讲自己遇到的问题和取得的成就时，父母要认真倾听，并及时给予表扬和肯定，要学会同孩子一起分享他对梦想和目标的热情。

第⑨招

“让我来拯救地球吧”——男孩的英雄情结

“你最希望成为什么呢？”面对这个问题，也许十个男孩有十个不同的答案：“我最希望变成奥特曼，打败怪兽，拯救人类！”“我希望成为蜘蛛侠！”“如果我是变形金刚就好了！”……无论男孩的答案是怎样的千奇百怪，最后都有一个共同点，那就是——“我想成为英雄”。

周末，我带着8岁的儿子去商场买衣服。一走进儿童服装专卖区，我就拿着一款儿童品牌的最新款式问儿子：“儿子，你喜欢这件衣服吗？这件衣服看起来真不错，是你最喜欢的颜色。”谁知小家伙只是瞅了他面前的衣服一眼，然后很干脆地说：“这些我都不喜欢！”

“为什么呀？这些衣服看起来都不错啊！那这件呢，是你最喜欢的运动款！”我又拿起旁边的一件衣服。后来，儿子走到一个小货架前，拿着一件质量不太好的上衣来到我面前说：“妈妈，我要这件，这件上有奥特曼！”虽然我很介意这件质量粗糙的衣服，但是儿子执意要我买下它，而且一回到家就兴奋地穿上新衣服，跑到外边去显摆了。

为什么男孩喜欢奥特曼呢？奥特曼是日本制作的科幻英雄片里的人物，是一个为了维持世界和平而与各种各样的怪兽作战的英雄。因此，对于男孩来说，奥特曼就是他们心中的英雄。男孩喜欢英雄，更喜欢当英雄，他们之所以迷恋奥特曼，就是迷恋奥特曼身上的英雄气。也许很多男孩并不真正了解什么是英雄、什么是正义，但是他们渴望在现实中得到人们的认同和激励。那么，对于男孩的这种英雄情结，妈妈应该怎样正确对待呢？

满足儿子想当英雄的“雄心壮志”

6岁的齐齐是一个特爱打抱不平的男孩，平时最喜欢当“英雄”。有一次，妈妈下班刚回到家就听到爸爸对齐齐说："你这孩子怎么这么不听话，整天就知道和小朋友打架啊？"原来齐齐今天和班里的"小霸王"打了一架，结果弄得满身是伤。

妈妈没有加入爸爸训斥儿子的"阵营"，而是温和地问儿子："齐齐，能告诉妈妈，你为什么和小朋友打架吗？"

齐齐噘着小嘴说："张强欺负其他小朋友，老师又不在，所以我就去教训他了，然后我们就打起来了！"

"儿子，你做得非常对，简直就是个小英雄，妈妈佩服你！"妈妈笑着对儿子说。

齐齐不解地看着妈妈说："可是老师和爸爸都说打架的孩子不是好孩子！"

"你这是英雄行为，妈妈当然应该鼓励你。不过，老师和爸爸也没有说错，打架并不是解决问题的最好方式，你可以先和欺负小朋友的张强讲道理，也可以和周围的小朋友一起跟他讲道理。如果大家团结起来反对他，他就不敢再欺负别的小朋友了，你说对吗？"

齐齐听完妈妈的建议后，认同地点点头。

男孩爱逞英雄并没有什么不对，至少说明孩子心里有一股强烈的正义感，而这就像一簇小火苗，如果妈妈能够恰当地守护和引导男孩这种小小的正义感，那么这一点儿小火苗就可能成为温暖自己、照亮他人的正义之光。反之，如果男孩盲目地做一些"英雄行为"，结果可能在伤害自己的同时，更给他人和社会带来伤害。所以，当小男孩因为打抱不平和别人打架时，妈妈先不要急着批评男孩的打架行为，而要先表扬男孩的英雄行为，满足男孩的英雄心理。

另外，妈妈要学会在男孩面前"示弱"，让男孩做一些力所能及的事情，培养他的自理能力。例如，出门在外时让男孩帮妈妈带路、帮爷爷奶奶拎东西……这样不仅能满足儿子想当英雄的"雄心壮志"，而且有利于培养他的男子汉气概。

利用男孩心目中的英雄“标杆”改正他的缺点

妈妈常提出“男孩缺点就是多，怎么改都改不掉，怎么办”“有什么办法能让我的儿子少犯毛病呢”等诸如此类的问题，其实妈妈不必为此烦恼，我们完全可以利用男孩心目中伟大、神圣又能力出众的英雄，抓住男孩崇拜英雄的情结，让男孩轻易地改正自己的缺点。

宝宝是一个很听话的男孩，但是有一个不好的生活习惯——爱赖床。每天早上，无论闹钟怎么响，妈妈怎么一次又一次地喊他，他都懒懒地说：“睡五分钟，再让我睡五分钟。”结果，十分钟过去了，这个“小懒虫”还躺在自己的被窝里。

后来，妈妈想到了一个好主意。她知道宝宝一直把奥特曼当成自己的偶像，于是一天早晨妈妈对赖床的宝宝喊道：“奥特曼，怪兽来了……”宝宝一听妈妈的话就来了精神，还在被窝里笑了起来，两分钟后，他便大声回应妈妈：“我是奥特曼，妈妈是怪兽，我要代表正义消灭你，呵呵！”说着就从床上爬了起来。

生活中，如果妈妈能够借助儿子崇拜的英雄的口气、英雄的行为去教育自己的儿子，不仅能让他很快地改正自己的缺点，而且可以让他学习到英雄身上更多更积极向上的东西。

让男孩知道什么是真正的英雄

“妈妈，我想当英雄！”每当男孩说出这句话时，说明他的心中已经有了想要成功、想要迫切得到他人承认的心理。这时，妈妈要做的是什么呢？当然，首先就是肯定和鼓励男孩的这种英雄心理，提高他的自信心，接着你就要告诉他“什么是真正的英雄”。

男孩渴望做像奥特曼那样的英雄，但英雄并不一定是去拯救世界、保卫和平，并不一定要像奥特曼那样和怪兽作战。因此，妈妈必须让渴望成为英雄的儿子明白——英雄应该具有这样的品质：冷静、睿智、积极、阳光……

另外，妈妈还要让男孩明白，做英雄的基础就是先要学会保护自己，不能一味蛮干，而是要学着运用自己的智慧和勇气，巧妙地解决遇到的难题。

不行，那件衣服质量太差，穿着肯定不舒服，还是这件好。
我就要那件奥特曼的衣服。
哇！原来我儿子想做大英雄，好，妈妈支持你。
我要那件奥特曼的衣服。

专家课堂

每个男孩都希望成为英雄，但如何才能正确引导他们的这种“英雄情结”呢？英国的教育专家伊丽莎白·哈特利–布鲁尔给出的答案是：让男孩做一些力所能及的事以体现他的价值。她的具体建议是：

1.父母可让男孩协助你做些整理、修补、打扫卫生的工作，并给予孩子适当的鼓励和肯定。

2.向男孩表明，你尊重他的想法和技能。

3.让男孩学会适当承担一些责任，使他不断检验自己，提升技能，让他觉得自己值得信赖。

第10招

“同桌比我学习好”
——为什么男孩的成绩在某些阶段相对较差

相信很多男孩妈妈都有这样的体会，儿子的头脑很聪明，可是在小学和初中阶段，与同龄的女孩相比，男孩的成绩相对差一些。更令妈妈感到奇怪的是，当男孩进入高中后，他的学习成绩往往会提高得很快。

针对这一问题，美国学者进行了相关研究：他们找来了8000名调查者，跟踪调查发现，每一组男女的智商差别都很小，但在有时间限制的情况下，女性的表现更优秀，特别是在小学和初中阶段。学者由此得出结论：很多课堂活动，包括考试，都直接或间接与把握速度有关——女性在这方面表现得更好，她们更擅长有时限的任务和定时考试，这便是在某些阶段男孩成绩比女孩成绩相对要差的原因。

将男孩从压力中解放出来

每天回家，看到那么多作业，黄宇头就大了，他总喜欢先玩儿会儿再写作业，但是妈妈却逼着他先写作业，还不允许他看动画片，于是黄宇每次写作业都极不情愿。上个星期，语文老师要求背诵两首古诗，他背了六天还没背熟。现在，只要是考试，黄宇的成绩总是在后二十名之列。黄宇的妈妈打过骂过他，还给他请了家教，可是都没有效果。

有一天，黄宇非常认真地对妈妈说："我不想去上学了，学校是关我的'监狱'。"黄宇妈妈听后非常生气，她严厉地对黄宇说："别瞎说，你要是不读书，将来怎么考大学啊？怎么找工作呢？"黄宇听后很不开心。没有得到妈妈的支持和理解，黄宇有点儿自暴自弃了，此后他的成绩越来越差，最后竟然成了班级的倒数第一名。

男孩从小学起，成绩往往不如女孩，父母的责备、老师的歧视，让骄傲的小男子汉低下了头。如果妈妈只顾着男孩的学习成绩，忽略了他的心理需求，就很难帮助男孩获得好成绩。因此，妈妈不要因为男孩学习成绩差就责备他，进而给男孩带来沉重的心理负担。你要帮助男孩减轻学习压力，帮助他重塑信心，这样男孩的成绩才能提上去。

不要扼杀男孩爱玩儿的天性

很多男孩爱玩游戏，但是很多妈妈却反感这一点，于是常常阻止他玩儿，强迫他学习，这就在无形中扼杀了男孩的天性。游戏对于男孩来说好处是非常多的，它既可以让男孩建立自尊、获得自信，同时还能让男孩发现自己的潜力。因为游戏有助于培养他在语言、社交、手工、制订计划、解决问题等方面的能力，从而增强他的综合素质。

因此，妈妈不要把男孩的学习看成他的唯一任务，适当允许男孩外出游戏，一定要坚持劳逸结合的原则，否则过多的压力只会让男孩对学习更加反感。

重视培养全面发展的男孩

学习成绩是评价男孩是否优秀的一个标准，所以很多妈妈极度重视男孩

不上学你干什么，别胡闹，以后不准再说这样的话！
妈妈，我不想上学了。
哦？为什么呢？能告诉妈妈你的想法吗？然后，我们再决定去不去学校。
妈妈，我不想上学了。

的分数。可是当男孩走入社会后，对他的评价标准就不单单是考试成绩了，而是个人的综合素质。

妈妈要重视提高男孩的个人综合素质，树立正确的家庭教育观念，给男孩个性化、特色化的教育，让男孩德智体全面发展。只有全面发展的男孩，才能更好地适应未来社会的需要。

专家课堂

德国教育家卡尔·威特认为一个孩子的成长是由多种因素决定的，“天资不足”并不是否定孩子的理由，教育的关键在于父母如何培养、如何去引导孩子。他的经验是：

1.无论孩子在学习什么，父母都要要求他做到专心致志。

2.父母要从孩子很小的时候就教育他学会计划和安排。

3.父母要善于在日常生活中观察自己的孩子，一旦发现孩子心中有疑惑，就要及时帮他解开。

第二章　引导男孩走向成功，妈妈的职责无可替代

妈妈是儿子最温柔的“港湾”，

她教会儿子男子汉应具有什么样的品行；

教会儿子如何去爱；

教会儿子如何把爱好变为特长；

……

但做好男孩的妈妈并不是你想象中的那么简单，你还要知道如何为他打造一个温馨的家庭环境，如何消除你们之间的代沟……

第11招

人格、品行、习惯——男孩的塑造主要靠妈妈

不管是正在成长的小男孩，还是已经成家立业的男人，或者是已经年过半百的人，妈妈的存在都会带给他们十足的安全感，妈妈永远是他们心灵的港湾。

从怀胎、哺乳到启蒙等过程，妈妈与男孩有着更多的接触机会，加之其特有的细腻情感和耐心，所以男孩天生就与妈妈存在着一种超乎其他亲属关系的亲密性。一个男孩从嗷嗷待哺的小宝贝，成长为独立自主的男子汉，在这个过程中，妈妈的养育至关重要。因此，有这样一句谚语：“母亲一手摇着摇床，另一只手却在摇动整个世界。”

作为男孩的妈妈，不管你的儿子处于哪个年龄段，你都应该一如既往地支持孩子，使孩子能感受到母爱的温暖，同时直接或潜移默化地将自己的修养、观念、思想传递给孩子，塑造出一个优秀的男子汉。

用母爱塑造孩子健全的人格

母爱是塑造孩子人格的种子，它不仅会给予孩子十足的安全感，促使他勇敢面对一切困难和挑战，还能在潜移默化中净化孩子的心灵，让男孩变成人格完善的人。这也是教育家一再强调母亲要自己带孩子的原因。

一位老师讲述了他一个学生的故事：

王琦是个性格很暴躁、容易冲动的孩子。只要别人与他稍有摩擦，他就用拳脚去“摆平”对方。有一天，他因为一件小事与一名高年级的同学发生了口角，对方还没说几句，他就一拳将对方打成了“熊猫眼”。这一幕恰巧被我看见，我连忙拉开这两个学生，并让王琦把自己的妈妈叫到学校来。王琦半天也没动地方，我有点儿生气了，拽起他的胳膊说：“你不叫？那就直接带我去找她！”王琦在我的强迫下带我来到了他的家。这时我才知道，他的

妈妈在他很小的时候就离开了，他是由父亲带大的。他的父亲脾气很不好，孩子稍微犯点儿错便往死里打。渐渐地，王琦也开始效仿父亲，喜欢以打架的方式来消除心中的不快；加之他从小又缺乏母爱，便形成了这样暴躁的性格……

爱打架的男孩往往来自需要得不到满足的家庭，他们没有良好的自我形象，生活中缺乏安全感，所以喜欢用暴力来解决问题。而改造他们的最好办法就是让他们感受到母爱的温暖，也只有母爱才能为孩子塑造出稳定、善良的人格。因此，为了让男孩今后拥有一个健全的人格，妈妈要不断地将自己的爱倾注到男孩成长的过程中，尽量自己带孩子，并维持婚姻的和谐。

及时对男孩的智力进行引导和开发

一提到开发男孩的智力，大多数妈妈都会争先恐后地说：

“我儿子在3岁的时候就会说外语单词了！”

“我儿子还没上幼儿园就会做算术题了！”

……

从这些话中我们可以看出，妈妈并没有真正理解“智力开发”的含义。智力开发并不是叫你的儿子参加补习班、苦读英语、钻研数学题等，而是指在孩子幼小时，引导他把大脑智力潜能发挥出来。

一位妈妈这样总结自己的教子经验：

在儿子很小的时候，我便刻意加强他对数字的敏感性。比如，当他吃苹果时，我就会告诉他：“妈妈今天一共买了5个苹果，宝宝吃了1个，还剩4个。”当孩子穿衣服时，我就说:“儿子有两双小袜子，有一顶小帽子。”……渐渐地，孩子没有通过“1、2、3、4……”死记数字的方式，便学会了记数字。

此外，我还利用画画的方式加强儿子的空间概念。我为他买了很多种彩色笔，让他在图画纸上画画。儿子起初对各种各样的颜色很好奇，常常把整张纸都涂得五彩缤纷。没过多久，他便懂得用色彩搭配出空间感了。有一次，他临摹桌子上的一个苹果，我惊奇地发现，他竟然在苹果的下面用黑色的水彩笔画了一道阴影……

这位妈妈的做法非常值得借鉴，她不是单纯地教孩子知识，而是主动引导孩子去思考。这样，这个男孩便掌握了获得知识的方法，这才是开发男孩智力的有效途径。

具体来讲，妈妈该如何引导和开发男孩的智力呢？主要有如下几个方面：首先，带孩子亲近自然，当他在辨认动植物或环境时，就等于启动了观察的智能；其次，让孩子聆听音乐和尽情绘画，音乐可以开发孩子的想象力和创造力，绘画可以开发孩子的形象思维能力、色彩敏感度、空间想象力等；最后，通过游戏开发孩子的智力。在男孩生命的早期，如果妈妈能够按照这几个方面去做，就能有效地激发男孩大脑的潜能。

随时修正男孩的坏习惯

妈妈肩负着塑造男孩品性的重担。因此，在平时，妈妈不仅要给予男孩温暖的关怀，还要悉心留意男孩的各种生活习惯。对其优良的习惯，要多加鼓励；一旦发现不良的习惯，就要马上指出，并督促其改掉。不要对男孩的错误心慈手软，也不要为他收拾“烂摊子”，而应该让男孩承受坏习惯带来的不良后果。

一位妈妈是这样总结自己的教子经验的：

我儿子经常丢三落四，上课时忘带书本是常有的事。每当这时，他便会打电话给我，要我给他送过去。我警告过他很多次，每天晚上要看课程表装好第二天的书，但他却总是忘。

为了让他品尝自己种下的“苦果”，同时也为了纠正他这个毛病，我决定找个机会好好“惩罚”他一下。果然，有一天，他再一次忘记带书，在电话里央求我：“妈妈，你给我送过来吧！”我当时真有些心软，但还是斩钉截铁地回答他：“不行！你自己犯下的错误自己承担！”还真是神奇，从此以后，儿子再没忘记带课本上学，生活上也自律多了。

每个男孩都有很强的可塑性，只要妈妈能把握好方向，付出爱心，就一定可以把孩子塑造成优秀的人才。

专家课堂

卡尔·威特认为，很多母亲只顾关心孩子的健康而忽略了孩子品德的塑造和智力的发展，这是十分错误的，并且是一种不负责任的行为。

卡尔·威特的妻子在教育儿子品行的过程中是这样做的：

1. 为了有一个从小就很勇敢的孩子，她尽量使自己变得更加坚强。

2. 纵使有再难过的事情，她也忍住眼泪，让自己快速地从痛苦中解脱出来。

3.为了使孩子成为爱美、爱正义、爱真理的人，她一直用勇敢、乐观的精神影响孩子，并且给予孩子更多的爱与力量。

第12招

方法决定成果——妈妈需摒弃的教育方式

英国广受尊重的作家，曾著有《积极的养育方式》《激励你的孩子》等书的伊丽莎白·哈特利-布鲁尔认为："尽管现今越来越强调遗传的力量，并承认同伴群体的影响，但妈妈和其他重要成年人仍然能够强烈地影响男孩子的成长，影响其自信心及对自己能力的看法，进而影响其整体自尊水平的高下。男孩子既可能与生俱来对生活和自己持有乐观倾向，也可能持有悲观倾向。与之亲近的成年人既可能使他变得更加强大，也可能让他变得更加弱小。"这段话从另一个角度说明，妈妈对孩子的教育方法决定其最终的教育成果。

事实上，每位妈妈都有属于自己教育孩子的独特方法，但总体上大概可以分为四种风格：权威型、专制型、纵容型、忽略型。这四种教育风格下的妈妈都有自己的具体特点：

权威型妈妈多表现为关心和倾听孩子，对孩子的需要能做出敏感的反应，能及时给予孩子帮助，在孩子心目中有很高的威信，彼此信任、尊重、理解。权威型妈妈教育下的孩子易于形成真诚、友善、自立、合作的品质，而且有良好的社会适应能力和自我控制能力，能自信、愉快地学习。

专制型妈妈多表现为严格控制孩子，并要求孩子无条件服从自己的各种要求，一旦违反，孩子就要遭受严厉的惩罚，不关心孩子的内心感受和想法。专制型妈妈教育下的孩子易形成行为上的两面性，并时常感到焦虑、不满、退缩、沮丧、自卑、悲观、对人缺乏信任等，还易产生攻击行为和报复心理。

纵容型妈妈多表现为溺爱孩子，她们对孩子不是没要求，但她们从来不严格要求自己的孩子。纵容型妈妈教育下的孩子易形成犹豫、霸道、任性、缺乏主见等心理特点，而且看似“小皇帝”的他们内心常常焦虑不安，心理发展也不成熟，自控力差，缺乏应有的进取心和探索精神。

忽略型妈妈多表现为对孩子漠然、拒绝，更多时候沉浸在自我的需要中，对孩子既不关心，也不提要求，亲子之间缺乏应有的交往和沟通。忽略型妈妈教育下的孩子易产生多种行为问题，身心等都得不到健康发展。

根据上面提供的四种教育风格，你是不是已经找出了自己属于哪一种风格呢？如果你已经知道自己现在采用的教育方法是不正确、不科学的，那么就请及时改正，以免给孩子的成长带来不利影响。

对男孩不要“总要求”

很多妈妈在教育儿子的过程中，为了使自己的孩子更加出色，总是会对他提出各种各样的要求：“这次考试你要考100分！”“书桌你怎么不摆在这个位置？”……可能实际生活中男孩确实存在着这样那样的问题，但你“总要求”他去做事，很容易让孩子产生逆反心理。因此，妈妈在教育孩子时不要对他“总要求”。

豆豆是一个小学三年级的男孩子，天性就比较好动、调皮，为了让儿子变成一个乖巧懂事的“小绅士”，妈妈采取的教育方式就是“总要求”。例如，每次送豆豆去学校的时候，妈妈都要说：“豆豆，上课的时候不要做小动作。”“豆豆，上课要注意听讲。”“豆豆，老师提问题时一定要积极回答。”结果豆豆每天都拉着一张脸去上课，而且妈妈要求他做的事情他一件也没有做。

看来妈妈“总要求”这种教育方法并不能真正达到教育孩子的效果，反而会引起反效果。

对男孩不要“总表扬”

曾经一段时间提倡赏识教育，于是很多妈妈都觉得自己掌握了教育孩子的好方法，无论自己的孩子做什么事情，都是说：“你真行！”“你真棒！”“你太了不起了！”以为这样就能夸出一个好孩子。其实，这种“总表扬”的教育方法，不是让男孩变得自大自负起来，就是让男孩对自己的能力产生怀疑。

有一个小男孩就曾在日记中这样写道：

一天放学回到家，妈妈开始表扬我，我像往常那样给爸爸倒水，妈妈就说：“儿子;你真棒！”我去倒垃圾回来，妈妈就对我说:“儿子,你太了不起了！”可我真的不知道自己棒在哪里，了不起在哪里。妈妈是不是生病了，要不然最近一段时间她为什么老是表扬我，我好像没有做什么值得表扬的事情，我好迷惑啊！

对男孩不要“总批评”

很多时候，当妈妈发现“总要求”和“总表扬”不管用了，接下来就是“总批评”，认为这样男孩就会改正自己的错误，朝着妈妈认为对的方向前进，殊不知这种教育方式不但不能很好地帮助男孩改正自身的错误，反而会伤害妈妈和孩子之间的感情。在日常生活中，假如儿子真的做了错事，妈妈适当地批评一下也是应该的，但言语之中不要带侮辱性的词语，也不要狠狠地打他一顿，甚至惩罚孩子不让他吃饭。这些方式都是错误的，会严重伤害孩子的身心健康。

专家课堂

妈妈应该如何塑造男孩的品性、规范男孩的行为？

1.让男孩感受到足够的母爱。满足孩子的物质需求并不是爱，而是应当多与男孩相处，让他感受到足够的母爱及安全感。

2.帮助男孩分清是非对错。生活中，妈妈千万不要以为男孩年纪小，就放任他的错误行为，要从小让男孩养成良好的行为和习惯。

第13招

尊重、理解、宽容——培养优秀男孩的秘诀

很多男孩妈妈可能都有这样的感觉，和男孩相处是一件很有难度、很费力的事情；在男孩小时候，他常常耍脾气，和妈妈发生矛盾，等长大了一些，有时还会和妈妈对着干。

我们常常听到一些男孩妈妈抱怨说：

“我7岁的儿子一点儿也不听话，常常惹我生气。”

“我的话，儿子一点儿也听不进去，他常常和我对着干。”

“儿子有了心事宁愿和网上的陌生人倾诉，也不愿意和我分享。”

“虽然我是儿子最亲密的人，但是我们之间的关系却总有一些隔阂，这大概就是人们常常提到的代沟吧。”

……

生活中，妈妈要想改善和儿子的关系，就要懂得儿子心中是怎么想的。他们最喜欢什么样的妈妈，最喜欢什么样的沟通方式等。某家报纸就这个问题做过一次调查，结果发现，约百分之九十的男孩把票投给了以下几个选项：

信任我，不做我的监工。

尊重我，让我平等地参与家庭生活。

理解我，做我的知心朋友。

说话算数，不轻易爽约。

对我管理比较松，辅导我的功课，并且和我一起玩儿。

允许我结交知心朋友，并且尊重我的朋友。

从上面几条可以看出，男孩非常渴望得到妈妈的信任和尊重，他们希望妈妈把自己当作独立的个体来看待，并且给他们一定的自由和空间。其实，只要我们稍加用心，对儿子多些关爱和理解，这些要求是很容易做到的。只要我们能够做到这些，亲子关系自然会得到改善。

多给儿子一些信任

信任是相互的，如果一个人不信任我们，自然也得不到我们的信任。同样的道理，如果我们不信任自己的孩子，孩子自然也不会完全信任我们。虽然这些道理我们都懂，但是在生活中却经常发生这样的事情：

场景一：12岁的小凡兴致勃勃地对妈妈说："妈妈，周末我要和几个同学去野炊。"妈妈皱起眉头说："你们几个小孩子去郊外多危险啊，不许去。"

场景二：有个妈妈要外出办事，留下儿子一个人在家里写作业。妈妈怕儿子偷着上网看电视，便每隔半小时就给儿子打一个电话，问问他是不是在写作业。

场景三：周末，儿子宁晋对妈妈说："我今天要去找同学一起写作业。"妈妈追问道："你是真的去写作业吗？不是去打篮球吧？"

一般来讲，妈妈对儿子的不信任源于以下两点：第一，出于对儿子的关爱，怕他无法独自应付一些事情。第二，怕给他太多的自由，出现安全问题或者影响了学习等。对男孩来说，妈妈的不信任是怀疑他的能力或品行，这让他感到非常不舒服，从而与妈妈产生隔阂。所以，我们必须信任孩子。当他获得妈妈的信任后，反而会对自己加强约束，以不辜负妈妈对他的信任。

尊重儿子的意思，不把自己的意愿强加给儿子

很多男孩妈妈都遇到过这样的情况，有时候儿子犯了错误，他自己虽然认识到了错误，但就是不认错，宁愿接受妈妈的惩罚。为什么会出现这样的情况呢？这是因为男孩的自尊心是非常强的，他宁愿接受惩罚，也要维护自己的自尊心。所以，在与男孩相处时，我们一定要尊重他，友好、平等地对待他。

一位妈妈这样谈到自己的教子经验：

在前两年，我和儿子的关系非常不融洽，常常发生矛盾。尽管我竭尽全力想和儿子搞好关系，但是儿子总是对我敬而远之。后来我终于找到了与儿子不融洽的原因——我常常把自己的意愿强加给他，没有平等地对待他。例如，给儿子报兴趣班，我不和他商量就直接给他报名；给儿子买衣服，我从来没想过他喜不喜欢，只买那些自己感觉不错的衣服。找到这个原因后，我不再把自己的意愿强加给儿子，而是在遇到事情时和他商量，倾听他的看法。儿子感觉自己受到了尊重，和我的关系也改善了许多。

用理解跨越代沟

很多妈妈都抱怨自己和孩子之间存在代沟：自己感兴趣的事情孩子一点儿也不喜欢，而孩子感兴趣的事情自己又一点儿也不了解。其实代沟并非鸿沟，只要我们理解孩子，多站在孩子的角度上思考问题，就可以轻而易举地将代沟跨越过去。

一位妈妈这样谈到自己的教子经验：

我和儿子的兴趣点完全不同，我喜欢听京戏，他喜欢听周杰伦、蔡依林的歌；我喜欢看《平凡的世界》，他喜欢读郭敬明的《小时代》；我喜欢写字画画，他喜欢唱歌跳舞。开始的时候，我总是想把自己的爱好“推销”给儿子，并且告诉他多么多么有趣，但是儿子一点儿兴趣也没有，还讥笑我“老土”。后来我开始关注儿子的爱好，和他一起唱歌跳舞，一起听周杰伦的歌。慢慢地，我们有了共同语言，关系更加亲密了。而且让我高兴的是，我和儿子成为知心朋友后，儿子也开始对我的爱好感兴趣了，前些天还和我一起学京戏呢。

孩子比我们更年轻，接触的新鲜事物也更多，他们的兴趣爱好不可能和我们一样。所以，我们应该理解他们，主动去了解他们的兴趣爱好，从而让亲子关系更加亲密。

专家课堂

"知心姐姐"卢勤认为，父母在面对小大人一样的孩子时，要表现出对孩子的尊重和信任，一般来说，可归纳为以下几点：

1.父母要把孩子当成真正的人，允许他有自己的行为方式、独立人格以及隐私。

2.孩子是未成年人，有时难免会夸大一些事情或者有一些坏习惯，父母要试着站在他的立场上理解、尊重他。

3.孩子是一个独立的人，不论年龄大小，父母都不能把他的一切包办了，要相信孩子的能力。

第14招

好家庭胜过好学校——营造温馨的家庭环境

对于孩子来说，家庭是他赖以生存的地方，对他的影响至关重要。在男孩眼中，家庭不仅仅是一个生活场所，还是他接受爱、学习爱的地方。因此，一个良好的、温馨的、和睦的、甜蜜的家庭对孩子的身心健康起着十分重要的作用。

说到这里，很多妈妈便会问：什么样的家庭才适合孩子的成长呢？

曾经有一位教育家在一所小学里做了这样一项调查——他让所有的孩子回答这样两个问题："你心中最完美的家是什么样子呢？""生活中，哪些事情让你觉得温暖？”在孩子的回答中，家与家人的关爱胜于物质和娱乐。

不要以为你的孩子还小，什么都不懂，其实他非常理解家的含义。在他心中，家不一定非要富丽堂皇，但一定要温馨；爸爸妈妈很少吵架，每天都是开心的；家庭生活中，不一定每天都有好吃的零食，但只要全家人一起吃饭，聊天，就是幸福的；和父母一起玩耍是他最开心的事……

妈妈是孩子的第一任老师，家庭则是孩子的第一所学校，健康和谐的家庭环境，是孩子身心健康发展的前提条件。

创造学习氛围浓厚的家庭环境

一个书商家里有两个儿子，虽然他们都在上小学，但无论和谁聊天，他们的话题总是很丰富。

“钱要花在刀刃儿上，这点我是和比尔·盖茨学的。”

“我们90后也有出色的作家，他叫吴子尤，文笔特别棒！”

“我喜欢三毛写的东西，有一种淡淡的忧伤。”

……

许多与他们聊天的成年人都惊讶这两个小家伙怎么会有如此广阔的见识。

于是，很多人便问这个书商：“你是怎么让你的儿子如此博学的呢？”

这个书商笑着说：“只要去我家看看，你就知道了。”

原来，在这个书商家里，每个房间都堆满了各种各样的书籍，从科学杂志到古典文学，一样不少。

试想一下，在这样的环境中生活，孩子能不喜欢读书吗？妈妈可以让家充满书香气，当孩子无聊的时候，伸手就能拿到书，从而自由自在地在书海中遨游。 现代社会，竞争越来越激烈，每一个妈妈都想将自己的孩子培养成精英，只有这样才能跟得上快速发展的社会。妈妈要为孩子树立学习的榜样，创造学习氛围浓厚的家庭环境。

营造民主的家庭氛围

大部分孩子的家庭环境都算得上是温馨的，有时却很难做到民主，而一个再温馨的家庭若缺乏了民主的气氛，也会让生活在这个家庭里的孩子感到压抑。

妈妈动不动就对自己的儿子说，你应该这样，你不能那样……这往往会破坏男孩的创造力。这样的孩子虽然看上去老老实实，在妈妈眼中是“中规中矩”的“好”孩子，然而在未来步入社会时却缺少了竞争力和创造力。因此，妈妈要为男孩营造一个民主的家庭氛围。

父母要摒弃“父教子从”的陈旧教育观念。自从孩子出生起，他就是独立存在于这个社会中的，他有自己的思想、意志，也有强烈的自尊心，需要得到父母的尊重。只有在教育孩子的过程中树立这种平等的意识，才能让孩子真正听你的话，让他从内心真正尊重你。

同时，妈妈千万不要存在那种“孩子还小，很多事情没有必要让他知道”的心理，否则会让孩子觉得自己是脱离家庭生活的，从而产生一种孤独感。妈妈必须保证家庭内每个成员之间都是平等的，不能因为年龄关系就对他 “区别对待”。要知道，男孩虽小却有自己的感受，他能感受到妈妈对他的尊重和重视，更能感受到妈妈的爱。

营造和谐的家庭氛围

“你简直就是个窝囊废！”

“有本事你去赚钱，就知道在家里耍横！”

……

这是家庭生活中夫妻吵架时，经常会出现的台词。也许当夫妻争吵过后，并没有觉得有什么不对，权当是一次发泄，但他们却没有考虑到孩子的感受，这些恶意伤人的话会对孩子造成什么样的影响。心理学家研究表明，孩子从小生活在紧张的家庭环境中，会影响孩子的心理健康；反之，一个从小生活在和睦家庭的孩子，他的身心发育会更健康。

在恩爱、和谐的家庭中生活的孩子，通常能够感受到一种幸福。妈妈经常带着自己的孩子外出散散步、逛逛公园等，不仅可以增进妈妈与孩子之间的感情，还能潜移默化地将一些知识传授给孩子，从而使孩子更加热爱学习，对周围的事情充满好奇，乐于与他人接触。反之，若孩子生活在一个不和睦的家庭中，妈妈不仅无心照顾孩子，吵架生气后，甚至会拿孩子当“出气筒”，这无疑会严重伤害孩子的身心健康。

家庭是孩子成长的摇篮，妈妈的一言一行都对孩子的成长产生着重要的影响。正如一则公益广告所演的那样，一个小男孩在无意间看到忙碌了一天的妈妈在为奶奶洗脚，双方非常融洽地聊着天。一转眼，孩子也端来了一盆水给自己的妈妈洗脚……

试想一下，如果这个孩子生活在一个婆媳关系不融洽的家庭又会怎么样呢？看到妈妈与奶奶争吵，他肯定想不到去打一盆水给妈妈洗脚，甚至会否定妈妈为这个家庭付出的一切。

营造快乐的家庭氛围

有关调查显示，生活在充满欢声笑语的家庭中的孩子，其智商及情商都比较高。快乐的家庭氛围能减轻男孩在学习和生活中的压力，还能促进他交往能力的发展。

社会是一个纵横交错的网，家庭何尝不是呢？如果妈妈每天都把快乐带回家，那么家庭就是充满欢声笑语的地方。反之，如果妈妈每天都把烦恼带回家，家庭则成了一个乌云密布、危机四伏的危险场所。试想一下，生活在第二种环境中的孩子，能拥有一个健康的心理吗？

所以，妈妈要为孩子营造一个快乐的家庭环境，这也是最基本的责任。

专家课堂

“知心姐姐”卢勤曾说：“家庭，不仅是成年人歇息的港湾，可以放松地表现出真实的自我，而且也是孩子的港湾。”她认为，父母给孩子提供一个温馨的港湾，应该做到以下几点：

1.父母永远不能对孩子说：“你给我滚出去！”

2.一定要教给孩子自我保护的能力。

3.父母要时常关心孩子在看什么，在做什么，防微杜渐。

第⑮招

放下妈妈的架子——和你的儿子交朋友

在有的男孩心中，妈妈往往是这样一种形象：一副威严的模样，总会严格要求孩子所有的言行必须遵循她们既定的准则与规范。其实，男孩大都思想独立，不喜欢被约束，如果在生活、学习中处处被妈妈管治，就会感到十分压抑。

小刚的妈妈是一位中学数学老师，平时习惯用严肃的态度面对调皮捣蛋的学生,所以在家面对小刚时也非常严肃。妈妈每天都会给小刚规划好生活、学习的任务，并定时检查，这弄得小刚很烦恼，觉得自己的世界充满了妈妈的命令和要求。

上中学后，小刚的成绩很不稳定，特别是数学学习成绩很差。很多同学就问小刚："你妈妈是数学老师，有什么不明白的问题就直接问你妈妈啊，怎么还能学不好呢？"小刚羞涩地说："我可不敢问她，妈妈老觉得我的问题幼稚，又会说我笨，弄不好我还会被她数落一顿。因此，我最不喜欢学数学了……"

由于惧怕，小刚不得不接受妈妈的命令和要求，也因此开始厌恶妈妈，失去了学习数学的兴趣，从而导致学习偏科，进而学习成绩整体下滑。

英国教育家斯宾塞说过："妈妈要像一个善良的立法者，对孩子少下命令，命令只有在其他方法失败时才能用。"生活中，妈妈应该与孩子平等相处。

用商量的口吻代替命令的语气

小博由于贪玩儿，天黑了还没有回家，妈妈焦急地在家中等待。后来，小博终于回来了，妈妈并没有对儿子劈头盖脸地臭骂一顿，反而用十分平静的语气对他说："宝贝儿子，你怎么这么晚才回家啊！妈妈很担心你，以后放学早点儿回家行不行啊？"小博听了妈妈的话，不好意思地吐吐舌头说："对不起，妈妈，让你担心我了。今天玩儿得忘记时间了，以后我会尽量早点儿回家的。"

如果妈妈用命令的语气说："这么晚才回家，害得妈妈担心，以后放学后哪儿也不能去，立刻给我回家！"虽然表达的是同一个意思，也能让儿子认识到自己的错误，但是儿子不会心甘情愿地改正，而商量的口吻就能很好地达到这一效果。

商量的口吻对教育男孩非常重要，男孩会认为这是妈妈对他的尊重和关心，从而更加信任妈妈，使亲子之间的沟通更加顺畅。所以，当妈妈希望儿子做某件事时，不妨用商量的口吻对他说。

妈妈可以成为男孩的良师益友

年龄较小的男孩，其自控力、注意力、观察力、辨别是非的能力往往较差。其各项能力的提升是一个循序渐进的过程，妈妈要像老师一样，正确认识男孩的成长规律，耐心地指导、督促男孩，不能急功近利。

妈妈更应该成为男孩的大朋友。现在的家庭中一般只有一个孩子，孩子多少都会有些孤独，这时妈妈应充当朋友的角色，分担孩子的喜悦与哀愁，帮他一起解决人生中的各种困扰与问题。

无论你想成为男孩的良师还是益友，都要放下身段，这样才容易获得男孩的好感与认可，也更容易走进男孩的内心。

专家课堂

卡尔·威特认为，孩子没有小伙伴也不会失去童趣，最重要的是如何与孩子成为朋友，他的教子经验是这样的：

1.妈妈应该积极参与孩子的角色游戏，有意识地让孩子当"爸爸"，体验一下做父母的滋味。

2.在与孩子玩耍的时候，一定要仔细去观察，尽量了解孩子的内心世界，同时注意孩子的适应能力和反应速度，看他适合玩什么样的游戏。

3.为了避免孩子感到孤独、厌烦、不安，如果条件允许，可以把孩子带到自己工作的地方去，让孩子在那里玩儿。

第16招

催开天赋之花——引导男孩把爱好变为特长

教育实际上就是为男孩未来的生活做准备、打基础。单纯的期许与关爱是不够的，对于一个生活在现代社会的男孩来说，只有让他具备一定的爱好和特长，才有利于其今后的发展。所以，妈妈在实施家庭教育时必须重视培养孩子的爱好和特长。

事实上，世界上任何一个孩子都具有很多种潜能，只是由于发展的程度不同，未能被人发掘罢了。如果妈妈能在早期发现男孩的长处，并对其进行适当的引导，就能够提升他的个人潜能，这也是在孩子成长过程中要重视早期教育的原因之一。

培养男孩，既要让他有广泛的兴趣，又要让他有集中的兴趣点。广泛的兴趣可以开拓男孩的思路、扩展男孩的知识面；而集中的兴趣点，则可以帮助男孩集中精力，在某一方面具有较强的能力。

那么，在现实生活中，妈妈应该怎样引导男孩寻找自己的爱好，并发展成为特长呢？

妈妈应引导孩子去发现自己的潜能，让他感受到自己的主体地位，使孩子对某些事情产生兴趣，并逐渐发展为自己的爱好，最后经过努力，变成自己的一种特长。

妈妈要有一双善于发现的眼睛

每个孩子都有自己的特长，关键在于妈妈能否发现孩子的特长。很多时候，学习不好的男孩，也许是个绘画天才；在钢琴面前笨手笨脚的男孩，也许会成为一个足球明星……因此，想要发现男孩的特长，妈妈首先要有一双善于发现的眼睛。

小诺上初二了，成绩一直不是很好。妈妈很担心他长大后没有出息，打算开发小诺的特长。

一次，小诺的学校开运动会，小诺代表班级参加跳高、跳远比赛，轻轻松松就捧回了两个冠军，这让小诺的妈妈有了新的点子——发展孩子的体育特长。之后，小诺的妈妈帮他报了少年田径队。小诺果然没令妈妈失望，他参加训练两个多月，就在随后的市少年田径赛上取得了不错的成绩。

生活中，妈妈要善于观察，不要把注意力仅停留在孩子的学习成绩上，还应多多观察孩子的气质、性格等。当你一旦确定了孩子在某些方面具有特长，就应马上为孩子制订培养计划，提高孩子的专业素质。只有把孩子的特长与奋斗目标统一起来，才能把男孩培养成一个卓越的人才。

尊重孩子的兴趣、爱好

13岁的小唐是一个特别喜欢捏橡皮泥的男孩，他的房间堆满了各式各样的橡皮泥作品。可是他的这个爱好却招来妈妈的反对。小唐的妈妈觉得孩子心智不太成熟，这么大了却还沉迷于这种幼稚的游戏，属于典型的“不务正业”。于是她就趁小唐不在家时，把屋子里所有的橡皮泥作品都丢掉了。小唐知道后非常难过，连续两天没跟妈妈说话。

在生活中，妈妈不能用自己的爱好来评判孩子的兴趣、爱好，而是应该按照孩子的意愿，尊重孩子的兴趣、爱好。否则，可能会抑制孩子个性的发展。

帮孩子维持其兴趣的持久性和稳定性

男孩的好奇心很强，却很难对一件事情投入过多的时间和精力，常常是“三分钟热度”，待新鲜感一过，他就对先前着迷的事情失去了兴趣，这样也就很难将自己的兴趣转变为特长了。

因此，妈妈一定要注重保持孩子兴趣的持久性和稳定性，当孩子觉得枯燥时，要想方设法鼓励他坚持下去。

总之，培养孩子的爱好和特长有很多方法，妈妈要根据孩子自身的特点因材施教，这样才能获得最后的成功。

专家课堂

英国伊丽莎白·哈特利-布鲁尔说："如果能以适合自己的方式，通过自己感兴趣的主题来学习，任何男孩都会学得更好、更轻松，也更加积极主动。"因此，她提供了一些建议：

1.确认男孩具备什么样的能力和长处，关注他有能力做什么，而不是他做不了什么。

2.认真考虑男孩喜欢什么样的做事和学习方式，他对什么有特殊的兴趣，不要强迫他以违背其天性的方式做事。

第17招

男孩不能当女孩养——重视男孩的性别教育

世界上有各种各样的男孩，他们有的风趣、幽默，有的阳刚、威猛，有的缺乏男子气概，甚至有"女性化"的倾向。为了让男孩能够像个男子汉那样在社会中生存，妈妈尤其要重视他的性别教育，绝对不能因自己错误的教育方式造成男孩的性别错位，对他今后的生活造成不良影响。

嘉义的妈妈一直盼着生个女儿，这样就可以每天把女儿打扮得漂漂亮亮的，像个洋娃娃一样。但是，她生下的是个儿子。不过，嘉义很符合妈妈心里"小公主"的特点——不哭不闹不淘气。于是，嘉义妈妈总爱给儿子穿蕾丝公主裙、戴粉色发卡，邻居们看着都会夸："这孩子长得真好看，像个小姑娘似的，而且一点儿也不淘气，真让大人省心！”

嘉义没上过幼儿园，一直是由妈妈带着，在妈妈的特殊关爱和外人长期的“女性化”赞美中，嘉义感觉到小女孩是招人喜欢的。于是，他开始喜欢和小女孩玩儿，逐渐地远离那些“野小子”。对此，嘉义的爸爸也没有提出反对意见。

嘉义到了上学的年龄，第一天上学的课间，嘉义很自然地跟着女生走进了女厕所，当时，女同学都被他吓得跑了出来，男同学都笑话他进女厕所。而嘉义无辜地站在那里，根本不知道哪里出了问题。第二天，嘉义就不愿意去上学了。

一般来说，造成妈妈对男孩性别教育错位的原因主要包括三种：一是妈妈对女孩性别的喜好，给男孩造成错误的性别暗示；二是妈妈把男孩当成了娃娃进行装扮，以便满足自己好玩搞怪的心理；三是有的妈妈不懂教育规律，不注重男孩幼年时的性别教育，以为男孩长大了自然就会有男子汉气概。

那么，妈妈该如何对男孩进行性别教育呢？

妈妈与爸爸应携手给儿子做出“性别”榜样

在教育男孩的过程中，爸爸给孩子的爱就如高山一般坚毅、深厚、刚强，而且爸爸会用自己的行动告诉儿子，什么才是真正的男子汉。因此，对于男孩的性别教育来说，爸爸一定要给儿子做出一个好榜样，用自己的实际行动去教育儿子，让他成长为真正的男子汉！

具体来说，在教育男孩的过程中，爸爸可以这样做：时常带着儿子做游戏，如多参加一些户外运动，让他玩一些男孩的勇敢游戏，像滚翻、玩攀登架等，这些对男孩运动能力的发展大有益处。另外，根据男孩爱冒险、好奇心强等特点，爸爸可以在这方面锻炼男孩的动手能力、想象力、创造力等。

必须亲临教育第一线，为儿子做出“性别”榜样，教会他如何乐观、坚强、果断地去面对和解决自己遇到的问题，使他更好地适应社会生活。

对男孩的性别教育越早越好

相关专家研究发现，男孩的性别角色意识是从3岁后开始建立的，因此，妈妈应从男孩3岁开始就对其进行性别教育，尤其是3～6岁这个时期的性别教育，是他们形成健康人格的基础。正如有关专家说的那样："性别教育是对孩子进行性教育的基础，是孩子对自身了解的启蒙，也是孩子形成健康人格的基础。所以，从小就开始对孩子进行科学的性别教育是非常必要的。"

专家课堂

在教育孩子的过程中，应做到以下几点：

1.不要排斥孩子发挥个性。

2.父母要帮助孩子树立坚强的意志，培养他敢于直面逆境的信心与毅力。

3.在家庭中，最好由夫妻双方共同负责孩子的教育，形成优势互补。

第18招

父母形成合力——家教讲配合，不能唱反调

6岁的亮亮最近对鱼缸里的鱼产生了兴趣，他总是喜欢用渔网将鱼捞来捞去。爸爸看见后，便把亮亮拉到一边，严厉地斥责他："不可以这样做，鱼会被你玩儿死的。"但亮亮不听，反而撒娇说："我就要玩儿！"爸爸生气了，给了亮亮一巴掌，这可把一旁的亮亮妈心疼坏了。她对亮亮爸说："你是怎么当爸爸的？为了几条鱼就打孩子！"亮亮爸也不甘示弱地回敬道："你是怎么当妈的？让孩子从小就这么没有爱心！"就这样，两人你一言我一语地争吵了起来……

上述案例中父母的做法是家庭教育中的大忌，非常不可取。

首先，父母在教子时不应该各执一词。这会让孩子产生左右为难的想法，不清楚自己该听谁的话，不知道哪种做法是对的。长此以往，会影响男

孩的判断力，让他缺乏决断能力。

其次，父母常常因教育孩子而争执，这会使孩子缺乏安全感，排斥人际交往，对其良好性格的形成产生消极影响。

所以，如果在教育孩子方面发生分歧，父母应该心平气和地坐在一起，寻找解决问题的科学方法。

双方意见应该求同存异

小凯上初中了，却非常不喜欢学习。为此，小凯的妈妈决定为他请一个家教，而小凯的爸爸觉得请家教没有用，应该控制孩子玩电脑的时间，周六、周日送他去补习班。就这样，双方意见发生了分歧，你一言我一语地吵了起来。本来是针对孩子的学习问题而争执，后来吵架的内容却开始涉及他们生活中的矛盾。

眼看一场家庭大战就要爆发，小凯的爷爷站出来提出了自己的想法。他说道："你们的出发点很好，都是为了孩子，可是你们为什么要说到别的事上去呢？即使你们的方法有道理，可你们征求过孩子的意见吗？"

经小凯爷爷这么一询问，小凯的父母低下了头。在爷爷的带领下，全家人坐在了一起，商讨提高小凯学习成绩的办法，最后他们做出了一个共同的决定——从根本上激发孩子的学习兴趣，大家还为此做了明确的分工。

此后，再遇到此类问题，小凯的妈妈也总是效仿这件事解决。最令他们欣慰的是，小凯很喜欢他们统一后的意见，可见，家人的交流没有白费。

在每一个家庭中，由于生活背景、受教育程度等方面的差异，夫妻双方在很多问题上都会出现分歧，这是非常正常的事。但需要注意的是，在意见不统一时不要单纯地固执己见、否定另一方，也不要以孩子为筹码，去恶意攻击对方，说些伤害、抱怨对方的话。正确的做法是抱着解决、商讨的态度，站在孩子的立场上思考问题。

矛盾要背着孩子协调

教育要一致不是说不能有矛盾，只是有了矛盾要背着孩子协调，切不可把矛盾暴露在孩子的面前。

你不用管儿子，让他玩儿吧。
不要把小鱼捞来捞去，它会被你玩儿死的！
我就要玩儿！
儿子，你看鱼呼吸多么辛苦呀！不要再玩它了。
爸爸说得对，小鱼离开水会死的。
好的，我不玩小鱼了。

一位妈妈是这样解决这个问题的：

我是音乐老师，同时也是一个男孩的妈妈。为了让儿子传承我的音乐技能，我准备利用周六、周日的时间，教儿子学习弹钢琴。孩子的爸爸知道我这个想法后，反驳我说："一个男孩学钢琴有什么用呢？不如参加一个外语班。"我们由此争执了起来，声音越来越大，吵醒了正在睡觉的儿子。他走进我们的房间问："爸爸妈妈，你们在干吗呀？"

看到儿子一脸不安的表情，我首先冷静了下来对孩子爸爸说："可能我有什么不对的地方，我向你道歉。"

孩子的爸爸一看我这个样子，又看看孩子，态度也来了个180°大转变，说："可能我也有错。这样吧，这个问题我们先放一放！"就这样，我们暂时把问题搁置在一边，等到儿子睡着后，我们又开始了讨论，与上一次不同的是，这次我们的态度非常平和。

夫妻之间更应该积极主动配合，努力在孩子心中树立对方的威信。最好的办法是，在意见不统一的情况下，先无条件地听其中一方的，或将问题暂时保留，千万不要当着孩子的面去争个高下。之后，夫妻双方另找时间就此问题好好商量，得出一个统一的结论，再按照这个商量的结果去执行。

不要一个“红脸”，一个“白脸”

在众多家庭中，会发现一个有趣的“分工”，即父母在管教自己的孩子时，一个扮演“红脸”，一个扮演“白脸”。“红脸”负责从严管教孩子的行为举止；“白脸”则负责在孩子和“红脸”间周旋、调和，使家庭中再次充满和谐的气氛。

父母的这种角色扮演可能会取得成功，但同时也会产生一些负面影响。比如“红脸”会让男孩变得叛逆，“白脸”会让他变得更加骄纵，而“红白结合”久了，还可能使男孩变成一个欺软怕硬的人。

因此，父母在共同教育孩子时，千万要避免使用这种教育模式。孩子做错了，就要指出错误让他心服口服，不要以“红脸”相向；孩子被父母一方训斥了，另一方也不要过来说情，否则他会意识不到自己的错误。

专家课堂

父母是男孩一生中最重要的两个人，而且对他的性格、习惯、品行、生活态度等各方面都有着深刻的影响。但很多时候父母不是在“合力教育”自己的孩子，而是在相互争吵。如何尽可能减少家庭冲突，让父母相处得更和谐呢？英国著名的教育专家伊丽莎白·哈特利–布鲁尔给出的教育方法是：

1.父母应尽量减少争吵。

2.家庭成员间的讨论和争辩与家庭冲突不同，是积极有益的。

3.父母要向自己的儿子示范和传授解决冲突的方法，这会使男孩受益终生。

第19招

别让离婚伤了孩子——单亲家庭如何教育男孩

有一个生长在单亲家庭的男孩曾在网络博客中这样写道：

我已经是一名初三的学生了，我不想待在学校，不想待在家里，甚至不想活在这个世界上。

我的爸爸妈妈在我7岁的时候就开始闹离婚，我是由奶奶带大的。在没有父爱和母爱的日子里，我的不幸只有我自己最清楚。

记得我上小学一年级的时候，常常看见奶奶一个人坐在房间里默默流泪。年幼的我走到奶奶的身边问她为什么哭，她轻轻抱着我，擦着眼泪说：“孩子，我是头疼。”当时我真的信以为真。可直到后来爸爸妈妈离婚了，我才知道自己的生活里已经没有爸爸和妈妈了，我真恨他们！所以作文里常写他们是坏爸爸和坏妈妈。我从小到大都和奶奶生活在一起，这个世界上只有奶奶真正关心我，而爸爸和妈妈再也没有给过我一点儿关爱。

如今，奶奶的身体因为劳累变得很不好，要经常去医院检查，而且不能生气，她再也不能像以前那样有精力和时间来关心我了。从此我的学习成绩直线下降，尤其是进入初中之后，厌学情绪日益加重，逃学、打架是常事。我没有知心朋友，也不喜欢去交朋友。我是老师和同学眼中的“怪学生”“坏学生”，我觉得自己一直生活在黑暗中，看不到希望和光明，更没有快乐。

心理学家曾通过相关研究得出结论：单亲家庭的孩子往往因缺少父爱或母爱而导致心理失衡，更易产生忧虑、失望、沮丧、悲观等不良情绪，性格多表现为孤僻、不合群。如果孩子的这种心态不及时矫正，时间一长，很可能造成孩子性格扭曲，甚至严重影响其意志、情感和品德的发展。

据有关统计资料表明，中国离婚率有逐年升高的趋势，尤其是在一些大城市，单亲家庭的数目在逐年增多。因此，父母要多注重加强婚姻生活的和谐度和稳固度，慎重做出结束婚姻关系的抉择。另外，更希望那些离异妈妈根据家庭变故的现实，解决好孩子的教育问题。

离婚也要让男孩有完整的父爱和母爱

一位老师曾向自己的朋友讲述了这样一件事情：

我在教小学一年级时，班里有个小男孩叫腾腾，长得很好看，但就是整天蓬头垢面，衣服上也都是污渍，还经常上课发呆，时常给人一种精神恍惚的感觉。看到小小年纪的孩子这样，我非常心急，而且我断定他家里一定发生了什么事。所以，我就想通过家访的机会，到他家去看一下，但这孩子说什么都不让我去家访，甚至哭闹着阻止我。看着孩子哭得可怜的样子，我只好答应他不去家访，但心中的疑惑更加重了。

幸好，几天后这个孩子的妈妈找到我，哭着对我说：“老师，我和腾腾的爸爸离婚了，孩子判给了他爸爸，但腾腾的爸爸说什么都不让我看孩子。我想在孩子上课的时候看看他，行吗？”

看着眼前这位泣不成声的母亲，我只好成全了她。母子相见的场面感动了在场的所有人，但没想到第二天腾腾的奶奶就知道了这件事情，不但来学校大闹一场，而且回家就把孙子狠狠打了一顿，并且让他保证以后不再见自己的妈妈。看着腾腾可怜的小模样，我只好把他的爸爸请到了学校，把事情的经过全都对他讲述了一遍，并把腾腾平时的表现也告诉了他。腾腾的爸爸听后抱着自己的儿子痛哭起来，然后他坚定地对我说：“老师，你放心，我一定会做通腾腾奶奶和妈妈的工作，绝不让孩子在中间为难。大人的错，怎么能让孩子来承担所有的痛苦呢！”

后来，在腾腾爸爸的协调下，我发现腾腾变了，他的笑容多了，学习成绩也提高了。他妈妈再也没有到过学校，而是周末可以正大光明地把儿子接走了。

听完这位老师的讲述，我们不得不为腾腾捏一把汗，想一想如果腾腾的爸爸也像奶奶那样坚持不让他见自己的妈妈，那么后果会怎样呢？他会变得更加孤僻、精神恍惚，甚至会怨恨自己的奶奶和爸爸，严重者还会出现心理问题。

因此，无论离婚后父母的感情如何，都不要让自己的孩子来承受这一切，而是尽可能地让孩子享受到和以前一样完整的父爱和母爱，让他真切地感受到，“爸爸妈妈虽然离婚了，但是他们还是像以前一样一直在关心着我，深爱着我”。

用科学的教养方式对待单亲家庭的男孩

父母在丧偶或者离异后，时常会把自己所有的爱与感情都倾注在孩子身上，希望把男孩缺失的父爱或母爱全部补上，但这样过度的爱与保护，会养成男孩“衣来伸手，饭来张口”的坏习惯。而在这种“爱”包围的环境下成长起来的男孩，势必会变得脆弱、依赖性强，缺乏独立意识。倘若有一天离开了父母，他便会变得茫然不知所措。

因此，单亲家庭的父母要做的第一件事就是不要给男孩太多的保护，同时，不要对孩子期望值太高。切忌把孩子当成唯一的精神寄托，给他过多的压力，这会造成男孩心理负担过重，引发更加严重的问题。

让男孩多参加社会活动

单亲家庭的男孩可能会受到来自社会的歧视、偏见，也因此在性格上易变得内向、自卑、悲观、忧郁，甚至孤僻。所以单亲家庭的爸爸或妈妈要注意多和儿子进行交流和沟通，重视他情感方面的需要，并且多给儿子提供精神上的支持，平时多鼓励男孩积极参加集体活动和社会活动，不要躲避人群，逃避社会，要学会主动与人交往，更好地处理人际关系，进而形成健康、乐观、自信的性格。

有一位单亲家庭的妈妈是这样做的：

3年前，我和前夫因为感情不和离了婚，当时儿子才8岁，正在上小学二年级。当时我们离婚的事情对儿子造成很大的打击和不良影响。他原来是一个活泼、好动的小男孩，可自从知道我们离婚后，他变得沉默寡言，还常常把自己关在房间里。

儿子突然的转变让我心生愧疚，我知道这一切都是我们做父母的没有做好，让孩子幼小的心灵受到了前所未有的伤害。为了弥补这些伤害，我和前夫约定，每个月都让孩子有一半时间和我在一起，另外一半时间和他在一起，以便给儿子完整的父爱和母爱。同时，我还鼓励儿子多参加一些课外活动和社会活动，例如，参加夏令营活动、手拉手爱心活动等。另外，我还会利用节假日带他出去旅游，让他多亲近美好的事物。

如今，儿子就要上初中了，他变得比以前更加自信、乐观、坚强，而且他和爸爸成了知心朋友，也更懂得关心我、理解我，并常常以“妈妈的保护者”自居。看着儿子这样健康地成长，我很欣慰。

专家课堂

父母离婚后，孩子很容易变得孤僻。如何解决这个问题呢？教育专家王金战给出的建议是：

1.不要在孩子面前否定对方。

2.帮助孩子树立信心，让他认识到离婚只是父母不在一起生活了，但对他的爱没变，告诉孩子不要因家庭变故而感觉自己低人一等。

3.帮助孩子建立良好的人际关系，包括鼓励孩子交友，为孩子创造交友环境和条件，为孩子交友提供建议和指导等。

第三章　自古纨绔少伟男，男孩一定要“穷”着养

人们常说“穷养儿，富养女”，但你知道“穷养儿”也需要技巧吗?

穷养儿就不能溺爱他；

穷养儿不等于吝啬、打骂和惩罚；

穷养儿就要教会他如何管理自己的时间和生活；

……

真正的穷养会让男孩感到快乐和自信，会让他拥有国际化视野，而这一切都需要妈妈掌握好穷养的尺度。

第20招

溺爱是害不是爱——“穷”养的男孩才有出息

溺爱就是对孩子过分宠爱，对他百依百顺，满足他的无理要求，对他的不良行为不加以纠正。心理学家认为，被溺爱的孩子常常具有如下特点：过分依赖父母、缺乏独立性、不遵守纪律、不听话、任性、不关心他人等。

大人在孩子小的时候可以为他遮风挡雨，但孩子大了呢？很多妈妈没有把握好爱孩子的尺度，一味地纵容，让孩子变得完全以自我为中心，只知索取不知付出，甚至不能和其他小朋友和平相处，看到别人的进步就忌妒。再发展下去，男孩可能会变得自私、狭隘，甚至有可能会伤害别人。

妈妈应该对男孩慈爱，而不是溺爱，这样更有利于孩子的成长。当男孩做错事时，妈妈应以温和的态度，讲明是非曲直，帮助男孩认识错误，让他勇于改正。在生活中，既让男孩感受到妈妈的爱，也要让他知道有一些原则是不能违背的。

不要让男孩以为他是你的全部

妈妈要出差了，萌萌眼睛红红的，在妈妈旁边转来转去。妈妈看到萌萌这么舍不得自己，心里很感动，于是对萌萌说：“跟妈妈说，你想要什么，妈妈一定满足你。”听了妈妈的话，萌萌放声大哭起来。“怎么了，儿子？”爸爸妈妈都围上来，还安慰萌萌说：“妈妈过几天就回来了。”“可是，可是，爸爸从来都没有给我买过这么多吃的东西。”萌萌委屈地说。爸爸妈妈这才恍然大悟，原来萌萌看到了桌子上爸爸给妈妈准备的在火车上吃的东西。其实就几瓶水、几根香肠，还有方便面，相比给萌萌花的钱，简直是九牛一毛。可萌萌一向以为家里买来的吃的都应该属于他，这次却给了妈妈，他才深感委屈。

很多妈妈平时就光顾孩子的需要，完全忽视了自己，给孩子买名牌衣服，带孩子去吃孩子喜欢吃的东西，有的甚至把工作之外的时间全部奉献给了孩子，其实大可不必。妈妈在爱孩子的同时，也要爱自己，不要让男孩认为他是你生活的全部。如果孩子有过分的要求，妈妈要及时制止，让孩子明白：任何获取，都需要付出。

学会对儿子说“不”

天晓小时候一直跟爷爷奶奶长大，最近才被妈妈接到身边。这天，天晓和爸爸从姥姥家回来就哭了起来。原来，他把自己非常喜欢的一本书忘在姥姥家了，直到回到家才想起来，于是他非让爸爸立刻去姥姥家取。天晓家离姥姥家很远，又是夜里，这当然是不合理的要求，爸爸拒绝了他，并答应第二天去取。但天晓还是坚持自己的想法，并开始以哭威胁爸爸。爸爸见他听不进道理，于是不再理他，去做自己的事了。

见爸爸妈妈根本不理自己，天晓哭了半天也感到没趣，自己跑到一边去玩儿了。后来，爸爸给天晓讲明道理，让他认识到自己以哭威胁爸爸是错误的。最后，天晓向爸爸认了错。

对男孩的无理要求，大人要坚决拒绝。比如，在超市或者商场里，男孩一定要某个玩具，妈妈觉得周围的目光让自己很难堪就满足了孩子，这无疑是纵容了他。再比如，周末孩子故意拖延睡觉的时间，或者不吃饭非要再吃一根香肠，妈妈都要坚持自己的原则，不能满足孩子的无理要求。

父母的教育要一致

父母在教育男孩时，很关键的一点是要态度一致，不能一个说东，另一个说西，让男孩无所适从，分不清对错。

已经到睡觉的时间了，小明还坐在电视前看动画片，爸爸叫他去睡觉，他说：“我想再看一集，行吗？”爸爸说：“不行，睡觉的时间到了。”这时妈妈插话了：“今天是周末，可以的。”小明高兴得不得了，刚才还有些胆怯，现在却是一副有恃无恐的样子：“妈妈说了，可以的。”又坐下看了起来。

专家课堂

生活中，父母应该如何“穷”养男孩呢？

1.让男孩过点儿“苦”日子。

2.让男孩体验挫败感。

3.让男孩学会独立生活。

4.让男孩适当地受点儿委屈。

5.让男孩学会承担责任。

第21招

穷养不等于虐待——吝啬、打骂和惩罚要不得

妈妈在实施“穷养儿教育”时，不能只追求那些表面的形式，以为打孩子几顿、不给他饭吃就是在教育他，而忽视了培养男孩的基本要素以及最终目的。

张明是家里的“小霸王”，因为家人的娇惯，他经常欺负小朋友，爸爸妈妈批评他两句，他就坐在地上哇哇大哭。不过，这个小家伙虽然在爸爸妈妈面前撒娇、任性，但是在严肃的爷爷面前，他却表现得比较乖巧，不敢随意地撒泼打人。原来，每次张明任性的时候，爷爷都会拿起桌旁的藤条打他两下；而且，每次张明向妈妈要零花钱的时候，爷爷总会站出来说：“自古穷养男孩，富养女孩，不要给他零花钱。”当然，爷爷的做法也挑起了“家庭纷争”，两代人在“穷养”的问题上产生了激烈的争论。

上面这个事例中的爷爷采用的教育方式对孙子有效果吗？有，但效果甚微。因此，我们在“穷”养男孩时，一定不要走入误区，以免给孩子带来消极影响。

那么，妈妈应该怎样正确认识“穷养教育”呢?

穷养教育不等于罚站、批评、吝啬

8岁的磊磊时不时地惹祸，虽然他是爸爸妈妈的宝贝，但是，在他犯错的时候，妈妈经常让他去面壁思过；如果他犯的错很严重，妈妈还会打他一顿，而爸爸在他犯错时最常说的一句话就是：“你这孩子太不听话了，今天不许吃饭了！”

有一次，磊磊把爸爸最心爱的花瓶打碎了，为了逃避家人的惩罚，磊磊竟然离家出走了。由于身无分文，他开始偷别人的东西吃，最后在警察的帮助下，磊磊的爸爸妈妈才找到了他。

毫无疑问，上述教育方式是错误的，是对穷养教育的误解。要想教育好男孩，就要做到宽严相济，让孩子既能遵守规则，又能保持活力和创造力。

穷养教育不等于多吃苦

很多妈妈认为，“穷养儿”就是让男孩多吃点儿苦头，只要多吃苦、不溺爱，就不会把男孩宠坏，他就会变成坚强、勇敢的小男子汉。事实上，“穷养教育”不是纯粹的吃苦教育和挫折教育，虽然过度溺爱会把男孩宠坏，但是过度吃苦，同样会让他受到伤害。

一位妈妈就曾在日记中这样写道：

我一直信奉“穷养教育”，等儿子稍大一些，我就送他去封闭式夏令营锻炼，当然学习是其次的，最主要的还是让儿子多吃吃苦。平时在家里，当他遇到一些挫折时，我让他独立解决；当他有负面情绪时，我也让他独自面对，认为这样可以锻炼他的吃苦精神。一开始，这种吃苦锻炼的方式的确很有效，儿子变得比以前更加坚强和勇敢了，但是我却发现我们之间的关系没有以前亲密了。

妈妈人为地给儿子制造一些困难、挫折，可能是为了锻炼自己的孩子，但一次次的挫折和漠视，会打击男孩的自信心，也会让他对妈妈的爱产生怀疑。

因此，为了培养男孩良好的品行和习惯，妈妈可以采取适当的方法让孩

妈妈，我想吃汉堡。
汉堡没营养，不能吃！
妈妈，我想吃汉堡。
汉堡没营养，妈妈新学了一道营养又好吃的菜，晚餐还想请你品尝一下呢！

子吃点儿苦、受点儿挫折，但绝不能毫无节制。

穷养教育不等于不尊重男孩，更不等于和他对着干

一位妈妈在亲子论坛上发表了一篇日志：

儿子在放学回家的路上吵着要吃汉堡，由于我已经买好了晚上的饭菜，所以我没有答应他的要求。可儿子却不肯罢休，始终拉着我的衣角央求我。我有点儿生气，拉过儿子拍了两巴掌，谁知他顺势坐在地上撒起野来，还委屈地对我高喊：“你怎么老是这样啊？就知道打人！”

为了表示惩罚，我将他拉回了家，让他在卧室里好好反省。大约过了半小时，我做好饭后，从门缝里偷偷往里瞧，看到的情景简直让我的肺都要气炸了：儿子把作业本撕成了碎片，整个小屋被他弄得乱七八糟，他自己则坐在地上，嘴里嘟嘟囔囔不知说些什么。我再次被他惹火了，冲进屋拉起他就是一阵怒吼：“早知道现在你这样不听话，当初我不如不生你！”儿子也瞪着眼，顶撞我：“你只会打人，我也不想要你这样的妈妈！”这一句话把我噎得无言以对，我充满了绝望。为什么自己养了这样一个不听话的儿子？各位妈妈，我该如何让他意识到自己的错误呢？

妈妈采用过激手段来惩罚自己的儿子肯定是不对的，而且穷养教育的根本是让孩子变成一个有勇气、能够机智解决困难的男子汉。因此，妈妈对男孩进行穷养教育，首先就要学会尊重自己的孩子，不要处处和他针锋相对，多给孩子一些时间、空间和选择。

专家课堂

英国教育专家伊丽莎白·哈特利-布鲁尔认为，父母有时可以对孩子采取一些惩罚手段，但绝不能侮辱他。她给父母提供的建议是：

1.如果要惩罚孩子，尽可能要做到明确、公平，同时充满关爱，并注重效果。

2.每次惩罚孩子只针对一种行为。

3.打孩子的替代方法包括取消特权，收回零花钱，限制他的某项活动等。

第22招·

磨炼男孩的韧性——逆境商为男孩的成长加分

凡·高一生经历无数挫折，依然不停止自己手中热情的画笔。在他困厄的一生中为人类留下了宝贵的精神财富。贝多芬在耳聋的情况下却谱写了传世经典乐章。历史上众多的伟人之所以取得了成功，就是他们具备常人所没有的逆境商。

所谓逆境商，就是指承受逆境的心理素质，经受挫折的能力。法国作家巴尔扎克说过："苦难对于天才是一块垫脚石，对能干的人是一笔财富，对弱者则是一个万丈深渊。"所以，面对挫折，每个人的反应都是不同的。人的一生中，有时失败也是财富，当遭遇挫折时，就需要以逆境商来化解了。

高逆境商的男孩在面对逆境时，始终不退缩，他们内心乐观，相信能克服一切困难，他们会把挫折当作前进的动力；低逆境商的男孩在面对困难和挫折时，信心大挫，消极颓废，他们会把挫折当作压力，很难鼓起克服困难的勇气。

生活中，很多妈妈事事为男孩代劳，使他们很难遇到挫折，所以一旦进入社会后，遇到工作、感情等现实问题的压力时，就会不堪忍受而被挫折打倒。生活中的每个逆境，都是磨炼男孩毅力的机会，当男孩跨越这一道道人生的"台阶"之后，才能真正成熟。

逆境商必须从小培养，那么，对于缺少挫折经历的男孩，妈妈应该怎样做，才能培养他的逆境商呢？

让男孩直面挫折

文晨是班里的文艺骨干，他的拉丁舞跳得特别棒，平时对班级或学校的文艺活动，他都非常热心，总是积极参与。在一次新年晚会上，因为失误滑倒，他觉得当众出了丑，回家就把自己关在屋里，在学校也不再与同学们玩儿了，他就像变了个人似的，一整天都不与人交流，一个人闷闷不乐。爸爸妈妈知道后也很着急，因为表演失利，文晨感觉丢了面子，于是他们在文晨面前有意不提表演的事，可还是无济于事。

挫折教育不是让孩子在失败的阴影中体味痛苦，父母应该在这时让他面对挫折。就像文晨的父母，完全没有必要避开表演这件事，而是应该就这件事和他交流，总结失败的教训，鼓励他重新振作精神走上舞台，建立自己的自信。

对于没有多少逆境经历的男孩来说，在经历了一次挫折之后，对他的自信是一种打击。让他找回自信的办法，是“在哪儿跌倒，就在哪儿爬起来”。如果孩子舞蹈表演失利，或者演讲比赛口误等，父母首先不要放弃，鼓励孩子再试一次。往往在这再试一次的成功体验中，孩子又找回了自信，克服了上一次的挫折。

学会欣赏优秀的对手

放学的路上，妈妈问健健：“今天学校的运动会举行得怎么样啊？”健健低着头不吱声。妈妈又问：“你发挥得不好？”原来100米短跑一直是健健的强项，可是今天他却跑了个第二。妈妈笑着说：“亚军也不错嘛！”健健眼看泪都要流出来了：“肯定是他起跑早了，裁判竟然没看见！”妈妈静静地听健健说完之后，又笑了：“你们那位冠军的实力也很强吧，要不然半个学期就超过你了……”一路上，妈妈帮他分析自己失利的原因，客观地分析对方为什么会获得冠军。到家门口了，健健心里也敞亮了。

男孩在竞争或比赛中失利时，有些妈妈为了安慰自己的孩子，就主观贬低对方。这种做法是错误的，孩子在潜意识里，就会认为自己没输，而心生怨恨，把失败的原因归结到别人身上。这样会使其心胸变得狭隘，不利于今后的个人发展和社会交往。

妈妈要引导男孩大方地承认对方的胜利，再帮他分析对方为什么会胜利，然后一起找到自己失利的原因，争取在下次比赛中取得好成绩。这样，男孩可以平静地面对自己的失利，也会从内心去欣赏对方。在男孩一生的竞争中，让他从容面对，保持永远欣赏对手的心态，这也是其健全人格、魅力的体现。

专家课堂

教育专家孙云晓认为，男孩的生活充满挑战，但现代家庭教育男孩大多以溺爱和过度保护为主，这让孩子失去了应有的承受挫折的能力。为此他提出要“磨炼男孩的韧性”，简单来说就是：

1.告诉男孩，挫折并不可怕，可怕的是逃避挫折。

2.给男孩磨炼意志的机会，鼓励并监督孩子坚持做一些他应该做、却不愿意去做的事情。

3.父母要狠下心来，“逼”男孩磨炼意志，以增强他的韧性。

第23招

开阔男孩的眼界——给男孩一个国际化视野

随着教育的全球化、人才国际化的快速发展，妈妈对男孩的期望也越来越高。于是，一些妈妈很早就开始拓展男孩的国际化视野。

英国政府曾经提出“世界范围内的教育”，就是把教育的目标定为培养孩子在全球化经济社会中生活和工作的能力，给他们灌输全球化意识，提高他们国际化环境下的交流技能。我们的教育专家也特别提出：让下一代学会理解不同政治、文化背景和宗教信仰的民族，他们才能拥有更大的生存空间。

那么，如何培养男孩的国际化视野呢？除了让男孩掌握一门或多门外语、出国留学之外，妈妈还要提高男孩的国际化意识。结合男孩的实际，选择适合他的教育方式，让他接触多种文化，他的视野才会变得更开阔。

打开通向世界的窗户

二年级的波波是英格兰的球迷。世界杯期间，他一直很关注自己崇拜的球队，还不停地给妈妈分析每个人的状态，像鲁尼、兰帕德、特里等。妈妈问他：“你知道英格兰在哪儿吗？”波波抱起脚下的球就在上面找了起来。原来波波玩的球，是妈妈专门买的一个绘有世界地图的球。妈妈又问：“你知道英格兰的全称叫什么吗？”波波摇摇头。妈妈又问：“鲁尼的家乡在哪个城市？”看到波波还是摇头，妈妈就跟波波说起了这些知识，包括从英格兰的全称到鲁尼的故乡利物浦，又到英格兰的地理位置、风土人情以及英国绅士……波波听得入迷了。

从孩子的兴趣着手的教育是成功的教育。聪明的波波妈妈就是从儿子的兴趣着手，让波波兴趣盎然地了解了他的偶像球队的国家风貌。让男孩多了解各个国家和地区的文化习俗、价值观念，并给予理解和尊重，男孩在以后的生活中，就能学会与不同文化背景的人互相尊重、互相宽容、互相合作。妈妈要善于激发和引导孩子的兴趣，并在兴趣的基础上，为他开启一扇通向世界的窗户。

男孩不能没有世界地图

如果你的家里还没有世界地图，那就赶快行动，为男孩准备一幅世界地图。如果有世界地图，如何更好地了解世界呢？

平时，妈妈可以和男孩做游戏，通过遮盖部分地图，让男孩辨识不同的国家。或者用拼图等方式来了解不同国家版图的特点。慢慢地，男孩不仅能获得丰富的地理知识，而且能更具国际化视野。

引导男孩对科技知识产生兴趣

随着经济全球化、人才国际化的发展，具有国际理念的科技人才将更受欢迎、更具竞争力。怎么让男孩对科技知识产生兴趣呢？妈妈要多让孩子接触不同知识的书，激发他的兴趣。周末时，带他去科技馆参观，激发男孩的好奇心及求知欲。妈妈还可以通过给孩子讲一些科学家的故事，在潜移默化中影响他。

男孩要关注国际形势

让男孩通过网络、电视、报刊、书籍等途径来了解国际形势和各国风土人情。这样，他既可以了解各国的文化，将来也更容易融入全球化的教育环境，更具有国际化的大视野。同时，在这个过程中，也强化了男孩的国际责任意识。这样，男孩在未来迎接全球化和信息发展的挑战时就会更有能力、更有信心。

专家课堂

如何让男孩拥有广阔的视野呢？英国教育专家伊丽莎白·哈特利–布鲁尔认为，最重要的是父母要鼓励男孩发展多种技能。她提供的办法是：

1.努力扩大男孩的知识面，让他尝试参加各种活动，发展多种技能。

2.限制男孩看电视的时间，让他均衡地参与各种各样的活动，体验不同的成功感受，进而获得全面发展。

3.平时尽量多带男孩一起出游，增长他的见识。

第24招

强化男孩的劳动观——让男孩在劳动中成长

周末，妈妈有事出去了，回来时已是下午了，方方还躺在沙发上看电视。看到妈妈回来，他立即就以命令的口气对妈妈说："妈妈，赶快给我做饭，都快饿死我了！"方方甚至连水在哪儿放着也不知道，又饥又渴的他就硬挺着等妈妈回来给他做好端到跟前。"儿子，水就在离你不远的桌上，冰箱里什么都有，热一下就可以吃了。你怎么这么让人操心啊。"方方的妈妈一边发着牢骚，一边忙活起来。

有的孩子上学了，自己还不会穿衣服，不会系鞋带，不会打扫自己的房间，不会自己洗澡。妈妈包办了孩子的一切事务，孩子在家被惯成了小皇帝，好逸恶劳，处处以自我为中心，只知道饭来张口，衣来伸手。这样的男孩怎么干得了大事业呢?

很多妈妈认为，孩子现在唯一的任务就是搞好学习，将来从事体面的工作。所以，在她们平时的教育中就忽视了对孩子劳动能力的培养。据有关数据显示，现在大城市的中小学生，有劳动习惯的仅仅占到1/3。从世界范围的中小学生劳动时间对照表中，我们也能发现中国学生每天的劳动时间是12分钟，而美国中小学生每天要劳动 72分钟，韩国中小学生为42分钟，法国中小学生为36分钟。

美国哈佛大学的教授，用了将近20年时间，对200多名孩子进行了跟踪调查，最后他们得出的结论是：小时候受过劳动锻炼的孩子，将来更善于处理人际关系，他们的劳动收入平均比不爱劳动的高5倍，而失业率低10多倍，身体健康，而且他们生活的幸福指数也高于不爱劳动的人。

因此，要加强对男孩劳动观念的培养，让他们明白美好的生活是劳动创造的，懂得劳动的意义。那么，妈妈该如何培养孩子的劳动习惯呢?

让男孩明白只有劳动才能创造美好生活

高尔基说过：“我们世界上最美好的东西，都是由劳动、由人的聪明的手创造出来的。”可以说，正是劳动创造了这个美好的世界。有些有心的妈妈就是通过锻炼孩子的劳动能力，让孩子明白了劳动的意义。

炎炎的妈妈经常让炎炎在放学回来时买一些日用品，而且回家后让炎炎把所买东西及账目都列到本上。这看似平常的小事，却让炎炎体会到生活的乐趣，同时，也在不知不觉中锻炼了他的生存能力。

有意识地让男孩参与、计划家庭事务，时间久了，孩子就会养成一种关心家庭、认真负责的好习惯。即使打扫客厅要花上他们半小时，即使帮妈妈干活儿累得满头大汗，他们仍然满怀喜悦地干着，充满成就感地看着自己的劳动成果。劳动，在他们看来真的就成了一种乐趣。

让男孩参与家务

范文家的马桶坏了，爸爸拿出了工具修理。范文也在旁边帮忙，一会儿帮爸爸递工具，一会儿又找零件。水阀修好了，马桶的问题解决了，范文和爸爸高兴地笑了。在范文家做客的小姨很不乐意地对范文的妈妈说："这活儿也让你们家宝贝儿子干啊，人家可是弹钢琴的手啊。"范文的妈妈笑着说："让孩子多参与家务，对他有好处。"

培养男孩的劳动能力，让他习惯成为家里的小帮手，做一些力所能及的事，比如拖地、擦桌子、摆座椅、倒垃圾等，养成劳动的习惯。通过这些琐碎的劳动，能够培养出他的耐心、细致、独立性和责任感。

不要打击男孩的劳动积极性

林林家吃完饭，妈妈开始收拾碗筷，林林马上想去帮忙："妈妈，我帮你刷碗。"说完就要准备干活儿了。"你去和爸爸玩儿吧，妈妈做就行了，你上次刷碗，就摔坏了一个，地上弄得到处是水，快去吧，去吧！"妈妈说着就把林林推出了厨房，林林很不高兴地走了。

在男孩乐于劳动时，妈妈这种怕麻烦的心理会打击他的劳动积极性，长此以往，孩子也就不愿再尝试去劳动了。所以，妈妈不要因为怕孩子犯错就阻止他，应该让他在劳动中锻炼自己。

专家课堂

意大利教育家蒙台梭利认为，孩子到三四岁时，父母就要及时鼓励他锻炼生活自理能力了，而其中劳动能力是最重要的一项能力。具体做法有：

1.父母必须参与到劳动中来，亲自为孩子演示和讲解劳动的具体过程。

2.父母要把主动劳动的意识灌输到孩子的头脑中，让他学会自己动手。

3.父母要对孩子的劳动成果给予及时的赞赏和肯定。

第25招

提高男孩的适应力——教男孩适应多变的社会

现在很多妈妈都是围着孩子转，爸爸、妈妈、爷爷、奶奶、姥姥、姥爷，左擎吃喝用，右牵玩具行。孩子一有需要，立即满足。男孩除了上学，也不与别人打交道，就陷在爱的旋涡里，自得其乐。妈妈成天温言细语呵护，稍有不如意，他就不耐烦。试想，这样在温室培育出来的苗，能禁得起外面风雨的侵袭吗？这样娇惯出来的男孩，进入社会后，又能担当起什么责任，受得了什么挫折呢？因此，妈妈除了给男孩提供一定的物质条件外，更要培养他适应社会的能力，让他自己学会解决问题。以便他在进入社会以后，能够从容面对出现的困难和压力，适应这个多变的社会。

让男孩在不同的环境中体验

放暑假了，妈妈让伟峰去姥姥家住一段时间。伟峰在姥姥家过得开心极了。每天早上，他不像原来一样被妈妈叫上三遍才起床，而是赶在姥姥之前就自己起来洗漱了，有时还帮助姥姥做事，帮姥爷喂鸟。吃完饭，他就和舅舅家的小表哥一起在舅妈的辅导下写作业，写完作业再玩儿。晚上一到 9 点就喊着表哥去洗澡，9 点半之前就上床睡觉了。看他这么乖，姥姥一家人对伟峰赞不绝口，喜欢得不得了，直夸他懂事。在姥姥家的 20 天过得真快，伟峰觉得一转眼就过去了。当伟峰的爸爸来接他时，听着姥姥一家人对伟峰的夸赞，心里也很高兴。

平时，妈妈可以多带男孩去有同龄男孩的亲戚或朋友家串门，或者让孩子在不同的环境中生活一段时间。对男孩来说是一个很好的体验，这样既锻炼了男孩生活的独立性，又让孩子在不同于自己家庭的环境中懂得自律，懂得理解别人，同时也在无形中提高了他的交往能力。

相信男孩自己可以解决

乐乐一回到家就一副闷闷不乐的样子。妈妈着急地问他怎么了，他说："今天老师冤枉我了。""怎么冤枉你了？你跟老师解释了吗？"乐乐妈妈继续追问他。"本来是别的同学在讲台旁边撒了纸屑，我在弯腰去捡时，正好被班主任看到，他以为是我扔的，当着所有的同学批评我说：'杨乐乐，赶紧把纸屑捡起来。'然后上课铃声响了，我也没机会解释了。"妈妈听乐乐这么说，就安慰他说："乐乐，这件事你没有错，如果老师的确冤枉你了，你就应该跟他解释清楚，明天一早到学校你就去找他。"这时在旁边坐着看报纸的爸爸对妈妈说："明天你去学校跟他的老师说说吧。"妈妈则有不同的看法，她说："儿子自己可以解决，不信你问他。"看着妈妈鼓励的目光，乐乐对着爸爸点了点头。

男孩在与朋友、同学、老师的交往中发生误会，或者出现一些摩擦，都是很正常的事情。妈妈根本不用大惊小怪、小题大做，而是应放手让男孩自己去解决。现实生活中，有时两个孩子吵了架，反倒是双方的妈妈在"短兵相接"。一些妈妈生怕自己的孩子吃了亏，就插手孩子的事，代替孩子处理了。其实这样做让男孩错失了独立解决问题的机会。让他去解决，一方面能够锻炼他独立处理问题的能力；另一方面在处理问题的过程中，他会思考更多的问题，增强辨识能力。妈妈应该在一旁，为孩子提供一些正确的意见给予引导。这样男孩在成长过程中，会更善于处理与周围人的关系。

给男孩创造一些锻炼的机会

周末，程程全家人和姑姑一家一起去饭店吃饭。姑妈不停地给已经9岁的表弟夹菜，一遍遍叮嘱让他再多吃点儿，另一只手端着杯子，不时督促他喝口水。而程程妈妈则是一会儿喊"程程，给姑妈加点儿水"，一会儿又喊"程程，再去让阿姨给上瓶饮料"。这时姑妈实在看不下去了："你看你倒是省事了，怎么能老让孩子跑来跑去的啊？"程程妈妈却笑了："是不是说我懒呢？只有懒妈妈，才显得出儿子的能耐来呀。"

其实，程程妈妈并非真的懒，她让儿子代劳，与饭店的人打交道，就是有意在锻炼儿子。让儿子在不同环境中，学会与不同的人沟通，打交道，从而培养儿子的社会交往能力。看着程程小大人似的彬彬有礼地与服务员交流，再看在自己身边扭来扭去、喂着还不好好吃饭的儿子，姑妈这才若有所思地点点头。

男孩一味地听从妈妈的所有安排，自己就会没有主见，同时，很难得到锻炼，进入社会后就会遇到更多的挫折和困境。只有让男孩走出妈妈的羽翼，迎接更多的风雨，才能够真正成长。

专家课堂

生活实践课是男孩走入社会必须上好的一堂课，意大利教育家蒙台梭利给出的训练方法是：

1.父母必须调动起孩子的积极性，唤起他内在的生命力和创造生活的热情。

2.父母要经常检查孩子的卫生状况，帮助他养成注重个人仪表的好习惯。

3.父母不要忽视对孩子表达能力的训练，要提高孩子谈话的积极性。

第26招

管理时间和生活——引导男孩成为生活的主人

暑假的一天下午，爸爸妈妈有事出去，让飞飞自己在家做完作业再玩儿。傍晚，等妈妈回来打开门一看，先是大吃一惊，继而怒气冲冲，忍不住对飞飞发起火来。这是为什么呢？原来，爸爸妈妈一出门，飞飞就开始“孙悟空大闹天宫”，家里被他搞得一团糟：作业本散落在桌上；书柜里的书扔得到处都是；拖把歪在床边；所有的桌子、板凳涂上了各种不同的颜色；客厅里地上黏糊糊的，他称之为“用咖喱膏给地板打蜡”。飞飞的爸爸妈妈意识到了问题的严重性。晚上他们进行了讨论，针对这种情况，做了各种分析，觉得飞飞的创意思维还是不错的，但缺点更明显：他不具备管理自己生活的能力，更缺乏时间管理能力。他们决定在以后的生活中要给孩子补上这重要的一课。

现实生活中，大部分的男孩总是上蹿下跳，整天一副风风火火、一刻不得消停的样子，东西扔得到处都是，经常把家里搞得乱七八糟。而多数的妈妈也只是数落数落发发牢骚就罢了，总认为男孩天性顽皮，长大后就慢慢规矩了，却不思考孩子为什么会这样，这样对他将来的生活与事业有什么影响？那么，怎样让孩子的生活更有条理呢？

让男孩规律作息

一般来说，孩子对于时间的认识总是来自大人。妈妈要从小让孩子规律作息，给孩子制订一个作息时间表：几点起床、什么时间吃早餐、放学回来先做什么后做什么、几点洗漱、几点睡觉等，让孩子由最初的父母督促，慢慢养成自觉的习惯。

放暑假了，小山对妈妈说："妈妈，好不容易放假了，早上不用再早起了，让我每天晚上多看会儿电视，晚睡会儿吧？"妈妈答应了。从此，小山每天都看电视到11点才睡，每天早上8点后才起床。不知不觉，暑假就要结束了，马上就要开学了，妈妈这才意识到问题的严重性。所以又开始每天要求小山按上学时的作息时间9点半睡觉，早上7点起床。可是小山已经习惯了11点睡觉，9点半躺到床上，翻来覆去地就是睡不着，早上7点根本就睡不醒。即使妈妈勉强把他从床上拉起来，他也是迷迷糊糊得直打瞌睡。一直到开学，晚睡晚起的习惯也没改过来。

孩子的作息时间一旦养成了，最好不要轻易打破，即使放假期间也要坚持正常的作息时间，不能因为孩子不上学了，就改变平时的作息时间。作息时间一旦被打破，要想再改回正常的作息时间就很难了。所以，妈妈一定要督促孩子养成规律的作息习惯。

提高男孩的时间管理能力

天气很热，峻逸和同学踢完球回到家。他先倒上一杯开水凉着，然后就

今天你看电视的时间太长了，赶紧关了睡觉去！
不，我就不！
明天还要上学呢，再看10分钟就休息吧？
好的，妈妈，就看10分钟。

去洗澡。在卫生间，他把脱下来的衣服用洗衣液泡上，冲完澡，他就顺手把衣服也洗出来。等晒好衣服，他准备休息时，刚才凉的那杯水也正适宜喝。

时间是挤出来的，要让男孩学习统筹利用时间的方法。这也需要爸爸妈妈长期的影响和教育，并让他长期坚持下去。男孩只有提高了时间利用率，才能在有限的时间内做更多的事情，让生活变得更有条理。

让男孩试着规划自己的生活

因为善于规划人生，所以很多成功人士事业有成，生活幸福。男孩的规划意识也要从小树立。妈妈要抓住一切机会，让男孩参与规划。比如，周末全家要去公园玩儿，可以让男孩来做时间分配，上午去还是下午去，在公园玩儿多久，几点回来等。当然妈妈根据情况适时地给予指导。男孩的书架，也可以让他放手去规划，科技类、自然类、历史类等书如何放，让他自己动脑、动手。男孩有了规划意识，并习惯成自然，他就会未雨绸缪，在今后的生活和工作中变得更有条理。

专家课堂

“知心姐姐”卢勤说：“每一个爱孩子的父母，都会爱惜孩子的时间；每一个有责任感的父母，都会从小对孩子进行严守时间的训练。”而且她认为假期是给孩子上时间利用课的最好机会：

1.把假期时间全部交给孩子，让他自由支配，并告诉他时间的宝贵。

2.父母协助孩子制订假期计划，如每天的生活如何安排，必做的事情有哪些等。

3.父母要告诉孩子，计划一旦制订，就要严格执行。

第四章 好关系胜过好教育，与儿子实现零距离沟通

为什么男孩不愿意向你敞开心门？

为什么男孩不愿意向你伸出和解的手？

为什么男孩总是和你作对？

这一切归根结底都是你没有与孩子进行有效的沟通。

那么，什么样的沟通才会拉近妈妈与孩子的心灵距离呢？

沟通，从倾听开始；尊重，学会与男孩平等交流； 赞美，让男孩用微笑接纳你……

第27招

不唠叨，忌说教——把话说进儿子心里

生活中，妈妈苦口婆心的叮嘱和关怀，男孩却充耳不闻。他不领妈妈的情，有时还有意作对……

一提到与成长期的男孩交流，有些妈妈就会抱怨：

“我才说一句他就说我唠叨，唉，这孩子真是没法管了。”

“我天天起早给他做饭，送他上学，接他放学，我自己还要上班，每天忙得如陀螺一般。可他还是不理解，上学不好好听课……”

生活中，有的妈妈错误地理解了沟通，以为命令就是沟通，男孩不听从命令，就是不愿沟通。有时，妈妈也经常习惯于把命令、批评强加于孩子。孩子长期生活于这样的环境，就会对这种暴力沟通产生逆反心理。

要改变这种沟通难的状况，妈妈一定要了解孩子的特点才能对症下药。男孩自尊心强、爱面子，如果你当众没有给他申辩的机会，会让他特别没面子，也会挫伤和打击他的自信心。

妈妈和孩子沟通，可以采取以下几种方法。

接纳孩子的情绪

5岁的明明买了一只巴西龟，结果养了四五天就死了。明明哭着对妈妈说：“妈妈，我的小乌龟死了。”妈妈当时正在看电视，一边盯着屏幕一边说：“不就是死了一只小乌龟嘛，别哭了，妈妈明天再给你买一只。”谁知明明哭得更厉害了，一边哭一边说：“我就要这只小乌龟，别的我不要！”妈妈有些生气地说：“你这孩子真是太不听话了！”

上面这样的事例是生活中经常发生的。当孩子伤心、失望的时候，他最希望的事情就是有人能理解自己，接纳自己的情绪。如果得不到情绪的认

同，他的心情会变得更加糟糕，甚至连妈妈的一番好心也很难接受。所以，我们要想让孩子听话，首先要认同孩子的情绪。例如上面的事例，完全可以这样处理：

明明哭着对妈妈说："妈妈，我的小乌龟死了。"妈妈当时正在看电视，听到儿子的话后转过身对明明说："看来你是挺伤心的，因为你非常喜欢那只小乌龟。"明明说："我今天还喂它了呢，我们是好朋友。"妈妈说："你们确实是好朋友，你每天都照顾它。"明明说："妈妈，你能再给我买一只小乌龟吗？"妈妈说："当然可以。"

如果妈妈都能这样和孩子沟通，就不用担心孩子不听话了。所以，我们要想让孩子听话，就要先学着接纳孩子的情绪。

用提问代替说教

很多时候，我们都在苦口婆心地告诉孩子这样做或者那样做，但是孩子却不听话，甚至还会产生反感的情绪。所以，我们在和孩子交流的时候不要总是用说教的方式，可以尝试使用提问的方式。

外面下着大雪，妈妈对正在吃饭的王鑫说："外面太冷了，非常容易感冒，你说感冒了是不是很难受呢？"王鑫说："当然了，前一段时间我感冒的时候全身都疼，实在是太难受了。"妈妈说："所以你要照顾好自己，要多喝水，并且多穿些衣服，你说是不是？"王鑫想了想说："妈妈，我今天上学还是穿上羽绒服吧，要不可能就感冒了。"

从这个事例可以看出，妈妈用提问的方式，让孩子的思维随着自己的问题走，最终让孩子接受了自己的建议。另外，妈妈用提问的方式，在某种程度上给了孩子自由选择的权利，而不是把自己的想法强加给孩子，所以孩子更容易接受。

多向孩子传达积极、肯定的信息

场景一：儿子刚刚拿着茶杯在屋子里疯跑，妈妈生气地说："别跑了，你会把茶杯摔坏的。"儿子说："不会的。"话刚说完，茶杯就掉在地上摔碎了。

场景二：儿子刚刚拿着茶杯在屋子里疯跑，妈妈说："儿子，把茶杯拿稳一点儿。"儿子怕把茶杯摔坏了，赶紧停下来不跑了。

从上面两个事例可以看出，肯定的命令比否定的命令更能让孩子接受，从而认识到自己的错误。所以，我们在和孩子沟通时应该多向他传达积极、肯定的信息，而不是用否定的指责来批评他。

专家课堂

唠叨式的说教不但毫无意义，而且很容易让孩子反感。对此，美国心理学家海姆·G. 吉诺特给出的建议是：

1.针对孩子的感受做出反应，而不是针对其行为。

2.父母要遵守与孩子谈话的原则：理解与共鸣。

3.父母要在相互尊重的前提下，先说出表示理解的话，然后再提出建议和意见。

第28招

多商量，少命令——获得儿子尊重的秘诀

现实生活中，我们总能发现这样一个奇怪的现象——如果一个男孩的妈妈告诉他"你必须这么做"时，这个男孩一定不会这么做。但如果妈妈对男孩说"这样做你觉得如何"时，男孩往往会毫不犹豫地去完成妈妈说的事情。

美国的一位教育家说过："在教育孩子的过程中，应当将命令排在最后一位，只有你面对孩子毫无办法的时候，才能使用命令这种教育方式。"妈妈与儿子之间的沟通应该建立在相互理解、相互尊重的基础之上，而两代人

之间相互理解、相互尊重最主要的方式就是商量。

因此，若想让男孩尽快懂事，妈妈首先要做到凡事都与他商量一下，这样不仅能够避免家庭中那些无谓的争吵，还能教会男孩在今后的生活中如何与人相处。

下面这个故事就是最好的说明：

小伟是一个12岁的男孩，他和班里一个叫小彬的男孩是好朋友。放学后，小伟经常跑到小彬家里玩儿。这让小伟的妈妈有些担心，两个非常调皮、捣蛋的男孩凑在一起，会不会干出点儿什么坏事儿呢？他们会不会把小彬的家里弄得很乱，引起小彬妈妈的反感呢？于是，小伟的妈妈准备给小彬的妈妈打个电话，道个歉。恰好这时，小彬的妈妈却先把电话打过来了，并在电话里表扬了小伟，说他是个好孩子，还帮他们收拾房间。

小伟回来后，妈妈把小彬妈妈的夸奖讲给他听，小伟有点儿不好意思地说："您和我说过，如果我以后对您提要求，就必须先让您高兴。那么，如果我去小彬家里玩儿，就必须先让小彬的妈妈也高兴，于是我每次去都会帮着他们收拾房间。"

在上述故事中，妈妈并没有告诉男孩该如何与朋友的妈妈相处，但男孩却从日常与妈妈的协商中，形成了一种独立的思维模式，从而很巧妙地运用到了日常的人际交往之中。

商量，是一件说起来简单、做起来难的事情。商量不是妈妈的迁就，不是单纯的允诺，而是与孩子间的相互理解与沟通，从而形成双方都认可的意见或办法。此外，商量也是家庭民主的真正体现。

那么，生活中，妈妈应该如何正确运用协商的教育方式，从而让男孩更健康地成长呢？

用协商代替命令的口吻

阿明和阿杰是关系很好的伙伴。一个周六，他们一起出去玩儿，但由于玩儿得太尽兴，所以他们回家都晚了。

阿明刚回到家，他的妈妈就劈头盖脸地责骂了他一通儿："你这个不听话的孩子，怎么这么晚才回家？你知不知道全家人都很着急？如果你以后再这么晚回来，看我不打你！”阿明捂着耳朵跑进了屋里。

阿杰回到家，他的妈妈用十分温和的语气对他说：“阿杰，你知不知道你这么晚才回来，爸爸妈妈都很担心你，以后不要再这样了，好吗？”阿杰听了妈妈的话，不好意思地点点头说：“嗯，我知道了，对不起妈妈，让你担心了，我以后再也不会这么晚回家了。”

其实，事例中的两位妈妈想要表达的意思是一样的，但由不同语气所导致的后果却是完全不同的。用命令的语气与孩子沟通，很难让他心甘情愿地去改正自身的错误；而用商量的语气与孩子沟通，则常常令孩子心服口服。所以，当妈妈希望男孩做什么的时候，不妨用商量代替命令。

通过协商矫正孩子的不良行为

如果想要男孩改掉身上的坏习惯，用强制的手段是不可取的。这时，妈妈不妨试着与孩子达成协议，比如“家庭约法三章”“母子协议”等，去约束他的不良行为。但值得注意的是，在与男孩达成这些协议的时候，一定要让他心甘情愿，否则这些协议就起不到任何作用。

一次，晓宏与妈妈一起去超市买东西。去之前，妈妈已经和晓宏说好，只是买一些生活用品，不给他买任何玩具和零食。但是，当晓宏看到最新款的机器人玩具后，就开始央求妈妈给他买，并说他们班好多小朋友都有这样的玩具。

妈妈看了看玩具的价格——800元，真是不便宜，但她并没有像很多妈妈那样直接拒绝晓宏说“太贵了，不能买”，而是和晓宏商量：“这个玩具的确很好，但是你知道它要花多少钱吗？”

“多少？”晓宏问道。

“800元，这800元如果用来生活，能买很多好吃的东西和生活必需品呢！”

晓宏摇摇头，他仍然不甘心地抱着怀里的玩具。

这时，妈妈继续说道：“儿子，如果你真的想要这个玩具，也不是完全

我刚才叫你洗澡，你怎么还在看电视！你身上这么臭，想熏死人呀！
哎呀，哎呀！我一会儿就去，你真烦！
儿子，你身上湿乎乎的，多不舒服，为什么不先洗个澡呢？
好的，妈妈，我去洗澡。

没有可能，你可以做一些力所能及的家务活儿，妈妈给你一定的‘报酬’，慢慢地等你攒够了钱，就可以买这个玩具了。”

“那好吧！”晓宏放下怀里的玩具，拉着妈妈的手离开了。

这位妈妈的聪明之处在于，她通过巧妙的协商改变了孩子不听话的行为。生活中，每个男孩都会向妈妈提这样那样的要求，即使这些要求很不合理，妈妈也不能直接拒绝男孩，因为男孩需要一个过程去接受他不希望的结果。这时，妈妈应该选择协商的方式，和他讲道理，让他慢慢地接受，并且认清自己的要求是不合理的，让他心甘情愿地改正自己的错误。

专家课堂

卡尔·威特凭借多年的教子经验认为，父母在教育孩子时，千万不要伤害孩子的自尊心，他是这样做的：

1.无论在学习上还是在生活琐事上，不管孩子的年龄大小，都要平等地对待他。

2.不论孩子提出什么问题，绝不应嘲笑，应该亲切地予以回答。

3.父母不应戏弄或者欺骗孩子，否则很可能导致孩子不再信任父母，或者变得粗暴。

第㉙招

会说不如会听——用心倾听，关系会更好

“我认为倾听是一种非常好的教育方式。因为倾听对孩子来说，是在表示尊敬，表达关心，也是在促使孩子去认识自己的能力。如果孩子感到他能自由地对任何事情提出自己的意见，而他的认识又没有受到轻视和奚落的时候，他就能毫不迟疑、无所顾忌地发表自己的意见，先是在家里，然后是学校，将来就可以在工作上，自信、勇敢地正视和处理问题。”这是德国教育家卡尔·威特说过的一段话，由此可见倾听的重要性。

随着社会的发展和生活节奏的加快，很多妈妈失去了倾听孩子心声的专注和兴趣。她们或许会给孩子买一大堆玩具和衣服，却很难坐下来听孩子说话。孩子的快乐、烦恼都埋藏在心里，在同学朋友那里不能倾诉，在妈妈这里又得不到认同，他们就会郁郁寡欢，备受打击。

倾听应该是妈妈必修的一门重要的功课。倾听孩子很重要，但妈妈不仅要注意听的状态，也要对孩子说的内容给予积极回应，这才是有效的倾听。否则，孩子在倾诉，妈妈虽然听着，却心不在焉，半天不知孩子在表达什么，对孩子也是一种不尊重。

妈妈要学会倾听儿子的话，可以采取以下几种方法：

认真听，了解他的想法

周末，妈妈陪着亮亮一起写作业。写了一会儿，亮亮扭来动去地，就是安静不下来。妈妈看他一眼，他就写几个字，一会儿又做起了其他小动作。这时妈妈问他：“怎么了，亮亮？”亮亮看了妈妈一眼，犹豫了一下，就问妈妈：“妈妈，麦子的‘麦’怎么写？”妈妈就在纸上写给他看。过了一会儿，他又问妈妈：“妈妈，劳动的‘劳’怎么写？”妈妈又写给他看了。这时亮亮又指着纸上的两个字，说：“妈妈，这中间还差一个字呢。”妈妈一看这两个

字“麦”“劳”，一下恍然大悟：“麦当劳？儿子，想吃麦当劳了吧！”亮亮这才有点儿不好意思地点点头。

生活中，孩子有时会间接地表达自己的需求，如果妈妈不注意倾听，就很难捕捉到；而细心的妈妈可能通过更多的倾听，及时捕捉孩子的小小变化，察觉到他没有明确表达的想法。因此，想要了解男孩的想法，就要乐于做他的倾听者，多花一点儿时间，多花一点儿精力，慢慢地听他说，这样才可能走进他的内心世界。

倾听时保持冷静，不要打断他

处于成长时期的男孩，思想还不成熟，说出的话也常常不假思索，有时让妈妈很难接受。于是，“亲子大战”就难以避免地在家里上演了。

丁伟的寄居蟹不见了，他到处都找不到，急得满头大汗。这时妈妈告诉他，送给隔壁的小朋友了。丁伟一听急了：“这是我的蟹，你怎么能送给他呢？”妈妈说:“我看你这几天都没怎么照顾它,以为你不喜欢了,就送人了。”丁伟一听更生气了，大声说道：“你是不是讨厌我，喜欢隔壁的小朋友！”妈妈一听火立即就大起来了，她想到为儿子付出的一切，感到非常委屈，说道：“对，我讨厌你，我不尊重你，可你也不想想你吃穿用的东西都是谁买的呀？”

故事中的妈妈自己做主把丁伟的蟹送人了，这的确不对，她更不对的是没有保持冷静，在孩子一句话的刺激下，一下子就生气了。

对于孩子不成熟的顶撞或冒犯，妈妈不要过早表态，应该让孩子继续把话说完。而很多妈妈不等孩子把话说完，就火冒三丈，立即与孩子形成对立局面，从而让孩子失去了说下去的勇气。妈妈应该反省一下自己，是否认真倾听过孩子的话语，是否对他的问题给予了回应，是否关注了孩子的需求。要想做个体贴的好妈妈，就要学会倾听。

专家课堂

“知心姐姐”卢勤在“如何倾听孩子说话”这个问题上给父母提供了几点建议：

1.做出听的姿势，和孩子平视，身体稍向前倾等。

2.表现出听的兴趣，不要打击孩子沟通的积极性。

3.用表情和语言将你专注倾听的态度传达给孩子。

第30招

批评孩子的艺术——如何说，儿子才肯听

那些被妈妈称为“淘气鬼”“小邋遢”“破坏王”的小男孩免不了要受到妈妈的批评，如果妈妈总以家长的身份居高临下地批评男孩，他们就容易产生逆反心理，不利于其改正错误。

张石的妈妈虽然很疼爱他，却有一个不能容忍孩子反驳她的毛病。每次她教育儿子时，只要儿子一提出反对意见，她就火冒三丈，劈头盖脸地责骂儿子一顿。有一次，她再次因为张石与自己顶嘴而火了起来，一时气急，她还揪住张石的耳朵，说：“我从你小时候起就提醒过你，不要和我顶嘴，说到现在你还不知道改。我供你吃，供你穿，没想到最后却供出一个逆子！我要你有什么用！”

当天晚上，张石就留下一封信，离家出走了……

男孩犯了错，可以批评，但不要使用蛮不讲理的态度，更不要以长辈的身份威胁、恐吓他。正确的教育方法是父母把男孩放在与自己平等的地位，耐心地与他沟通，这样才能让他接受你的批评，最终改正错误。

妈妈要把批评当成一门艺术，尤其注意把握好批评的时机。当孩子与你

讨论其个人问题时，当孩子需要你帮他作决定时，当孩子正在向你解释某件事情时……妈妈是绝对不能批评孩子的，否则就会打击他的积极性，还会伤害他的自尊心。

那么，妈妈如何才能把握好批评的时机和技巧呢？

批评他的行为，而非品格

妈妈在批评男孩的时候，一定要认清一点——批评他错误的行为，而不是对他进行品格上的评价。就拿学习这件事来说，当男孩的学习成绩不理想时，绝对不要这样说："你真是个傻瓜""你太笨了"……这样不但起不到正面的作用，反而会让他认为自己真的很笨。换言之，这样的批评会严重地伤害男孩的自尊心和自信心。

如果孩子沉迷于上网，妈妈正确的说法是："怎么又在上网呢？这样不仅耽误学习，而且对身体不好，我有点儿生气了，因为你答应过我晚上9点后不上网的，很显然你没有做到。希望明天这个时间你能躺在床上休息，这样一来，你第二天才会有很好的精神上学，晚上回来再玩游戏的时候，也能多过几关。我相信只要你做到，就能成为一个又会玩儿又会学的好孩子的！"这样的批评不仅会让孩子心里感到温暖，还会让他乐于按照你的话去做，而且他能在你的话里听到希望，感受到你对他的爱和憧憬，他自然会变得越来越好。

不要当众批评孩子

你可能发现这样一种情况，很多时候在家里批评孩子，孩子一般不会做出多大的反抗，然而若是在公共场所批评孩子，你没说两句，就会引起孩子的抵触情绪。

明智的妈妈会在他人都在场的时候表扬自己的孩子，而当孩子犯了错误后，则会在家里单独进行批评教育。

这主要是因为当妈妈当着很多人称赞自己的儿子时，他会感到骄傲和自豪，会向着这个目标继续努力；若妈妈当着很多人批评儿子，则会让他觉得难为情，甚至无地自容，难免会产生一种破罐子破摔的想法。这也就是在外面男孩与你对着干的原因。因此，当众批评孩子的方式是不可取的。

不要说空洞的话，要让孩子对你的批评心服口服

教育的目的就是让孩子改正错误，更好地成长，但这一切的前提是必须让孩子对你的话心服口服。那么，怎样才能让男孩信服你的话，且真心接受呢？

首先，要从沟通入手，不能借助武力。

其次，当你知道孩子做错事后，一定要保持冷静和理性，耐心地去引导孩子，告诉他什么是对的，什么是错的，并且要对他进行鼓励。

下面是发生在一位妈妈身上的故事：

一个周末，妈妈刚回家，正好撞见正要出门的儿子，她就问儿子去干什么，儿子说要去踢足球，已经和同学约好了。事实上，虽然妈妈对儿子学习态度感到非常气愤，但她还是冷静了下来，温和地问儿子："你觉得自己最近的学习怎么样？"

儿子站在原地，低着头，小声地说："不……不怎么好。"

妈妈看着儿子，说："那么，一个学习并不怎么好的男孩怎么总是想跑出去玩儿呢？"

儿子低着头，抠着手指。

妈妈接着说："我今天看到了一篇文章，文章中说全世界的孩子只有三种，一种是只会玩儿不学习的；一种是只学习不会玩儿的；还有一种是又会玩儿又会学习的，你想成为哪一种？"

儿子小声地回答："最后一种！"

妈妈拍了拍儿子的肩膀说："很好，和我想的一样，我相信只要你以后好好看书，多花些时间学习，一定能实现这个愿望！"

儿子看着妈妈，点点头，随即又小声地问："那……踢足球呢？"

妈妈笑着说："当然要去了，学习很重要，但是你既然已经和别人约好了，就不能做一个言而无信的人。要知道，诚信对一个男人来说是很重要的。"

从那以后，这个男孩的学习态度端正了许多，成绩也进步了不少。

让男孩对妈妈的批评心服口服，是绝不能依靠责骂的，而要耐心地去引导，平等地沟通交流，让男孩快乐、健康地成长。

专家课堂

卡尔·威特在教育儿子的过程中时常采用夸奖和鼓励的方法，但有时也会批评儿子，不过，他的批评方式总是会让儿子心服口服：

1.教育孩子的过程中，需要仔细地观察孩子所做的事，尽量去理解他。

2.在批评孩子之前，一定要弄清事情的真相。

3.真心关心和帮助孩子，而不是采取打骂的方式。

第31招

赞美是最佳动力——学会表扬和赏识儿子

美国哲学家和教育家约翰·杜威说过："人类本质里最深远的驱策力就是：希望具有重要性，希望被赞美。"确实，每个人都渴望被赞美、被尊重、被认可、被理解……一旦这种精神需求得以满足，人就会自信满满、动力十足地投入到工作或学习中。

给孩子适当的赞美有利于妈妈与男孩进行心灵的沟通，更有利于妈妈对男孩进行因势利导的教育。当然，妈妈的赞美要发自内心，要真诚而自然，否则起不到任何作用，反而会让男孩觉得你很虚伪。

拿破仑·希尔是伟大的励志大师，他创建了成功哲学和十七项成功法则。他如火如荼的热情鼓舞了美国千百万人，因此有人称他为"百万富翁的创造者"。可是很多人却不知道，拿破仑·希尔小时候还有一段不为人知的往事。

拿破仑·希尔的母亲在他很小的时候就去世了。有一天，他的父亲把继母接回家。从这位陌生女人进入家门的那一天起，拿破仑·希尔就很担心她对自己的态度不友好，于是就双手交叉放在胸前，用愤怒的眼神凝视她，没有丝毫欢迎的意思。

父亲对继母说：“这是拿破仑，他是希尔兄弟中最坏的一个。”接下来的事情让拿破仑·希尔终生难忘：他的继母把双手搭在他的肩上，用温柔、慈爱、坚定的目光看着他的眼睛，说：“他是最坏的孩子吗？我觉得完全不是。他好像是这些孩子中最伶俐的一个，而我们所要做的，无非是把他所有的伶俐全发挥出来。”

一句简简单单的赞美,却打动了拿破仑·希尔的内心。那一刻,他意识到，自己将永远拥有一位亲爱的继母。在此后的岁月里，他一直温顺地听从继母的教导，并通过努力，成了一个成功的人。

赞美的力量就是如此神奇，永远要比批评的力量大。妈妈要知道，世界上最糟糕的、教育者最忌讳的事情，莫过于动不动就给孩子提意见、挑他的毛病。尤其是对小孩子，更不要凶巴巴地指责和批评他，而是要适当地给他表扬和赞美。

男孩最重要的就是拥有自信、自爱的精神，这种精神并非天生，更多的是来源于最初养育他的人。一个鼓励的眼神、一句肯定的话语，都是自信的种子，播撒在男孩的心田里，逐渐长成参天大树。因此，妈妈在面对孩子时，千万不要吝惜你的鼓励和赞美，这会让你取得意想不到的教育效果。

需要注意的是，在赞美时也应讲究方法和技巧，不要随意滥用，否则会让男孩今后听不得批评，经不起失败。那么，我们该如何赞美呢？

赞美要细化，不要过于笼统

“儿子真棒！”“儿子真厉害！”“儿子真好！”类似这样的表扬对我们来说是轻车熟路。在你的眼里，男孩来到这个世界的每一个成长细节都是值得惊叹和赞美的——他会笑了，他能翻身了，他会走路了，他能说话了……于是，在这种不断的惊喜中，妈妈已经习惯于随口夸奖孩子。殊不知，这种心不在焉、张嘴就来的赞美会带来负面影响。

比如某天，你的儿子帮你倒了一次垃圾。你可能会感到很欣慰，因为儿子能帮你干活儿了，于是兴高采烈地表扬他说：“儿子，你真棒！”这会让孩子感觉很茫然，你不妨这么告诉他：“谢谢你帮我倒垃圾，我很高兴！”

总是笼统地表扬男孩，会让他无所适从；而有针对性的、具体的表扬则更容易让男孩理解和接受，他会知道今后具体该如何做、如何努力。

要赞美孩子的努力，而不是他的聪明

“聪明”是妈妈夸奖孩子惯用的词汇。妈妈喜欢用“聪明”去激励男孩的每一个进步。然而，这却不是一种聪明的表扬方式。比如孩子考试成绩不错，如果用“聪明”去夸他，结果只会导致他把“好成绩”与“聪明”画等号，而很难将“好成绩”与“努力”联系起来。这一方面会使男孩变得自负而非自信，另一方面，可能会使他今后在面对挑战时采取回避态度，因为他不想出现“不聪明”的情况。

美国的研究人员让幼儿园的孩子解决了一些难题，然后，对其中一半的孩子说：“答对了8道题，你们很聪明。”对另一半的孩子说：“答对了8道题，你们很努力。”接着，研究人员又给他们两种任务选择：第一种是可能出一些差错，但最终能学到新东西的任务；第二种是有把握能够做得非常好的。结果2/3的被夸“聪明”的孩子选择了第二种任务；90%的被夸“努力”的孩子选择了第一种任务。

为达到激励孩子的目的，真正做到“夸具体”“夸努力”，妈妈首先要对孩子做事情的整个过程有所了解。有时，在你亲眼看见孩子的良苦用心和付出的努力之后，当你在总结孩子成绩的时候，不妨详详细细把自己的所见所闻描述出来。比如孩子写完作文之后，你可以说：“文章的开头很好，你能想出这样的开头实在不容易；中间的描述能感觉出你经过了仔细的观察；结尾的一句话也比较精彩，用它来点题很恰当……”这样，你把孩子在作文上所花费的辛苦一一说了出来，愉快、自信的笑容立刻就会洋溢在孩子的脸上。

嗯嗯嗯！好看，真好看！
儿子太厉害了，画得太好看了！
我画得好看吗？
儿子，你很有观察力，也很细心，注意到了树叶上的露珠。
嗯，这幅画颜色搭配得也很好，我很喜欢。
我画得好看吗？

要赞美事情本身，而不是赞美孩子的人格

“好孩子”这样的话是典型的“夸人格”，妈妈会无心地将其挂在嘴边。但“好”是一个很抽象的概念，如果孩子总被扣上这样一顶大帽子，对他反而是一种压力。当然，如果妈妈的称赞总是“言过其实”，孩子也会有压力，觉得自己不配获得这样的赞美。所以，要就事情本身进行赞美，不可泛泛而谈。

专家课堂

美国儿童心理学家海姆·G. 吉诺特认为称赞包含两部分：我们对孩子说的话，以及孩子听了我们的话后在心里跟自己说的话。因此，他认为较好的称赞方法应是：

1.表达中要充满欣喜和赞赏。

2.言辞中要传达出对孩子努力的承认、尊重和理解。

第32招

对男孩说“不”——理性教育需要学会拒绝

在商场或超市，我们会注意到一个现象：孩子哇哇地哭着，非要买一个玩具或某种零食，大人在旁边尴尬地站着，一副无可奈何的样子，最后经不住旁人的目光，只好败下阵来，为孩子的任性买单。于是孩子破涕为笑，妈妈气恼地一路说教着。

有的妈妈不忍心看孩子哭闹，只要孩子一哭闹就无条件地满足他的要求。如果一哭，孩子的欲望就能得到满足，他就会明白一个道理：哭是可以达到自己的目的的。于是，哭就成了孩子的一个索取手段。如果妈妈不能及

时地应对，那么随着年龄的增长，孩子的这个索取手段也会跟着升级，由这一个不良的习惯衍生出更多的不良习惯。所以，对孩子要适当地约束，该拒绝的时候就拒绝，这对孩子将来的成长有很大好处。

适当合理地拒绝孩子，不但不会伤害他的自尊，而且对他的成长是一种引导，让他懂得了更多的道理，而且会提升妈妈在孩子心中的威信。

在拒绝孩子，对孩子说“不”的时候，也需要掌握一定的方法。

规则不能轻易打破

明骏从小喜欢看动画片，而且家里看电视的时间是规定好了的，写完作业7点半到8点半之间他才可以看。明骏一向遵守得很好。可这一段时间正在上演一部他很喜欢的动画片，明骏看得如痴如醉。到了8点半，他还恋恋不舍地看着。妈妈一看时间到了，就提示他：“明骏，时间到了。”这时爸爸不忍心了，偷偷地小声对妈妈说：“他这么喜欢看，让他再看半小时吧。”可妈妈还是不同意，让明骏关掉电视去洗漱睡觉了。

假如明骏妈妈同意了他多看半小时，无疑给自己设置了麻烦，明骏就有可能在今后还会要求再延长看动画片的时间。对于家庭规则的制订，妈妈要在可行的基础上，和孩子一起商量，这既是尊重男孩的体现，也能让他更好地了解妈妈的想法，他执行起来也会更主动。

制订的规则要尽量具体。例如，每天看电视的时间，几点睡觉，玩具玩儿完之后要自己收拾整理好等。规则一旦制订，就不要轻易地去打破，这样孩子会从内心重视这些规则，并由开始的遵守变为一种习惯。

小民从来不和别的小朋友攀比，也从不乱花钱。他和爸爸妈妈逛商场和超市时从来都是安安静静的，只挑一件他想要的东西，从来不向他们提出过分的要求。原来，在他小时候，爸爸妈妈带他去超市时，就提前给他讲过一个规则：需要买的东西爸爸妈妈会买，他自己只能挑一件东西。于是，他就会逛上几圈，慎重地选上一件他要的东西。这也成了他的习惯。

因此，妈妈要给男孩制订一些合理的规则，而这些规则将会对他良好习惯的养成起到很大的推动作用。

男孩无理取闹时，妈妈要平静地说“不”

海生的妈妈一向脾气好，可是这天却忍不住打了海生。原来，海生想让妈妈带他去画画，而妈妈因为有事，答应他明天再去。可是，海生却一直别别扭扭，什么事都不和大人配合。妈妈叫他吃饭，他也懒得应。等到妈妈厉声喊他时,他大声一吼:“管我干吗！”妈妈一听生气了:“该吃饭当然要吃饭，我为什么不管你？”

海生气呼呼地从客厅又跑到洗手间。过了一会儿，洗手间传来乒乒乓乓的响声。海生出来之后，妈妈打开门一看，洗手间一片狼藉，原来镜子在海生关门时打碎了。她的怒火一下爆发了，把海生揍了一顿。

很多妈妈像海生妈妈一样，当看到孩子有意侵犯自己的权威时，就会轻易把这种愤怒表现在语言及行动上，而这样正中孩子的下怀。有时男孩会故意做出某些惊人的行为，目的就是要惹恼大人，引起别人的关注。所以，妈妈要理性地面对，对于男孩的无理取闹，要保持平静的心情和语气，并表达出自己的想法。这样，男孩会从妈妈的语言、态度中得到一种信号——他的无理取闹是达不到效果的。

告诉男孩拒绝的理由

有些妈妈带孩子出去，当孩子提出不合理的要求时，妈妈就会编一些谎言哄骗孩子。比如，孩子站在玩具店前恋恋不舍，妈妈就会说：“今天没带钱，明天再来吧。”孩子忘记就忘记了，如果再提起，妈妈往往不会兑现承诺。

其实，要拒绝孩子，就要把拒绝的真正理由告诉他。当孩子知道妈妈在说谎，会给他带来不好的影响。妈妈可以直接告诉孩子自己的意见，比如：“这个玩具没有太大价值，不值得去买。”以此来帮助他树立正确的消费观，渐渐克服见什么买什么的不良习惯。

专家课堂

很多时候，父母不知道怎么去拒绝孩子的无理要求，害怕“拒绝”会伤害到孩子。如何巧妙地解决这一难题？教育专家王金战给父母的建议如下：

1.做事之前先与孩子订规矩。

2.转移兴趣，引导孩子做一些有意义的事情。

3.平静地对孩子说“不”。

4.说“不”就要坚持到底。

第33招

做以理服人的妈妈——别用棍棒惩罚男孩

相信很多妈妈都会认为，教育男孩中的一个难题便是与男孩沟通。那么，妈妈在生活中是如何与孩子进行沟通的呢？

场景一：儿子回家没有及时写作业，妈妈决定好好与之沟通，于是追在他屁股后面说：“儿子，你要好好学习，要不然将来你肯定没出息。”

场景二：儿子做错事，妈妈二话不说，先是一顿暴打，外加一整天的说教。

……

在生活中，有的妈妈把打骂当成了与男孩沟通的方式，结果大部分男孩不但没有因此成器，反而越来越不听话。

为什么男孩会越打越倔，越打越不听话呢？

德国行为学专家研究发现，孩子犯错后经常受到妈妈的指责甚至打骂，这样的事情不断重复发生在孩子的生活中，久而久之，就会让孩子对这种情况产生适应力，并逐渐对妈妈的打骂形成一种无所谓的态度。经常打骂孩子的妈妈，往往会把打骂孩子的原因全都推到孩子身上，认为是孩子不听话才

“逼迫”自己去这样做的。事实上，这些不过是妈妈的开脱之词， 正是因为妈妈不愿意花时间去寻找更好的教育方式，才会在生活中不断上演打骂孩子的桥段。

妈妈通过打骂等强制手段消解了自己内心的火气，那么，你有没有考虑到孩子的感受呢？

下面就是男孩挨打后所表现出来的三种主要情绪：

“说爱我都是假的，你根本就不爱我，我本来就不应该来到这个世界上。”

“打吧，最好快点儿打死我，这样我就省得活着这么难受，反正在你眼里，我就是一个不争气的废物。”

“你越打我，我越不会按照你的想法去做！”

在打骂之下，孩子不仅不会对自己的错误有丝毫的悔意，反而会因此对妈妈产生怨恨之情。于是，男孩变得越来越坏，他开始说谎，当你再打骂他的时候，他会开始闪躲，甚至还手了……

作为妈妈，当男孩不愿意和你沟通、交流的时候，你首先想到的不应该是打骂，而应该试着去了解男孩不愿意和你沟通的原因，并想一些新的办法尝试着和他沟通，妈妈可以参照以下方法去做：

让男孩自食其果

一个顽皮的小男孩和妈妈一起去姥姥家吃饭。男孩到了姥姥家后，发现桌子上有好多包好的馄饨，于是，小男孩便抓起一个生馄饨放进嘴里。他的姥姥赶紧上前阻止，却被男孩的妈妈制止了。男孩的妈妈说：“让他吃吧，只有这样，他以后才能知道生的东西不能吃，他才会认识到自己的错误。”那个小男孩吃了一口，果然皱着眉头吐了出来。

如果你的儿子也像故事中的小男孩一样顽皮，那么，你不妨在确保安全的前提下，让他自食其果。通过这种体验，他就会懂得为什么大人会制止他的行为。

告诉男孩："好汉做事好汉当"

事实证明，当男孩犯了错误后，光靠打骂是行不通的，那么，妈妈应该选择什么样的方式让男孩既认识到自己的错误，又能心甘情愿地改正呢？

答案只有一个，那就是告诉他："敢做敢当，要对自己的行为负责。"然后对他进行正确引导，他会逐渐改正自己的错误。

用耐心地教导来代替一味地责骂

对于好动的小男孩来说，贪玩儿、不爱干净、淘气都是正常的表现。如果妈妈总是把责骂的话挂在嘴边，终日对他进行指责，男孩的自尊心必然会受到伤害，他可能会认为妈妈并不爱他，甚至会对妈妈产生敌对、仇恨的情绪。

可见，妈妈只有通过耐心的教导，才能让男孩听你的，并且积极地改正错误。

因事制宜，变换一些教育方式

妈妈教育孩子的方式应该多样化。当你发现孩子的错误时，完全可以因事制宜，尝试孩子能接受的各种教育方式。比如，当孩子做错一件事时，你可以先简单地把问题解决掉。然后在闲暇时通过讲故事、做游戏、去动物园、参观博物馆、郊游等形式，结合看到、听到的事物对孩子阐明你的想法，告诉他做人做事的道理。在冲突发生时，很多孩子都不容易接受批评；但是在事后，再进行这种耐心的教育，孩子就容易接受了。

这其实是一种教育的艺术，要让孩子置身于民主、自由、和谐的家庭环境中，让他勇敢地说出自己的想法，并予以有针对性的指导。

专家课堂

美国儿童心理学家海姆·G. 吉诺特曾发出这样的疑问："如果打孩子这么有效，为什么人们对打孩子有如此不安的感觉呢？"他认为：

1.我们不应该体罚孩子，这样会使孩子心生恨意。

2.我们也不应该把体罚孩子作为释放自己愤怒情绪的方式，而是应该向孩子展示我们的聪明才智，为愤怒的情绪找一个更文明的发泄渠道。

3.体罚的最大副作用就是它可能会阻碍孩子道德良心的发展，轻易地消除孩子的内疚，因此父母应学会用更好的方法对孩子加以限制。

第34招

丰富沟通模式——如何让沟通取得最佳效果

小男孩充满着好奇心，对于一些新鲜的事物，他能够毫不犹豫地投入大量的热情。针对男孩的这一特点，妈妈不妨改变一下与儿子的沟通方式，从男孩感兴趣的话题入手。

那么，具体该采用哪些方式进行沟通呢？大多数妈妈首先想到的就是谈话，与男孩交谈，了解他的感受、想法，对一些积极向上的想法予以表扬，对一些不好的想法予以纠正……要知道，男孩不喜欢这种刻板的沟通方式，尤其当妈妈反复说那些他不感兴趣的话题时，他会非常烦闷。在这种情况下，任凭妈妈再怎么苦口婆心，也无法收到良好的效果，男孩依然我行我素。因此，只靠单纯的语言沟通往往收效甚微。

事实上，妈妈与男孩的沟通方式是多种多样的，关键在于妈妈能否用心去寻找。要知道，任何一个微小的细节都有可能让你和男孩的关系发生翻天覆地的变化。

便条虽小，作用很大

很多妈妈都觉得自己不善于表达，很难和自己的儿子沟通，尤其是随着男孩不断长大，妈妈就更难和他面对面地交流了。这时，你不妨把一些自己想对儿子说的话写在便条上，然后粘在他能轻易看到的地方，以此来传达你对他的爱。

小白的妈妈因为工作的原因经常不能辅导他做作业。每当这时，小白的妈妈都会在小白的书桌上粘一张便条，内容大致都是："亲爱的儿子，妈妈会和你一起努力的，爱你！"

小白几乎每天都能在自己的书桌上发现这样的便条，有时是粉色的，有时是黄色的，种类、样式各不相同。就这样，小白把接收妈妈的便条当作一天中最惊喜、兴奋的事，还默默地把妈妈留给自己的便条攒了起来。小白常常对自己的同学说："虽然妈妈不能经常陪我，但是看到妈妈的便条就好像她陪在我身边一样温暖。"

便条上的内容可以是一些对男孩鼓励的话语，也可以是对他进行教育的话语……将任何你想对儿子说的话都写下来，这种方式很容易被男孩接受。

将爱写在信中传达给儿子

妈妈在教育孩子的过程中，常常会出现有话讲不出来的情况，尤其是当涉及一些比较敏感的话题时，就更不知道该如何对男孩说了。

刘女士发现儿子写字的姿势不是很好，几乎是趴在桌子上写，而且每天晚上写作业的速度都很慢，常常一两个小时都写不完一个学科的作业。于是，刘女士就找儿子谈话，由于当时她的情绪比较激动，所以对孩子说话的语气不太好，最后母子争吵了起来。

第二天，儿子一句话也没和刘女士说就去上学了。刘女士有些着急了，于是就写了一封信向儿子道歉，承认自己说话的语气不好，希望得到儿子的谅解。同时，她还说明了自己坏情绪的缘由，都是因为担心儿子所致……儿子看了信后，也开始反省自己对妈妈的态度，最后还向刘女士道歉说："妈妈，我也不好，以后我会听话的。"

很多时候，当妈妈与儿子发生冲突后，出于尊严，妈妈一般不会轻易向儿子屈服，和儿子心平气和地沟通……当发生这些情况时，你可以用写信的方式与儿子沟通。将你的真实想法写在信中，告诉儿子；将你批评他的原因，解释给他听；将你对他的爱和期望传达给他……当男孩收到这样一封信时，他一定会感受到妈妈对他的爱的。

搭乘网络顺风车，和儿子成为网友沟通

虽然在家里，但是妈妈和儿子还是喜欢在网上聊天。

妈妈：听说你们班里新来了一个男孩，长得还挺帅的。

儿子：是的，不过和我没得比！

妈妈：听说他的学习成绩也很不错，是以前学校的尖子生。

儿子：那倒是真的，不过我这么聪明，凭我的努力一定会比他强的！

妈妈：我相信你！儿子！加油吧！……

其实，生活中，只要找到男孩感兴趣的话题，他是很愿意与妈妈进行沟通的。一般来说，从上小学开始，男孩就有相对广泛的社交生活，每天都会接触不同的人，这时，妈妈不妨和他多聊聊他身边的人和事。如果觉得当面沟通有些尴尬，也可以借助网络的便利，和儿子在网上聊天，让孩子感觉更加轻松，更能向妈妈倾吐心声。

所以，妈妈不妨做儿子的网友，和儿子在网络上交流，增进彼此之间的感情。

专家课堂

“知心姐姐”卢勤认为，教育孩子的双赢诀窍在于父母与孩子的沟通，对此，她总结出了9大沟通妙招：

1.让孩子倾诉——坐下来听。2.让孩子决定——学会选择。

3.和孩子平视——蹲下来看。4.与孩子商量——相互尊重。

5.向孩子学习——能者为师。6.给孩子写信——巧妙地表达。

7.替孩子着想——留点面子。8.放孩子出去——认识社会。

9.向孩子道歉——说声对不起。

第35招

有时无声胜有声——用非语言行为与男孩交流

英国教育家斯宾塞说：“事实证明，如果对自己的孩子多一些拥抱、抚摸，有时甚至是亲昵地拍打几下，孩子在对外交往以及智力、情感上都会更健康。”

孩子会从妈妈日常的言行中感受到爱，感受到是否被重视，相反，也会感受到被伤害。在他受伤的时候、疲惫的时候、不自信的时候、需要被赞美的时候，一个温暖的眼神、一个轻轻的拥抱或许就是对他最好的鼓励和安抚。

男孩有时喜欢独立思考、默默感受，如果妈妈想与男孩更好地沟通，采用非语言沟通方式往往更容易被男孩所接受。

让男孩感觉到你关切的眼神

眼神是很常见的一种非语言行为，鼓励、赞许的眼神会给孩子以自信和激励；责备、轻视的眼神则会使孩子感到自卑和伤害。妈妈应该给予孩子信任与期待的目光，这是对他莫大的鼓舞，相信他可以做得更好。

有个叫张强的小学生曾在他的作文中写道：

星期天，在家玩儿时，我不小心打碎了花瓶。妈妈很认真地看着我说："儿子，花瓶碎了，你要负责，扫一下地吧。"我忐忑不安的心一下踏实下来，内心意识到自己太不小心了，以后再也不犯这样的错误了。妈妈的眼神中没有任何责备之意，我反而更愧疚……

时刻可以感受到妈妈及身边的人关注的目光，知道自己被期待，会激发孩子的上进心，他会努力地做得更好。

拍拍后背，让男孩勇敢、自信地登台

小明从小爱弹钢琴，每一次演出之前，他心情都会紧张。每当轮到他演奏的时候，在他迈步之前，妈妈都会在他的后背拍一拍："儿子，看你的了。"每当这时，小明的内心就像注入了无穷的力量和激情，让他一下子充满自信和勇气，于是，昂首挺胸地走上台去。他也用成绩向妈妈证明了自己是最棒的。

生活中，孩子会经历许多不得不面对的事情，比如考学、比赛、面试等，他们可能会紧张、不安、没有信心，而男孩往往会竭力掩饰这种紧张和不安。作为妈妈，在这样的时刻，其实什么也不必说，只需走到男孩的身边，伸出手轻轻地拍拍他的后背，让他知道你相信他，并且始终如一地支持着他，这就足够了。

多对男孩报以微笑

孩子擅长于观察妈妈的表情，以此来猜测妈妈的想法和态度。中国几千年来刻板的教育方式使妈妈习惯了板着脸来对待孩子，这就让孩子不愿意主动与妈妈沟通，生怕招来妈妈的责骂。

公园里有一对母子，男孩不过五六岁的样子，跑去和一群孩子玩耍。这时大家看到男孩在打另一个女孩的头，双方的妈妈都急忙奔过去，女孩的妈妈很气愤地斥责了他几句，抱着自己的孩子走了。男孩也很生气，脸涨得通红，一句话也不说。男孩的妈妈并没有斥责他，她把男孩拉到身边坐下，笑着问：

“能告诉妈妈为什么打小朋友吗？”男孩显然还在生气，妈妈一直微笑地看着他，耐心地等着他的回答。他噘着小嘴，好半天才委屈地说：“我不是打她，她头上有只小蜜蜂，我想帮她赶走……”

从上面的事例可以看出，不妨对孩子多报以微笑，让他们知道，你乐于与他沟通，乐于了解他内心的真实感受，那样孩子才会对你敞开心扉。让微笑荡漾在你和孩子的脸上，让孩子在微笑中得到肯定，在肯定中快乐、健康地成长。

给男孩一个安慰的拥抱

拥抱孩子是一种良好的亲子沟通方式，在妈妈的怀抱里，孩子会感到温暖和安全，那是一种天然的信任感。

我读过一篇文章《我父亲的儿子》，作者的父亲是一名出色的宇航员，整个国家甚至整个世界都以他为骄傲，可是在他眼里，父亲只是父亲，跟成就没有多大关系。他10岁的时候参加了学校举行的关于父亲的作文比赛，每个人都以为他一定会写父亲的辉煌业绩。可是，他对父亲最深刻的感受却是“当我的小狗斯伯蒂被车撞死时，他走过来紧紧拥抱着我”。

对于一个10岁的孩子来说，没有什么比在受伤的时候有父母的怀抱可以依靠更值得信赖。拥抱是一种无声的语言，孩子可以通过身体的接触来了解妈妈的想法和感受，并满足自己的内心需要，从而达到有效的沟通，让孩子体会到安全、依赖和信任。正如德国教育家卡尔·威特所说：“我认为，沟通是一种艺术，有关的时间、地点、环境和方式都要考虑到。比如说孩子有时候希望在心理和情感上保留一些自己的空间或者说他感情波动很大，非常需要安慰，在这些时候，我会拥抱、抚摸儿子，传达给他沉默而温暖的信号。”

专家课堂

沟通不仅仅是用“嘴”这一种方式，人的眼神、微笑、动作等都可以成为沟通的方式，对此，英国教育专家伊丽莎白·哈特利-布鲁尔给父母提供的方法是：

1.当孩子想跟你说点儿什么的时候，你要放下手中的家务或工作，用眼睛注视他。

2.观察孩子的面部表情，发现其背后的含义，同时注意他的坐姿或站姿以及他说话的语气。

3.让孩子感受到你是在认真对待与他的谈话，激起他继续谈话的兴致。

第五章　做高情商的妈妈，教出高情商的儿子

什么样的巧妙办法能提高男孩的情商呢？

开发男孩情商的关键又是什么呢？

如何帮助男孩管理好自己的不良情绪呢？

……

从某种意义上来说，情商比智商更重要，较高的情商更有利于一个人取得成功。

第36招

自信是无价资产——让男孩对自己充满信心

牛顿在27岁时，就被选为英国皇家学会会员，而且被剑桥大学聘为教授，集各种荣誉于一身。而牛顿在大学讲台上含泪说了这样一句话："在研究过程中，我始终坚持这样一个信念：'我要寻找的，我一定可以找到它。'"这位伟大的科学家，同时也是一位浪漫的诗人，他会在夜晚经常仰望星空，有一次他发现一件奇怪的事情——不同的光线之间会有不同的折射率。牛顿又开始研究起来，一架反射望远镜也终于在他手中成形了。牛顿一生都在不停地探索，因为他相信"我一定可以找到它"。

牛顿的成功，就是因为他的坚持、他的自信。几乎每位伟人身上都有自信的特质。所以，他们才能克服非同一般的困难，为人类创造巨大的财富。

歌德说过："只要你能够自信，别人也会信你。"当一个人有了足够的自信，他就可以做自己想做的，并最终克服困难，达到自己的目标。如果没有了自信，即使是天才也有可能因为遇到一点儿阻力就放弃或停滞。可见，自信对人是多么的重要。

自信的男孩总是昂首挺胸，做事情也总是胜券在握的样子，他们勇于尝试新事物，接受新挑战，从来不愿表现出退缩的样子。

相反，不自信的男孩，时时处于一种萎靡不振的状态，不敢抬头直视别人；遇到事情没有主见，唯唯诺诺；前怕狼后怕虎，有时好不容易作了决定，可能因为别人一句话，他又放弃了……长此以往，他会变得越来越自卑、闷闷不乐，不愿与人交往。

那么，如何让男孩充满自信呢？

老师和妈妈的宽容让男孩更自信

亚迪的妈妈是个很要强的女人，所以，也总希望自己的儿子很有出息。

可是儿子总是在关键的时候不给她面子。比如，朋友来家里做客，妈妈让他跟客人打招呼，他却低着头，一溜烟儿地跑到里屋不再出来。到肯德基吃饭时，让他自己去拿根吸管，他也不敢去。每当这时，妈妈总是一顿恨铁不成钢的责骂。亚迪低着头也不吱声。

妈妈可以首先反思一下自己平常对待男孩的态度，如果经常呵斥、责骂，这对男孩来说是一种很大的伤害。他可能会认为周围的大人都不喜欢他，就会慢慢变得没有了自信和主见，内心不再快乐。如果妈妈和老师温和、亲切地对待男孩，男孩的内心会变得平静安定，自信倍增，他在待人接物时也会大大方方，内心始终充满阳光。

保护男孩的自尊

有一位老师谈到自己的职业选择时，说他之所以选择教师这个职业，就是因为上小学时，他的班主任无数次当众揭他的短，每当那时，他就有一种羞辱感,恨不得找个地缝钻进去。所以,他的整个童年都因此很不快乐。此后，他就暗暗决定，将来一定当个爱护学生心灵的好老师。

也许有时在大人看来无关紧要的小事，却成了事关男孩“面子”的大事。男孩的自尊心极强，总怕被人揭短，尤其是当众被揭短，会让他无地自容，信心受挫。所以大人在对男孩进行正面教育的同时，要多鼓励孩子，尽量保护男孩的自尊。

让男孩体验成就感

自信的男孩，总是在各种成功体验中增强信心，慢慢让自己的内心变得强大。反之，不自信的男孩，就是因为成功的体验太少，缺乏了建立自信的基础，信心薄弱，经不住打击，一丝风吹草动，都可能对他造成伤害。

文文平时文文静静，除了游泳，没有什么其他爱好。遇到事情，总有些犹豫不决。妈妈一直想帮文文增强自信。每到周末时，妈妈就带他去游泳。文文比一般孩子游得好多了。在妈妈的鼓励下，他开始变换各种泳姿。他的游泳技术得到了周围的称赞。自豪的文文经过一次成功的体验后，渐渐地拥

妈妈，你听我敲出的声音多像小鸟的叫声。
我怎么听不出来，你又不是音乐家，怎么可能敲出鸟叫声！
妈妈，你听我敲出的声音多像小鸟的叫声。
嗯，真的很像小鸟的叫声。你敲得很有节奏感，妈妈都听入迷了。

有了自信，人也变得更加开朗了。

当男孩完成一件事，同时又得到了别人的肯定，他就会更相信自己的能力。孩子的成就感越强，他就会越自信。

专家课堂

李中莹在《李中莹亲子关系全面技巧》一书中写道："是否有足够的自信、自爱与自尊，决定他人生有多少的成功和快乐、满足和幸福。"因此，他给父母提供了一些帮助孩子建立自信、自爱和自尊的简单易行的技巧：

1.父母可根据孩子的兴趣、能力，帮助他制订一些符合实际的目标，并且给予鼓励和支持，但不代替其做事。

2.平时在家庭生活中多听取孩子的意见，允许孩子参与家庭计划及家庭决策，并且信守对孩子的承诺。

3.孩子做错事时不可姑息，但不以奖励或惩罚操纵孩子，或者在自己情绪不稳时斥责孩子。

第37招

远离悲观情绪——把乐观传递给你的儿子

随着年龄的增长，高磊的行为变得越发古怪，这引起了妈妈的注意：儿子常常把自己关在房间里；平时总是闷闷不乐的样子，很少说话；有时还会看见他面带愤怒地照镜子……妈妈对此很担心，她很希望儿子讲出自己的烦恼，但高磊就是不愿对她敞开心扉。

一天，妈妈在为孩子整理书包时，无意中发现了夹在课本中的一张纸条，纸条上布满了密密麻麻的笔道儿，显然是孩子无聊时画的。笔道儿后还隐隐约约地写着几个字。经过仔细地辨认，妈妈认出了这几个字：为什么我的脸这么大！

妈妈看后心里一惊，原来儿子是因为这个伤心！高磊的脸从小就长得比较圆，记得有一次，妈妈带他出去玩儿，迎面走过来一个小女孩，她看了高磊后说了一句："简直像个大脸猫！"还有一次，妈妈和高磊开玩笑说："我儿子这张大胖脸，就像一张大圆饼一样！"没想到大家无心的话，高磊却牢牢地记在了心里……

生活中，妈妈通常只会关注孩子身体上的病痛，却常常忽视了孩子心理上出现的问题。大量的事实告诉人们，养育孩子绝不能单纯地关注孩子的身体健康，而是应该身心同管。心理与身体是相对应的，心理上的不适也会作用于身体。强烈的情绪波动和不良心态也会威胁男孩的身体健康，如果这种状况长期发展下去，很有可能会导致男孩出现心理障碍。

那么，什么样的心理才算是健康的心理呢？一般来说，就是无论在什么情况下，男孩都能保持积极、乐观的心态。这样的心理会让男孩的思维变得敏捷、记忆力增强，让他对生活充满信心。反之，如果男孩经常处于悲观或闷闷不乐的状态，学习成绩自然会受到影响，久而久之，形成恶性循环，可能会让他对生活失去信心。

一般来说，乐观的男孩很少会出现挫折感，即使遇到一些困难，他也能很冷静地面对，并把困难变成前进的动力；而悲观的男孩则经常会自寻烦恼，遇到一点儿小事，就想到逃避。因此，妈妈一定要想方设法去引导男孩，让他变得乐观，积极起来。

要让男孩学会接纳自己的不完美

生活中，妈妈一定要让男孩知道，人必须坦然地接受自己的不完美。很多时候，一个人的很多条件都是先天带来的，比如，容貌、家庭环境、生理缺陷等。如果孩子不能接受自己，那么，无疑会给他带来更多的不安和痛苦。

徐良生下来脸上就带有一块紫红色的胎记。在他小的时候，他经常因此被小朋友笑话，每到这个时候，他就会哭着去找妈妈。而徐良的妈妈却总不耐烦地说 ："这些事情你不用管，只要你学习好，比什么都强。"随着徐良年龄的增长,他脸上的胎记也在不断地扩大。徐良越来越在意自己脸上的缺陷，经常因为自卑不愿意上学，即使上学他也常常戴着帽子，把帽檐压得低低的，不想让人看到他脸上的胎记。徐良的妈妈看到儿子这样，不仅没有认识到问题的严重性，还批评徐良太爱美，不好好学习。饱受心理压力的徐良，再也无法忍受这样的日子，最后选择了离家出走……

在徐良饱受委屈、质疑生活不公平时，他的妈妈没有积极地开导他，没有引导他接受自己的不足，反而一次次摆出不耐烦的态度，让他产生自卑心理，最终选择了离家出走。

各位妈妈一定要吸取这个事例的教训，关注自己的儿子，及时地发现男孩心理上的微小变化， 并且积极地开导男孩，让他正视自己的不足，欣然地接纳自己。只有这样，才能减轻男孩的心理压力，让他更健康地成长。

教男孩学会宣泄自己的不良情绪

在生活中，男孩难免会遇到外界的一些不良刺激，因为这些刺激得不到及时宣泄，而引发一些不良情绪，这些不良情绪若长期郁积在孩子的心里，很可能会威胁到孩子的身心健康。此时，就需要妈妈及时对孩子进行引导，并教给他宣泄不良情绪的正确方法，让男孩重新快乐起来。

一天，阿杰从学校回来，一句话不说就把自己关进房间里，妈妈看到后，就去找阿杰聊天。原来,阿杰在学校里与一个欺负女同学的男孩发生了口角，他们打了起来，结果老师却批评了他。

妈妈拍了拍儿子的肩膀说 ："如果换作是我，我也会很气愤的。不过，生活就是这样的，很多时候，我们必须学会面对那些不公平的事情，只要你觉得问心无愧就够了。其实，妈妈也常常会遇到这样的事情，你知道我是怎么做的吗？"

阿杰看着妈妈，问道 ："怎么做的？"

妈妈笑着走出了阿杰的房间，过了一会儿，她拿着一个装满水的塑料瓶进来了。妈妈把瓶子放到儿子手上，说："把你所有的不满和怨气都对着瓶子说几遍，直到你不再生气为止，然后把瓶子里的水全倒出去，这样，你的坏情绪也就随着水流走了。"

此后，每当阿杰心情不好时，便采用妈妈传授的这种方法。渐渐地，他发现自己的坏情绪越来越少了。

专家课堂

"要做成功的家长，只有爱是不够的，还需要以同理心来对待孩子，并且帮助他们处理负面情绪"，这是李中莹在《李中莹亲子关系全面技巧》一书中所说的一句话。他认为EQ是情绪智能，而且情绪永远没有错。所以在如何处理孩子的情绪这个问题上，他给父母的建议是：

1. 接受。父母要用同理心去帮助孩子描述他的悲观、沮丧等负面感受。

2.分享。这时，父母可采取两个步骤：先处理孩子的负面情绪，后处理孩子遇到的事情。

3.肯定与引导。父母应表示理解和接受孩子的情绪和动机，可对其行为设立一定的规范。

4.策划。父母可询问孩子想得到什么，然后与其讨论解决问题的方法、途径等，鼓励孩子自己解决问题。

第38招

收敛坏脾气——让男孩学会不浮躁、不生气

每个男孩都有自己的个性，有的热情、有的安静、有的暴躁、有的稳重，应该说在一定范围内各种性格的存在都是正常的。然而，现在的男孩有不少都过于急躁，当事情不能完成或出现不符合自己要求的情况时就会乱发脾气。

一天，爸爸妈妈带小健一起去渔场钓鱼。刚到渔场时，小健兴奋地围着鱼塘转悠了好几圈。爸爸找好了位置，把小健叫了回来，并对他说："儿子，咱们比赛，看谁钓的鱼多，怎么样？"小健爽快地答应了。然后爸爸把放好鱼饵的鱼竿递给了小健，说："比赛开始了！"

刚开始，小健十分认真，紧紧地盯着自己的鱼漂，不时地瞟爸爸两眼，看是否有动静。可是过了好久还没有动静，他便有些不耐烦了，不断地问爸爸什么时候才能回家。妈妈让小健耐心点儿。不一会儿，爸爸的鱼竿动了，钓上了一条大鱼。小健本来十分高兴，可是一想到自己还没有钓到鱼，便又有些不高兴了。他开始抱怨爸爸给他选的位置不好，鱼饵放得少，并不时地拉起鱼竿看有没有收获。妈妈告诉小健再耐心点儿。可这次小健并没有听从妈妈的劝告，生气地把鱼竿扔到地上，大声地对爸爸妈妈说："我要回家，我不钓鱼了！"

生活中类似的一幕经常发生。那么，为什么男孩做事缺乏耐心，还爱乱发脾气呢？在一定程度上，这与妈妈的教育有很大关系。妈妈的溺爱和纵容既让孩子失去了锻炼个人能力的机会，又缺乏承受挫折的能力。因此，妈妈要想办法让男孩改掉坏脾气。

父母在教育孩子时，态度要一致

周末，康康和同学约好去踢足球，走后发现自己忘记带家门钥匙了，但想到妈妈今天在家休息，便没有折回去。下午回到家时，他使劲儿地敲门也没有反应。原来爸爸妈妈逛街去了，不知道康康没有带钥匙。康康很郁闷，到邻居家给妈妈打电话要求妈妈立刻回家。

进了家门的康康开始大发牢骚，妈妈为了哄儿子开始数落自己的不是。一旁的爸爸实在按捺不住了，顺手打了康康一巴掌，并对他说："明明是你自己的错误，还怨别人！"康康捂着被爸爸打红的脸，跑回了房间。

在教育孩子时，特别在孩子闹别扭、生气的时候，父母的态度要一致。千万不能有人哄劝、有人不理睬、有人打骂，更不能当着孩子的面发生争执，这样只会让问题变得更糟。父母之间一定要有所沟通，一旦孩子出现问题，就要采取一致态度去解决问题。

培养男孩做事的耐心

男孩遇事急躁，爱发脾气，都是做事缺乏耐心的表现，妈妈不妨从此入手，先培养男孩做事的耐心。因为耐心是靠坚强的意志力磨炼出来的，越是在困难的环境中，越能锻炼男孩的耐心。所以在男孩做事时适当设置一些障碍，对他也是一种锻炼。另外，男孩做事时，妈妈要在一旁给予鼓励和指导。当男孩经过努力完成一件事时，也不要忘记表扬他，强化他做事有始有终的好习惯。

专家课堂

父母如何培养男孩的耐心？

1.故事鼓励法，多给男孩讲一些有关坚持、忍耐而获得成功的故事。

2.行为示范法，以身作则，让男孩看到你的坚持与忍耐。

第39招

摆脱抑郁的阴影——培养出一个阳光的男子汉

在北京召开的第28届国际心理学大会上有专家提出，中国目前约有20%的孩子出现抑郁症状，其中4%为临床抑郁，即需要接受临床治疗的重症抑郁。可见，抑郁症正严重威胁着中国青少年的心理健康，让孩子稚嫩的脸上失去笑容，让欢乐的家庭布满阴霾。

13岁的男孩罗亮聪明伶俐，学习成绩一直很好，每次考试都是优秀，全家人都为有这样的孩子而骄傲。可是，当初一上学期期中考试时，罗亮患上了重感冒，为了不耽误考试，他坚持来应试。由于身体不适、精神不振，再加上心情紧张，罗亮英语只得了60分，其他科的考试成绩也不好。

对于一向成绩优秀的罗亮来说，这无疑是沉重的打击，他变得沉默寡言、精神萎靡、悲观失望，连吃饭也提不起精神了，甚至害怕去学校见老师和同学。后来，他整天在家睡大觉，干脆不去上学了。

罗亮出现意志行动障碍，这类症状的孩子大多在一帆风顺、赞扬声中长大，再加上父母的过度期望和不适当的教育方式，使其意志薄弱、抗挫折能力差，经不起一点儿打击。

一般来说，孩子的抑郁大多表现为情绪低落、心情悲观、闷闷不乐、郁郁寡欢、思维迟缓、反应迟钝等。而且抑郁的男孩很容易在认识上表现出负性的自我评价；在生理上会表现出明显的不适感，食欲下降或食欲猛增，失眠或过度嗜睡等；在动机上表现出对各种事物缺乏兴趣，依赖性很强。

如果男孩过分抑郁，则会导致抑郁症。那么，如何帮助儿子赶走“抑郁”呢？

引导男孩转移调节

所谓转移调节就是根据自己的要求，有意识地把自己的已有情绪转移到另一方面上，使消极情绪得以缓解。简单来说，就是当儿子心情低落的时候，妈妈寻找一些令孩子开心或振奋的事情，和他一起做。

例如，给他讲笑话，带他出去运动、旅游、踏青等，让愉快的活动占据男孩的时间，用积极的情绪来抵消消极的情绪。随着时间的推移，他心中的积郁也会被转移和调节。这样一来，男孩就不会一个人闷在自己的世界里，或陷入不良情绪无法自拔了。

对男孩进行目标激励

有一位妈妈讲述了儿子的情况：

我儿子10岁了，上小学三年级，我发现这段时间以来，他不做作业，不去我给他报的辅导班上课，也不想去学校。不仅如此，儿子的脾气也变大了，动不动就和家人大吵。老师家访时，他就说头痛。我带着他到医院检查身体，却发现没有任何器质性异常，医生认为我儿子可能患了心理疾病，应该到心理科就诊。

由此可知，当男孩被抑郁情绪困扰时，他就变得什么也不想做，什么也不愿做，没有目标和方向，完全处于一种迷茫状态。这时，妈妈应为儿子树立一个目标，最好是一个短期目标，使他有方向感，不会感到无事可做。当然，妈妈在引导儿子为自己树立目标的时候，一定要根据其实际情况而定，帮他树立在近期内能够完成的目标，否则效果也不大。

教男孩宣泄自己的不良情绪

作家罗兰在《罗兰小语》中写道："情绪的波动对有些人可以发挥积极的作用。那是由于他们会在适当的时候发泄，也会在适当的时候控制，不使它们泛滥而湮没了别人，也不任它们淤塞而使自己崩溃。"所以，教男孩学会适当地宣泄不良情绪，会对他产生积极的作用。

宣泄情绪的方法有很多种，比如哭泣、高喊、倾诉、运动等。适度的宣泄可以让男孩将心中不愉快的情绪释放出来，使他心情平静。所以，当男孩心中抑郁、烦闷时，妈妈要教导他向老师、家长、同学、朋友诉说，也可以用写日记的方式进行倾诉，当然也可以选择大哭一场，或者出门运动，让自己出出汗，使自己精神振奋。

当然，妈妈一定要告诉儿子，在宣泄自己情绪的同时，要注意时间和场合，不要伤害到别人和自己。

专家课堂

父母应该如何引导男孩走出抑郁情绪呢？

1.不要总是当着男孩的面唉声叹气，对男孩进行消极的暗示。

2.多给男孩一些积极的暗示。

3.多关注男孩的情绪变化，及时了解男孩情绪不佳的诱因，并加以积极的指导，及时帮助男孩释放不良情绪。

第40招

积极赢得一切——教男孩保持乐观积极的心态

有这样一个故事：

一个星期六的早晨，一个牧师正在为准备第二天的演讲伤透脑筋，他的太太出去买东西了，小儿子由于没人照看一直在旁边吵个不停。牧师拿起一本旧杂志，随手一翻无意间看到一张色彩鲜艳的世界地图。于是他把这一页撕了下来，撕成一些片，丢到了客厅的地板上对小儿子说："强尼，来，如果你能把它拼起来，我就给你两毛五分钱。"牧师以为他至少能安静一会儿，怎料不到十分钟，他书房就响起了敲门声，"爸爸，我已经拼好了。"儿子强尼喊道。牧师惊讶万分，他怎么能这么快就拼好了，而且每一片纸都严丝合缝地排在一起,整张地图又恢复了原状。“儿子啊,你怎么做到的？”牧师问道。“很简单呀！”强尼说,“这张地图的背面有一个人的图画。我先把一张纸放在下面，把人的图画放在上面拼起来，再放一张纸在拼好的图上面，然后翻过来就好了。我想,假如人拼得对,地图也该拼得对才是。”听完儿子的话，牧师忍不住笑了起来，立马给了儿子两毛五的镍币。“儿子呀，你把明天演讲的题目也给了我，”牧师说道，“那就是假如一个人是对的，他的世界也是对的。”

这个故事意味深长，想要告诉我们的是，如果你不满意自己的环境，想力求改变，则首先应该改变自己的心态；假如一个人有积极的心态，那么他所有的问题都将迎刃而解。

积极的心态是心智健康的基础，它能让男孩充满自信、受人喜爱、知足常乐、倍感幸福，更重要的是它还能让男孩改变自我、改变世界。有一句话是“心有多大，舞台就有多大”，说的正是这个道理。所以，为了你的儿子能够获得成功，你应该培养他积极进取的心态，让他成为一个进取心强，喜欢竞争和挑战的人。

鼓励男孩参加各种竞赛

让男孩多参加竞赛活动，既可以让他适应激烈的竞争，又可以培养他的自信心。有些男孩不愿意参加竞赛类活动是因为缺乏自信，害怕在大庭广众之下丢面子。这时候，妈妈需要多给他鼓励，并告诉他比赛的成绩并不重要，重要的是比赛的过程以及在比赛过程中得到的锻炼和提高。当儿子参加完比赛，无论比赛成绩怎么样，我们都要提出适度的表扬，这样可以提高他参加比赛的积极性。我们应该相信，当儿子勇敢地迈出展现自我的第一步之后，他会慢慢变成一个自信、积极进取的人。

为男孩树立理想和目标

小强是一个聪慧的小男孩，但是由于不用功，学习成绩在班里排到了中下等。

有一天，妈妈趁着小强高兴，对他说：“新学期到了，妈妈给你制订一个学习目标，好不好？”小强非常爽快地答应了。妈妈说：“上次期末考试你的成绩在40个人里面排名第23位，这次期中考试能不能排到20位呢？”小强想了想说：“一共才前进3个名次，没问题。”妈妈说：“既然你同意妈妈制订的学习目标，那我们就用笔写出来，贴在你的书房里。”妈妈找来纸和笔，把制订的学习目标写出来，贴在了儿子的书房里。以前，小强十分贪玩儿，但是每当看到这张贴在墙上的学习目标时，他马上就不玩儿了。小强本来就非常聪明，再加上学习比以前用功，他的考试成绩一下子前进了14名。

小强的妈妈非常聪明，她懂得为儿子制订学习目标的重要性。有一句名言是这样说的：“理想是前进的动力，是照亮道路的火炬。”一个人树立了理想和目标，在前进的道路上会充满动力，并且不会迷失方向。所以，我们要引导男孩树立远大的理想，并且鼓励他为自己的理想去拼搏、去奋斗。

另外，在给男孩制订目标时，我们应该遵循下面两个原则：第一，不要把自己的意愿强加给他。如果这项目标是妈妈单方面制订的，孩子不仅没有执行的兴趣，甚至还会产生厌烦的情绪，这项目标自然也不会得到很好的执行。第二，制订的目标要适中，最好是那种男孩“跳一跳” 就能够到的目标。如果我们把目标制订得太高，男孩不仅不能完成，还可能会挫伤他的积极性和进取心。

多给男孩积极的评价

初凡是一个学习非常努力的孩子，但是语文成绩一直不好。有一次，他的语文只考了62分。当他把成绩单给妈妈看时，心里非常不安。但令他吃惊的是，妈妈看了看成绩单，不仅没有批评他，反而拍着他的肩膀说：“虽然你的语文不太好，但是你的数学非常棒。而且你是一个学习努力的孩子，只要你再接再厉，你的语文一定会学好的。”听了妈妈的话，初凡悬着的心终于放下了，并且没有对语文失去信心。

常常有妈妈抱怨：“我家儿子就知道玩儿，学习成绩也不好，连一点儿进取心都没有。”不知大家想过没有，很多时候男孩没有进取心和父母的教育有很大的关系。例如，当男孩做某件事没有达到我们的要求时，我们没有鼓励他，而是给了他太多的责备。由于不断受到妈妈的否定，男孩早已失去了做下去的兴趣，甚至还会产生一种想法：我怎么也达不到爸爸妈妈的要求，还不如不努力的好。由于男孩产生了这样的想法，进取心自然就没有了。所以，我们要多给男孩积极的评价，让他从我们这里获得前进的动力。当他逐渐建立起自信心，自然就会变得积极向上了。

专家课堂

生活中，父母应当如何让男孩养成积极乐观的生活态度呢？

1.父母的言行影响着男孩的言行，如果父母总是以积极乐观的生活态度出现在男孩面前，那么，男孩自然也容易养成积极乐观的心态。

2.教育男孩应坦然地面对生活中的得失。

第41招

把忌妒转为动力——正确引导男孩的忌妒心

忌妒心理在男孩中间是普遍存在的，再加上目前大多数家庭都是一个孩子，他们很容易形成以自我为中心的心理，认为所有人都应该向着自己、关注自己，好东西都应该是自己的。心理调节能力差、社会经验不足、过分羡慕他人、渴望受到师长重视和周围人的羡慕等，这些都是忌妒心理形成的因素。需要注意的是，2016年全面两孩新政实施之后，将会出现更多的拥有两个孩子的家庭，难免会出现忌妒，争宠的现象，父母更应予以正确引导。

由于家里还有个哥哥，9岁的飞飞总觉得爸爸妈妈不喜欢自己。无论是外出游玩儿、生日派对，还是跟妈妈在一起时，他老是抱怨爸爸妈妈偏心。当妈妈解释自己花了很多时间和他一起玩儿，或他做了哪些错事而哥哥却没有的时候，飞飞就噘着嘴说哥哥有的玩具自己却没有，或者强调哥哥犯过哪些错而自己却很乖。

很多孩子都有飞飞这样的心理，当他们看到别人有自己所没有的东西，包括衣服、玩具，甚至是受欢迎程度和能力等，都可能会诱发忌妒心理。有些妈妈认为，这种表现会随着孩子年龄的增长而自然消失，但教育专家指出，过分忌妒会影响男孩正常的心理发育，使他们感到自卑，妨碍孩子自信心和自尊心的建立。

通常来说，对男孩的忌妒心理只要很好地教育引导，便可以使其将压力变为动力，激励他发奋上进，培养其健康的性格和良好的品德。相反，如果妈妈不能很好地引导，那就会影响孩子的健康成长。更有相关研究人员指出，有忌妒心的孩子性格怪僻，难与同伴相处，若不及时纠正，会对他的发展产生不利影响。这样的孩子一旦进入社会，很难有融洽的人际关系，在事业、社交、家庭等方面会遇到意想不到的困难。那么，妈妈如何帮助儿子远离忌妒呢？

关注男孩的暗示，并表示同情

当男孩忌妒心爆发的时候，他的行为经常会出现相应变化，比如搞破坏、哭泣或者说忌妒对象的坏话、爱打小报告等。有时忌妒心也会反映在男孩的心理和身体方面，如难过、焦躁、情绪低落、胃疼、浑身没劲儿……这时，妈妈需要对儿子表示同情和理解，并倾听儿子内心的想法。

不要拿儿子与别的男孩做比较

妈妈有时可能注意不到，你在谈论其他孩子时，一句无心的话，或者只是一个微笑、一个眼神、一个耸肩的动作，甚至抬一抬眉毛，都可能被男孩解读为“比较”。尤其当他自认为在某方面没有别人做得好的时候，就很容易诱发对他人的忌妒。

有一位妈妈就曾遇到这样的情况：

一天，我跟林林妈妈说，林林新穿的衣服很可爱，而我儿子穿衣服就没有这种可爱的感觉。没想到，第二天，我儿子就要求我带他去商店买和林林一样的衣服。我一下子就意识到是自己的评价引发了儿子的忌妒心理，从此之后，我非常注意，不拿儿子和别的孩子做无意义的比较了。

这位妈妈及时意识到了自己的问题，而且很明智地平息了儿子的忌妒心理。其他妈妈在生活中也应引以为戒。

帮助儿子发现自己的长处

缺乏自信心的男孩总喜欢强调自己的弱点，而且那种低人一等的感觉更容易引发他的忌妒心理。因此，妈妈必须帮助儿子建立自信，帮助他发现自己的长处，让他有为自己而骄傲的资本。假如儿子在音乐方面有天赋，妈妈就应该多多鼓励；每当男孩自己解决了一个问题或者取得了一点儿进步，哪怕只是背会了一首唐诗，你也应该让他知道你注意到了，并且为他而骄傲。

有关专家指出，当男孩为自己感到骄傲的时候，他就更容易接受别人在某方面比自己强。这种自信不但可以帮助男孩克服自己的忌妒心，更有利于他塑造自我，让自己变得更加优秀。

专家课堂

男孩产生忌妒心后，妈妈该怎么处理呢？

1.培养孩子宽容的品质。

2.教会孩子遵循公平、公正的竞争原则。

3.帮助孩子树立自信心。

第42招

不比吃喝穿戴——帮男孩丢掉虚荣心

很多妈妈反映，孩子越长大，虚荣心越强，穿衣服要名牌，手机要最新款，还总与同龄人互相攀比。攀比的内容从吃喝用到零花钱数量，甚至妈妈的工作、所开汽车的品牌，都成了孩子对比的话题。

有一位妈妈这样讲述自己的儿子：

我儿子自从上初中后，除了学校硬性规定上学期间必须穿校服外，其余时间穿的都是名牌。如果我不给他买，他就以绝食、不上学来抗议。

去年我刚给他买的手机，可没用多久，他就吵着要换一款新手机，还说自己现在用的手机落伍了。我平时每星期都固定给他零花钱，上初中后，他的零花钱从100元变成150元，现在是200元。但最近他老是说钱不够花，要求每星期再多点儿零花钱。我问他那些钱怎么花了，他说有时与同学出去吃饭，有时买点儿零食，钱就没了。我没答应他增加零花钱的要求，他居然气得几天不跟我说话，还摔了一个杯子，最终我还是妥协了。

现在儿子不让我开车载他上学，只让他爸爸载他，问他为什么。他说我开的是QQ，丢他面子，他爸爸开的是本田，与其他同学的妈妈相比，还算过得去。真不知道儿子怎么会变得这么爱慕虚荣呢？

一般来说，孩子的虚荣心理，常表现为下列几种攀比行为：比美，如要买新衣服、新鞋子就是为了跟别人比较；比富，常夸耀自己家的电器多么高级，妈妈的职业多么令人羡慕等；比能力，认为自己什么都会，只听得进去表扬和赞美，受不了批评，否则便会大哭大闹，失去心理平衡。

柏格森在《笑》中说过：“虚荣心很难说是一种恶行，然而一切恶行都围绕虚荣心而生，都不过是满足虚荣的手段。”因此，妈妈应想办法纠正儿子的虚荣心。

创造机会，让儿子通过努力获得想要的东西

一天，儿子来到妈妈的房间说：“妈妈，我想要一辆自行车！”妈妈不解地问：“为什么突然想要自行车？”儿子说：“张海每天都骑自行车回家，而且能锻炼身体。”妈妈想了想说：“这个要求我可以答应，但你接下来两个月要负责家里的家务，晚上也要刷洗碗筷，这就当作你为那辆自行车分期付款，你同意吗？”儿子略微思考了一下，欣然地点点头。

从这个案例我们可以得出，如果儿子的要求是合理的，那么你完全可以为他创造一些机会，让儿子靠自己的劳动“赚钱”，购买所需要的东西。你要让儿子明白，一分劳动一分收获，让他知道张口向妈妈要钱的行为不仅不光彩，而且行不通。

要客观地评价自己的儿子

男孩会变虚荣，很大一部分原因是妈妈不客观的评价造成的。例如，儿子完成了一件很小的事情，妈妈就把孩子夸得天花乱坠，把他当成神童、天才看待。其实，妈妈不应该过分夸大儿子的优点，也不要掩盖儿子的缺点和失误。对那些符合道德规范的行为，妈妈应给予儿子适度的表扬，因为太多、太频繁的表扬会使儿子认为这些并不是他应该做的，一旦这样做了，便能得到奖励。渐渐地，男孩就会养成虚荣的坏习惯，而且越来越严重。

另外，对于儿子的缺点妈妈要及时指出，帮助他分析原因，并鼓励他逐渐克服。不要让他以为自己无所不能，无人能比。

不要经常带男孩去商场

商场对于年幼的孩子来说，具有很大的诱惑力，而且他还无法理性地判断什么是自己需要的东西。更何况现在很多商场和厂家为了吸引孩子的注意，把儿童商品设计得非常漂亮，例如那些漂亮的玩具模型、能够集卡片的糖果等。男孩看到后，自然什么都想要，什么都想买，渐渐地，他的虚荣心也会随之膨胀。

如果妈妈要带儿子去商场的话，一定要事先和他商量好买什么，不要买多余的东西，让儿子学会克制自己的欲望，学会抵制诱惑。

专家课堂

父母如何让男孩丢掉虚荣心呢？

1.认识到虚荣心的危害。

2.让男孩认清虚荣心与自尊心的区别。

3.帮男孩树立自己的价值观与人生观。

第43招

给压力找个出口——为男孩的心灵减减负

生活中，男孩常常要承受很多压力，男孩必须让自己看上去很勇敢、很坚强；因为天生的好奇心，常常犯一些错误；因为争强好胜，常常会产生许多与人较量却又担忧结果的痛苦…… 大家都知道，适度的压力能够促使一个人努力奋进，但过大的压力，则会对人的心理健康产生不良影响。

妈妈一定要积极地引导男孩正确面对压力和释放压力，只有这样才能让他更健康、更快乐地成长。

那么，如何帮助孩子疏导心理压力呢？首先，妈妈必须了解孩子，要清楚让孩子产生压力的原因是什么。这就要求妈妈经常与男孩沟通，倾听男孩的心声。

妈妈要懂得安抚孩子

当孩子受到委屈后，妈妈应首先安抚孩子的内心，当孩子向你表达某种情绪的时候，你要能与孩子共情。

一天，刘明放学回家，一直不高兴，妈妈就问他是不是发生了什么事情。刘明说：“今天下午上英语课，和晓亚说话的人明明不是我，可老师却一口认定就是我，还让我站着听课，真气人！”这时，妈妈说：“那真是很气人，明明不是你的错，可老师却偏偏说是你。”

刘明觉得妈妈和自己是站在一起的，不满的怨气也就慢慢消了。这时，妈妈又说：“为了不让老师再冤枉你，你一定要做得更好，这样别人才不会说你，对不对？”

刘明看着妈妈，点了点头，说：“我一定要让她知道，我是个好孩子，不是像她想的那样。”

事例中的妈妈用恰当的方式安抚了自己的儿子，并且引导他以后要做得更好。反之，如果妈妈遇到这类事件后，只是指责自己的孩子，这样会加重孩子的不满和委屈，给他造成更大的心理压力，甚至让他产生厌学情绪。

与孩子分享自己的经验

面对不可避免的成长压力，妈妈应该多和男孩沟通，让男孩知道，压力是每个人都会遇到的，妈妈也需要面对各种各样的压力。妈妈以自己的经历来教育孩子，能够让孩子更好地接受自己的建议。

小风是老师和妈妈眼中聪明、能干、懂事的孩子，他一直在班里担任学习委员。有一次，他因为与班里的一个同学发生口角，而受到了老师的责备。从此之后，小风一直觉得老师对自己失望了，他在同学心中的形象不完美了，他的压力不断增大，再也没有办法全身心地学习和生活了。

小风的妈妈知道这件事后，就找儿子聊天，说：“知道吗？妈妈前一段时间工作出现了一些问题，被经理训斥了一顿。那时，我真是很郁闷，甚至想过辞职不干了。但后来我想了很久，终于想通了，我的确犯了错误，既然犯了错误，被批评就是难免的，只要我以后把工作做得更好，别人一样会对我竖大拇指的。”小风听了妈妈的话，点点头，理解了妈妈的意思。

不要给男孩太多的压力

小刚是一个学习很好的男孩，中考的时候，他考了全校第二名。他本来想在离家近的高中读书，但是他的妈妈却非要他去市重点高中读书，无奈之下，小刚只好按照妈妈的意思去做。但小刚在第一学期的前三次考试中都只排在中间。小刚的妈妈知道后，便在电话中责骂他不努力读书。在成绩与妈妈的双重压力下，入学不到一年的小刚，完全丧失了学习的动力，甚至把自己封闭了起来……

通过这个事例我们不难发现，心理压力对孩子的不良影响是很大的。人人都希望自己的孩子能够出类拔萃，却没想过那些寄托在男孩身上的厚望远远超出了孩子自身的承受能力。孩子在这些压力下很容易产生逆反心理，出现厌学的情绪，严重者甚至可能会做出更加极端的事情。

专家课堂

美国心理学博士戈尔曼曾明确指出：“真正决定一个人成功与否的关键是情商而非智商。”教育专家孙云晓也认为情绪对男孩来说起着至关重要的作用，所以他提供了一些帮助男孩管理情绪的方法：

1.呼吸调节法。当你孩子不开心时，让他闭上眼睛，深呼吸，然后把气慢慢吐出来，再深呼吸……如此持续几个循环。

2.语言暗示法。当你发觉男孩有不良情绪时，要试着告诉他通过一些积极的语言暗示来调节自己的情绪。

3.目标转移法。有时男孩会陷入一种消极情绪中而无法自拔，此时，父母最好鼓励他改变一下自己注意的目标，去做喜欢的事情。

第六章　性格好命就好，让男孩赢在性格上

坚强，可以让男孩成为顶天立地的男子汉；

谦虚，可以让男孩走向成功；

开朗，可以让男孩拥有更多的朋友；

独立，可以让男孩适应多变的社会环境；

……

一个男孩的性格决定着他的前途。

只有那些具有良好性格的男孩，才能拥有更加美好的未来。

第44招

绝不轻言放弃——培养男孩坚强的性格

坚强是一种可贵的品质，它能让一个人不畏困难，在任何艰难险阻下都不低头，并取得最后的胜利。可以说，坚强是一个人取得成功不可或缺的品质。著名思想家伏尔泰说过："伟大的事业需要始终不渝的坚强意志。"著名科学家爱因斯坦也说过："有百折不挠的信念所支持的人的意志，比那些似乎是无敌的物质力量有更强大的威力。"

一个年轻人最大的愿望就是能够到微软公司工作，但是他只有高中学历，和微软的要求相差很远。他刻苦学习了一段时间，抱着试试看的态度来到了微软公司。公司经理随便考了他几个问题，发现他的表现非常糟糕，便托词说："年轻人，你还没有准备好，等你准备好了再来面试吧。"

年轻人有些失望地离开了经理的办公室，但是一周之后，他又出现在了经理面前。这次他的表现仍然很糟糕，但是与上一次相比，已经有了很大的进步。经理又对他说："年轻人，你再回去准备吧，等你准备好了再来面试。"这一次，经理认为他不会再来了，但是一周后，他不仅又出现了，而且又取得了不小的进步。这个年轻人先后8次踏入微软的大门，不仅最终被微软录用，而且成了公司的重点培养对象。

从这个故事可以看出，这个年轻人正是因为具有不怕挫折、不怕失败的坚强精神，最终实现了自己的梦想，并且取得了事业上的成功。日常生活中，因为妈妈的过分娇惯，很多男孩缺乏处理问题的能力和抵抗挫折的能力，遇到一点儿不顺利的事儿，就选择退缩。

场景一：刘超8岁了，由于妈妈的娇生惯养，他一点儿委屈也受不了。有一次老师批评了他，他委屈地哭了好半天，第二天说什么也不去上学了。

场景二：泽辉14岁了，高高的个子，非常适合打篮球。他也希望自己能够成为像姚明一样的篮球明星，便报了学校的篮球班。但他仅仅参加了一个星期就感觉训练太累了，不管体育老师怎么劝说，他也不参加了。

对于男孩来说，坚强的品格是必不可少的，因为他长大后要承担更多的责任，成为顶天立地的男子汉。

培养儿子的意志力

大家都知道，越是艰苦的环境越能够培养一个人的意志力，让他迅速地坚强起来。也许很多妈妈都会说："现在要吃有吃、要喝有喝，哪儿还有那种艰苦的环境啊？"其实，艰苦的环境不一定非要衣不保暖、三餐难继，我们可以创造一些合适的环境去锻炼孩子。例如，让他多干些家务，自己的事情自己做，出去旅游的时候自己背包，每天坚持锻炼等，让他变得更坚强。

对儿子多加鼓励，多给他积极的暗示

两个5岁大的男孩抢皮球，一下子撞到了一起，倒在了地上。第一位妈妈看到儿子摔倒了，赶紧跑过来，急切地问："儿子，摔疼了吧？妈妈快给你揉揉。"小男孩本来没有哭，听妈妈这么一说，咧开嘴就哭了："疼，摔得非常疼。"

另一个孩子看到这个孩子哭，咧开嘴也想哭，他的妈妈蹲下来对他说："草地很软，摔一下不是很疼，我儿子是一个坚强的小男子汉。来，站起来，妈妈和你一起踢球。"这个小男孩听妈妈一说，真的从地上爬起来，若无其事地和妈妈去踢球了。

从上面这个事例可以看出，妈妈多给孩子积极的暗示，并且对他多加鼓励，有助于培养孩子坚强的性格；反之，如果妈妈总是给孩子消极的暗示，会让他变得更加脆弱、消极，也更加害怕困难和挫折。所以，我们应该对儿子多加鼓励，并多给他一些积极的暗示。

培养儿子的抗挫折能力

一个人是否坚强，最主要的就体现在他面对困难和挫折的态度上。那些软弱的人，一遇到困难和挫折就低头，就绕着走；而一个坚强的人会与困难和挫折斗争到底，并且取得最后的胜利。所以，我们要培养儿子坚强的性格，最主要的就是要培养他的抗挫折能力。

一位妈妈曾经谈到这样的教子经验：

我儿子是那种非常听话的孩子，但是有一点非常不好，他非常软弱，一遇到挫折就一蹶不振，再也不想尝试了。我决心改变这种状况，从以下几个方面来培养儿子的抗挫折能力：

第一，告诉儿子“失败是成功之母”，挫折并没有那么可怕，它是人们前进的动力。

第二，鼓励儿子多坚持，坚持就是胜利。儿子以前一遇到困难就退缩，我经常鼓励他，让他坚持下去，不要去想最后的结果。儿子听了我的话，最后真的取得了成功，从此不再临阵退缩了。

专家课堂

父母应当如何培养男孩坚强的性格呢？

1.切忌温室养“小草”，父母千万不要溺爱男孩。

2.多带男孩去体验生活，在这个过程中，男孩会遇到很多困难，这些困难也会磨炼男孩的意志力。

3.多给男孩一些积极的暗示，增强他克服困难的勇气。

第45招

骄傲使人落后——拥有谦虚才能走向成功

谦虚是一种美德，它带给人的好处是非常多的：谦虚的人有自知之明，不会因为别人的夸奖就骄傲自大 ；谦虚的人能够接受别人的批评，从来不自以为是、妄自尊大；谦虚的人虚心好学，能够正确认识自己的优点和缺点。

有一位学者，因为自己声名斐然，所以自视甚高，谁也看不起。有一次，他去拜访一位高僧，并且喋喋不休、咄咄逼人地谈论自己的高论，一句话也不让别人说。高僧一面倾听，一面给这位学者斟茶水。本来茶杯已经满了，但高僧还是往里面倒水，结果茶水溢了出来。

学者看到后，赶快说 :“茶杯已经满了，茶水都溢出来了。”

高僧笑了笑，非常慈爱地说:“哦，当茶杯装满水时，就再也装不进去了。”

这位学者非常聪慧，他听出了高僧的弦外之音，非常羞愧地低下头，并且从此改正了自己骄傲自满的态度。

上面的故事是一篇哲理寓言，它告诉我们这样一个道理：当一个人过于骄傲的时候就停止了前进的步伐，他就像寓言中的那个茶杯一样，已经装满了茶水；而一个谦虚的人常常是虚怀若谷，随时随地都会容纳、接受和学习他人的优点和长处。所以古人很早就说过：“谦受益，满招损。”另外，在人际交往中，我们都愿意和那些和蔼、谦逊、尊重他人的人进行合作；而那些骄傲自满、妄自尊大的人往往不受人欢迎，很少有人愿与其合作。

生活中，有的有特长的男孩，平时总是被大家夸奖，更容易飘飘然，滋生骄傲自满的情绪。

泽明12岁了，上小学四年级。他的妈妈是硕士毕业，经常辅导他的功课。正因为这样，他的成绩总是排在全班的第一名，老师也经常表扬他。慢慢地，泽明变得骄傲自满起来，再也不像以前那样努力学习了，而他的成绩也下降了，排到了班里的十几名。

从上面这个事例可以看出，骄傲自满会阻碍孩子的进步，是他前进道路上的大敌。所以，我们从小就要培养儿子谦虚的品德，让他成为一个谦虚的人。妈妈可以为孩子树立良好的榜样，在潜移默化中影响他。

让儿子全面认识自己

很多孩子产生骄傲自满的情绪是因为他感觉自己在某方面比别人强。所以，妈妈应该让孩子全面地认识自己，让他既看到自己的优点，也看到自己的缺点。此外，妈妈还要让孩子明白“天外有天，人外有人”，当孩子能够正确衡量和看待自己的时候，他就不会产生骄傲自满的情绪了。

让儿子认识到骄傲的危害

明帆10岁了，上小学四年级。他的学习成绩非常好，在期末考试中更是考了全班第一名。这让他非常得意，每逢有亲朋好友来家里做客，明帆都会说:“阿姨，我考了全班第一名。”等着对方的夸奖。妈妈对明帆说:“儿子，还记得妈妈给你讲的《龟兔赛跑》的故事吗？”明帆说：“当然记得了。”妈妈说：“那你说一下，兔子为什么会输给乌龟呢？”明帆说：“兔子骄傲了，在赛跑的时候睡觉了。”妈妈说：“对，兔子因为骄傲了所以会输掉比赛，我希望我儿子不要向骄傲的兔子学习。”明帆听妈妈这么一说，一下子意识到了自己的错误。他想了一会儿，红着脸对妈妈说：“妈妈，我知道了，我以后再也不向大家炫耀自己的成绩了。”

日常生活中，人难免会骄傲自满。所以，我们要让儿子充分认识到骄傲的危害，这样，他才会克制骄傲自满的情绪。

让儿子正确看待批评

批评能够让一个人认识到自己的缺点和不足，从而有利于自己的成长和进步。但是很多人容不得别人的批评，不仅不接受，还对批评者进行还击。这样的人很难成为一个谦虚的人，也无法在别人的批评中更加全面地认识自己。

所以，我们应该让儿子正确看待别人的批评，如果别人的批评是正确的，就应该谦虚地接受，并且对批评者表示自己的谢意。这样，孩子慢慢会成为一个谦虚谨慎的人，并能够全面认识自己。

专家课堂

当小卡尔·威特变得傲慢起来的时候，他的父亲老卡尔·威特是这样教育他的：

1.让孩子因为自己的傲慢态度吃一些苦头。

2.等到孩子为自己的傲慢付出代价后，适时地告诉他：傲慢、自大是在为自己的将来设置障碍。

3.引导孩子丢掉自己的傲慢，以友好的方式对待他人。

第46招

耐心加速成功的脚步——培养男孩的耐心

我发现儿子对英语很感兴趣，于是这个寒假为他报了一个英语班。但是儿子上了一个星期就不想上了，带着哭腔对我说："妈妈，我不想去了，那儿天天都要背单词，我现在压力太大了。"看着儿子可怜的样子，我非常心疼，便对他说 ："既然你不想去了，那就算了吧。"

过了一段时间，我又给儿子报了一个绘画班，心想画画又不用花费很大的力气，儿子应该能够坚持下去。可是这次儿子坚持的时间更短，只去了5天就不去了，他对我说 ："妈妈，咱家离学校太远了，为了不迟到我每次6点钟就要起床，总是睡不醒。"

随后，我又让儿子学篮球、学象棋……他没有一个能够坚持下来的，并且还找出各种不参加的理由。

我非常担心，如果儿子总是这样没有恒心和毅力，他长大了该怎么办呢？

这是一位妈妈在网络上写下的博文，表达了自己心中的忧虑。其实，这种担忧是可以理解的，因为一个没有恒心和毅力的人，做什么事稍稍遇到困难就会半途而废，最终很可能落得一事无成。而那些取得伟大成就的人都具备恒心和毅力。所以，妈妈要想让儿子在今后取得一定的成绩，必须趁早培养他的恒心和毅力。有的孩子缺乏恒心和毅力，除了自身因素外，还与妈妈的娇惯有很大的关系：

儿子好半天没有算出一道数学题，妈妈看时间有些晚了，就对儿子说："别算了，还是明天再说吧。"

儿子练习足球，每天回来都脚疼，妈妈看见了有些心疼地说："吃得消吗？要是吃不消就别练了。"

……

由于妈妈的娇惯，男孩变得吃不了苦，遇到困难的时候，想到的不是迎难而上，而是知难而退。这样发展下去，男孩的耐心便渐渐被消磨掉了。所以，要想培养男孩的耐心，妈妈首先要做的就是不娇惯儿子。

带儿子多参加体育锻炼

体育锻炼不仅能够强健人的体魄，也能培养人的耐心，因为它的核心精神是拼搏、竞争、坚持不懈、永不放弃。而这几方面，是一个有耐心的人必须具备的。所以，我们可以让男孩长期坚持某项体育活动（如晨练等），一年四季都不间断，这对培养男孩的耐心很有帮助。

教儿子做事情要有始有终

一位妈妈谈到了自己的教子经验：

儿子上五年级的时候，学校兴趣班报名。儿子告诉我们，他想报篮球班。当时我和老公都非常支持他，但是也有一些担心：篮球班又跑又跳的，他能吃得了苦吗？

果然，没过两个星期，他就开始向我诉苦："妈妈，我不想学篮球了，每次上课都太累了，我现在浑身都疼，而且学篮球还容易受伤。"他把胳膊伸给我看，那里果然有一块瘀青。

我微笑着对儿子说："妈妈知道学篮球很累，但是如果你现在就选择退出，那就证明你是一个失败者。妈妈希望你是个坚持不懈、永不向困难低头的孩子。”儿子点了点头，没有再提不学篮球的事。

从那以后，我常常鼓励儿子，并且买回来一个篮球，让孩子的爸爸和他一起练，我做他们的裁判员。由于我的鼓励以及长时间的练习，儿子对篮球产生了浓厚的兴趣，再也不说“累人”这样的话了。

后来，儿子还十分感激地对我说：“妈妈，当时多亏你鼓励我不要退出，否则我就没有这么好的一个爱好了。”

由于男孩的年龄小，在遇到困难时难免会选择退却。这时，妈妈要告诉他做每件事都要有始有终，不能半途而废。当然，严格要求并不等于强制男孩做某件事，我们可以在他遇到困难的时候给他鼓励，还可以给他分析一下遇到困难的原因。等男孩能够游刃有余地处理这件事了，他就不会觉得难了，并且会有始有终地做下去。

让男孩学会承担责任

6岁的靖康和爷爷住在一起。由于爷爷年龄大了，腿脚不灵便，每次下楼都要有人搀扶。有一次，靖康对爷爷说：“以后爸爸妈妈不在家时就让我搀您下楼吧。”爷爷听后非常高兴，不住地夸靖康孝顺。

但是靖康只坚持了半个月就有些不耐烦了，他对妈妈说：“我以后不想搀爷爷下楼了，他每次出去都要1小时才回来，太浪费我的时间了。而且爷爷还特别喜欢在下午5点钟出去，那时正是我看动画片的时间。”

妈妈拍拍儿子的肩膀说：“妈妈知道搀爷爷下楼很累，也很费时间，但是你已经答应了爷爷，你要对自己的话负责任啊。再说爷爷很爱你的，你也要关心、照顾一下爷爷啊。至于爷爷喜欢在5点钟下楼，妈妈可以和爷爷谈谈，让他把时间错开一下。”

靖康想了想，最后点了点头。从那以后，靖康每天都搀扶爷爷下楼，到现在已经坚持两年了。

家庭教育专家蔡笑晚老师在《我的事业是父亲》一书中说过：“做什么事情都必须让孩子负责任。不用负责任的事情，不可能有恒心和毅力去完成它。因为反正没有责任，对他来说就不存在紧迫感。”确实是这样，如果孩子没有责任心，他就不会全力以赴地做某件事，遇到困难的时候也更容易退缩。所以，我们要让男孩学会承担责任，从而培养他的耐心。

专家课堂

父母如何培养男孩学会忍耐呢？

1.找出男孩“不喜欢”去做某事的真正原因。

2.分担男孩的痛苦，帮助孩子摆脱“没有自信”等心理因素。

3.父母要改变管理方式，提高教育技巧。

第47招

任性是进步的大敌——教育男孩不再任性

皮皮10岁了，是一个非常任性的小男孩。在家里，爸爸妈妈什么事都依着他，否则他就会没完没了地吵闹下去。因为每天都长时间看电视，皮皮的眼睛有些近视，妈妈劝他多休息少看电视，他随口就说 ：“我想看就看，不用你管！”

前两天家里来了客人，妈妈做好饭后，让爸爸和客人先吃，把皮皮放到了后面。这下皮皮不高兴了，当着客人的面就摔了筷子，气得妈妈直跺脚：“你这孩子太任性了，真是快把我气死了！”

从心理学角度来说，孩子的年龄小，心智发育不成熟，对很多事情都缺乏判断能力，所以多多少少都会有些任性。当男孩的要求得不到满足时，他会用哭闹、摔东西等方式来表达自己的情绪和要求。但是如果我们放纵他的话，很可能对男孩的性格发展造成消极的影响，因为一个任性的人很难和他人进行友好的合作，而往往把自己放在中心位置。

一般来说，男孩骄纵任性主要与以下因素有关：

第一，妈妈过分的娇惯和迁就。在很多家庭中，妈妈都把孩子放在中心位置，当孩子提出不合理要求时，妈妈也不忍心拒绝，而是放任、迁就他。慢慢地，孩子就会形成骄纵任性的心理以及行为定式。

第二，男孩对他人的模仿。当几个男孩在一起时，如果一个男孩出现了任性的表现并且取得了不错的结果，其他男孩就会进行模仿。

第三，妈妈对孩子要求过高或经常斥责孩子。有些妈妈对自己的儿子要求非常高，无论他怎么努力都达不到妈妈的要求，慢慢地，他心中就会产生逆反心理，从而变得任性起来。还有些妈妈动不动就斥责自己的儿子，男孩为了保全自己的面子，从而产生任性、对抗的行为。

那么，妈妈应该如何让孩子改掉任性的毛病呢？

教育男孩分清是非，不去模仿他人

妈妈带5岁的儿子到超市买东西，看到一个小男孩因为爸爸没有答应他的要求，正躺在地上打滚儿。妈妈对儿子说："好孩子不应该骄纵任性，你看这个小男孩又哭又闹，大家都在看他，多不好啊！"

很多时候，孩子的骄纵任性是向其他同伴学来的。当他看到同伴用哭闹的方式逼迫爸爸妈妈满足了自己的要求，他也会使用同样的方法。所以，我们应该让男孩分清是非，并自觉克服任性的行为。

妈妈不要过分迁就自己的儿子

在和儿子相处时，妈妈应该和他"约法三章"：当儿子有了某种要求时，应该和妈妈讲道理，而不是用哭闹的方式逼妈妈就范。如果儿子不同意妈妈的意见，可以和妈妈进行讨论，也可以请其他家庭成员发表看法，但是不能发脾气、要小性子。

教育儿子的态度要一致

5岁的嘉佑看到同伴都在吃口香糖，也让妈妈买。妈妈说："口香糖不适合小孩子吃，妈妈不能给你买。"嘉佑一看妈妈拒绝了自己的要求，马上躺在

你的眼睛都近视了，不要看电视了，快回屋休息！
我想看就看，不用你管！

宝贝，你总是看电视，眼睛会受不了的。关上电视吧，如果你一直要看，妈妈只能把电视送人了。
不要送人！妈妈关上电视吧，我明天再看。

地上打起滚儿来。看到儿子如此任性，妈妈也生气了："你这孩子怎么这么任性，快点儿起来！"因为听到了嘉佑的哭声，爷爷奶奶赶忙赶了过来，非常心疼地扶起孙子，安慰嘉佑说："我的宝贝孙子想买什么？爷爷奶奶给你买。"爷爷还有些生气地对妈妈说："你说你这么大人了跟孩子怄什么气，真是的！"

当孩子受到批评时，往往有人偏袒他。有时候是爸爸批评妈妈护着，有时候是爸爸妈妈批评爷爷奶奶护着。久而久之，男孩感觉自己有了"靠山"，就会越来越任性，所以，妈妈批评孩子时其他家人不能偏袒、干涉，即使遇到不同意见，也应该避开孩子去商量。

尊重男孩，让他多和朋友交流

随着居住环境的进一步改善，现在很多孩子生活在高楼里面，没有机会和他人进行交流。这也在某种程度上让他形成唯我独尊、骄纵任性的个性。所以，我们应该鼓励孩子多交朋友，学会如何与他人相处。

专家课堂

父母应该如何教育男孩，才能防止男孩养成任性的坏习惯呢？

1.对男孩说"不"。不要溺爱男孩，满足他的一切要求，相反地，要适当地拒绝男孩，让他经历一定的挫折。

2.多与男孩沟通。沟通可以让父母更了解男孩的真实想法，从而明白男孩的真实需求。

第48招

改变内向和孤僻——培养男孩开朗的性格

光宇是一个容易害羞的小男孩。前段时间，他的姥姥要过生日，妈妈问他："姥姥要过生日了，你是不是要给姥姥唱一首祝寿歌呢？"当时光宇非常爽快地答应了，并且每天晚上都勤快地练习。但是等姥姥过生日那天，光宇一看人那么多，妈妈怎么劝也不肯唱，最后被妈妈逼急了还哭了起来。妈妈无可奈何地说 ：“这孩子脸皮太薄了，怎么一见人就害羞呢？”

“我儿子在家里挺能说的，但是出了家门，连问个路都不敢。”

“我儿子最不喜欢生人，家里一来了客人，他就赶紧躲进自己的书房。”

“我儿子在学校上课时从来不举手回答问题。我问他为什么，他说当着这么多同学回答问题怪不好意思的。”

需要注意的是，孩子内向、害羞，与妈妈的教育方式也有一定的关系。

场景一 ：小军是个内向的孩子，每次和妈妈到朋友家做客，小军都非常紧张。有时候朋友逗他玩儿，他不是支支吾吾说不出话来，就是放声大哭，这让妈妈感觉非常尴尬。后来，妈妈再也不愿意带小军外出了，而小军也乐得不见生人，从来不向妈妈提出一起去。

场景二 ：李爽 6 岁了，在一家幼儿园上学。每天早上去上学的时候，妈妈都要嘱咐他 ：“在路上不要搭理任何人，现在拐卖小孩的坏人可多了。”李爽对这一点执行得非常好，从来不和陌生人说话，即使家里来了陌生人，他也会立即躲到自己的房间里。

当今社会是一个开放的社会，那些开朗的男孩不仅更容易得到广泛的认可，而且更容易交到朋友，更能适应这个充满竞争的社会。而那些内向、羞怯的男孩，在这个社会中则缺乏竞争力，很难取得大成就。所以，我们要有意识地把儿子培养成一个开朗的男孩。

多带儿子走亲访友

李元是一个内向的男孩，一遇到陌生人就感到拘谨、不自然。有时候家里来了客人，李元就赶快躲到自己的屋子里。妈妈发现这一点后，就故意带他去走亲访友。在走访亲友前，妈妈会这样对李元说 ：“张阿姨特别喜欢你，她家还有很多好玩儿的玩具，咱们到张阿姨家去做客，好不好？”“李阿姨说想你呢，我们去看看她吧！”有时候李元见到亲友仍然会不自然，妈妈会对他说："阿姨早就想见你了，快和阿姨打个招呼，她喜欢懂礼貌的小孩。"在走访亲友的过程中，妈妈还会鼓励李元和亲友交谈。无论儿子表现怎样，回到家妈妈都会对他提出表扬:"你今天话说得真好，王叔叔止不住地夸你呢。"慢慢地，李元再也不腼腆了，而且学会了很多社交礼仪。

很多妈妈嫌儿子累赘，走亲访友的时候不愿意带他去。其实，走亲访友时带上男孩非常有利于培养他的交往能力，让他摆脱内向、羞怯的性格。另外，值得强调的是，如果男孩不愿意和亲友打招呼，妈妈不要批评他，也不要给他贴上"这孩子害羞"的标签，更不要显示出无所谓的态度。妈妈可以鼓励、引导他，就如上文中的李元妈妈一样。

多带儿子去见见世面

田博7岁了，是一个懂礼仪、大方的男孩。田博能做到这一点，和妈妈的教育方式是分不开的。每到周末，妈妈都会带他去参加一些音乐会、画展。到了寒暑假,妈妈还会选择一两个名胜带他去参观、游玩儿。在他3岁的时候，妈妈还带他参加了电视节目的录制。

一些盛大、隆重的场合能很好地锻炼男孩的社交能力。当他见多识广了，自然会变得开朗，见到陌生人也不会感到拘谨、不自然了。所以，当你参加一些大型聚会的时候，应该尽量带上自己的儿子。

帮助儿子树立自信心

一些男孩之所以形成内向、害羞的性格，主要的原因是他们缺乏自信心。细心的妈妈可能会发现，那些内向、羞怯的男孩虽然不愿意接触陌生人，甚至也不喜欢和同龄的孩子一起玩儿，但是非常愿意帮助那些比自已年龄小、也更柔弱的孩子。为什么会出现这种情况呢？这是因为和这些更柔弱的孩子相处，他能够找到一种优越感和自豪感，让自已的内心得到满足。所以，当遇到儿子不愿意和人交往的情况时，妈妈先要树立他的自信心，以便为培养他的社交能力打下良好的基础。当他摆脱了那种自卑心态后，才能够真正做到落落大方、开朗阳光。

专家课堂

父母如何正确引导男孩养成健康、开朗的心态呢？

1.引导男孩正确看待自己生活中的不完美。

2.鼓励男孩多交朋友，尤其是多鼓励他和乐观的男孩在一起。

3.及时发现男孩的不良情绪，并帮助他宣泄不良情绪。

4.不要对男孩控制过严。

第49招

抛弃胆小和懦弱——培养男孩勇敢的性格

一位心理学教授说：“勇敢的精神是一个人不可或缺的元素，因为哪怕是人类的每一个微小的进步，都需要勇气作为先导。”做人不能墨守成规，贪图安逸和享乐，应当勇字当头，敢于前进。对于一个男子汉而言，勇气更是必不可少的素质。然而在现实生活中，妈妈们无微不至的照顾，让男孩缺乏锻炼、尝试的机会，导致他勇气不足。

4 岁的斌斌是个可爱的小男孩，不但懂礼貌还特别乖巧，邻居都很喜欢他。他唯一的缺点就是胆小，不敢一个人睡觉，不敢到关灯的屋子里取东西，就连小区里很多游戏设施他都不敢玩儿，因此很多小朋友都不喜欢和他在一起。一次，舅舅带斌斌去游乐场，临走时妈妈再三叮嘱舅舅：“斌斌胆子小，别让他玩快跑、跳远、爬高的游戏。”

到了游乐场，斌斌看着各种电动玩具很兴奋，当舅舅问他想玩什么的时候，斌斌左看看、右瞧瞧，最后扫兴地说：“我怕，我哪个也不敢玩儿。”舅舅说：“没关系，会有适合你玩儿的游戏的。”于是，舅舅领斌斌玩旋转木马。坐在木马上的斌斌一直忐忑不安，紧紧抓着杆子，没想到刚转了两圈，他便哇哇大哭起来，弄得工作人员不知所措，无奈之下，立刻暂停了游戏。接下来斌斌一直哭闹着要找妈妈，舅舅没办法，只好领着斌斌回家了。

生活中的大多数问题，男孩自身是可以轻松应对的，只是妈妈总是提心吊胆地告诫他这样做危险，那件事要小心，结果孩子信心不足，变得胆怯起来。

勇气是男孩必备的心理素质，所以，妈妈要掌握恰当的方法让男孩勇敢起来，成长为真正充满勇气和力量的男子汉。

不要把儿子当成弱者

一天，妈妈带着小杰去医院打针。挂号的时候小杰有点儿害怕，一旁的妈妈安慰他说："别怕，妈妈会一直在你身边。"进了诊疗室，小杰紧紧地抓住妈妈的手，哭哭啼啼地让妈妈领他走，说什么也不让护士给他打针。这时，一位老护士走过来对妈妈说："请你出去，离开你的孩子！"妈妈不情愿地走出了诊疗室，并焦急地等待着。不一会儿，小杰平静地走了出来。妈妈搂过小杰问："宝贝，疼不疼？"小杰说："有点儿疼，但是我没哭！"

后来，老护士解答了妈妈的疑问："妈妈守在孩子身边会让他产生依赖，就会任性、撒娇。我让你离开是要促使孩子自己直面痛苦。当孩子发现没有了依靠，就会靠自己的意志和毅力战胜疼痛和心中的胆怯。"

其实，大多数孩子并不像妈妈想象的那样胆怯和懦弱。有位教育专家说过："如果把孩子的生命比喻成一把披荆斩棘的刀，那么挫折就是一块不可缺少的砥石，为了使孩子生命这把'刀'更锋利，必须先摆脱妈妈过分保护的教育方式。"

生活中，妈妈不要把儿子当成弱者，要给他磨炼的机会，让他充分认识到自己的能力，形成"我能行"的心态，勇敢地面对人生中的各种考验。

告诉男孩："自己的事情自己做"

下面是一位小学老师和一个新入学孩子之间的对话。

老师："你平常在家洗袜子吗？"

男孩："不洗，平时都是妈妈给我洗。"

老师："如果妈妈不在家呢？"

男孩："还有爸爸呢！"

老师："如果爸爸妈妈都很忙，没时间给你洗呢？"

男孩："那就放着，等他们有时间再洗好了。"

老师："等你以后长大了，谁来给你洗呢？"

男孩："长大了，我可以请保姆啊！"

试想，这样一个连生活都需要别人照顾的男孩，又如何奢求他有勇敢之心。要想让男孩变得坚强和勇敢，妈妈首先要让他学会照顾自己，积累应对各种问题的经验。

在男孩遇到困难时，多给他一些鼓励

每个人都有胆怯的时候，孩子也不例外。例如在公共场合说话时、在众人面前表演时，男孩会紧张，这个时候，妈妈要学会鼓励男孩，引导他做一个敢于面对困难、克服困难的强者。

专家课堂

父母如何让男孩变得更加勇敢呢？

1.引导男孩正确认识生活中的挫折与困难。

2.创造条件让男孩做一些力所能及的事，积累成功经验，增强战胜困难和挫折的勇气。

第50招

自己的事情自己做——培养男孩独立的性格

生活中，很多妈妈天天围着孩子转，捧在手里怕摔了，含在嘴里怕化了，宁愿自己辛苦，也不让孩子动手，几乎是事事包办。然而，妈妈美好的愿望换来的却是孩子“衣来伸手，饭来张口”的坏习惯，更有甚者，孩子变得越来越自私，事事只考虑自己，不懂得体谅妈妈的辛苦。

其实，因为妈妈的溺爱，孩子从小就失去了独立生活的锻炼机会，从而很难形成与实际年龄相应的生活自理能力。对于男孩来说，如果他从小就没有养成独立自主的生活能力，那么将来怎么面对激烈的社会竞争呢？

王鼎一直是在爸爸妈妈的细心呵护下长大的。平时不管做什么事情，爸爸妈妈都会把一切准备得妥妥当当的。但是随着年龄的增长，王鼎对这一点越来越反感，他觉得自己必须独立才行。

王鼎决定先从上学这件事情开始，让自己变得独立起来。以前，总是爷爷接送王鼎上下学，但是现在他马上就要升小学五年级了，从家到学校的路他已经很熟悉了，他想自己一个人去上学，而不想再让爷爷去送。

新学期开始的第一天，王鼎把自己的想法告诉大家：“我不想让爷爷送我上学了，我自己能上学，我都这么大了，爷爷还送我上学，万一被同学看到了，肯定会被他们笑话的。”

但是王鼎的想法遭到了家里人的一致反对：“学校这么远，你这么小，怎么能一个人上学？路上车那么多，出点儿意外怎么办？没有大人跟着怎么能行呢，还是让爷爷送你上学吧！”

胳膊拧不过大腿。王鼎只得无可奈何地接受了家人的安排。

在我们的身边，这样的家长不在少数，他们做事总是小心谨慎、提心吊胆，从不给孩子独立的机会，长此以往，男孩又怎么能够成为独立的人呢？

注意培养男孩的独立个性

妈妈要让男孩知道，生活、学习不能完全依靠妈妈和老师，要慢慢地学会生存、生活、学习和劳动，自己的事情自己做，遇到问题和困难要自己想办法解决。

虎子是家里的独生子，家人对他十分娇惯。他从小就过着“衣来伸手，饭来张口”的生活，任何事情都是家人帮他完成的。

上学后，虎子在学校里的表现也不尽如人意。有一次，他上课迟到了。当他走进教室的时候，别的同学正在听老师讲课，他走到自己的位置上，却发现自己的位置上没有凳子，于是就站在那儿等着，不主动和老师说自己没凳子，自己也不去寻找凳子。老师问他：“你的凳子就在旁边呢，你怎么不去把它搬过来？”虎子说：“我搬不动，在家里，我从来没搬过这么大的东西。”

显然，虎子是一个严重缺乏独立意识的男孩。从小娇生惯养的他已经养成了一种依赖的思维定式——有麻烦肯定有人帮自己解决，何必自己动手呢！如果男孩都有这样的想法，那么他们今后如何适应社会呢？因此，妈妈一定要注意培养男孩的独立意识。

另外，还要培养男孩的自我教育能力。在学习生活中，要让男孩学会自我观察、自我体验、自我监督、自我批评、自我评价和自我控制……

给男孩提供独立锻炼的机会

4岁的刚刚是独生子，平时一些力所能及的事都让爸爸妈妈或者爷爷奶奶帮忙，生活中什么事都不能自理。这天晚上睡觉时，刚刚又说：“妈妈，我不会脱衣服，帮我脱衣服！”这是每天都会重复的事情。但是这天晚上妈妈在给刚刚脱衣服的时候突然想：孩子虽小，但每天这样的照顾会有什么后果呢？

于是，第二天，刚刚的妈妈便把穿、脱衣服的方法编成了一首生动的儿歌，激发了刚刚学习穿、脱衣服的积极性，刚刚不久就学会了穿衣服和脱衣服。再后来，每到穿衣服和脱衣服的时候，刚刚不再需要妈妈的帮助了。

自理能力是人生存和发展必需的能力之一，需要通过后天培养才能获得。随着年龄的增长，男孩的内心会产生发挥自身作用的渴望。聪明的妈妈应该鼓励男孩大胆尝试，即使男孩做得不好，也不要责备。套用陶行知的话，“做妈妈的最好只有一只手”，妈妈的责任是帮助男孩学会生活、学会自立，大胆放手让男孩尝试，才能帮男孩迈出走向自立的第一步。

妈妈要鼓励男孩独立做事

对于男孩来说，赞扬与鼓励尤为重要。当男孩成功地完成了一件事情，不管这在大人看来多么简单，都是他勇敢尝试的结果，妈妈应该及时表扬；即使男孩做得不够完美，妈妈也不要苛求。例如，刚学会穿鞋的男孩不会在乎自己是否弄反了左右脚，他高兴的是“我终于学会了”，若妈妈及时给予鼓励，祝贺男孩“学会了”，那么他下次就会做得更好。妈妈的肯定，将给男孩的尝试带来更大的动力，有助于逐步引导男孩学会自我管理。

专家课堂

卡尔·威特认为，不管孩子现在有多么弱小，终有一日他会成为能够在世界上立足的强者，因此应该放手让孩子去学习他不懂的东西。他的教子经验可归纳为以下几点：

1.父母要绝对相信孩子的能力，最重要的是帮孩子树立自信心。

2.鼓励孩子自己收拾房间，即使他的“工作”很糟糕，父母也要肯定和鼓励。

第51招

斤斤计较是害——培养男孩宽容的性格

有这样一句话：“比大地更宽广的是蓝天，比蓝天更宽广的是男人的胸怀。”生活中，胸襟宽广的男人更有大将风度，也更具有人格魅力。

张廷玉是清朝著名的宰相。他的老家在安徽桐城，和一位姓叶的侍郎毗邻而居。后来两家都要建造房屋，为争地皮，两家发生了激烈的争执。张老夫人给张廷玉写了一封书信，让他出面进行干预。张廷玉看到书信后，写了一首诗劝导老夫人："千里家书只为墙，再让三尺又何妨？万里长城今犹在，不见当年秦始皇。"张老夫人见书明理，马上把墙让了三尺，叶家见此情景，非常惭愧，也立刻把墙让了三尺，并且和张家重修旧好。

因为张、叶两家都后让三尺，就形成了六尺宽的街巷，成了桐城有名的"六尺巷"。张廷玉也因为自己宽广的胸襟得到了大家的赞誉，数百年来仍然得到人们的赞扬。

妈妈要想让儿子成为一个胸襟宽广的人，就要让男孩学会宽容和理解，等他学会了宽容和理解别人，就不会再为一些鸡毛蒜皮的小事而斤斤计较，更不会因为别人的一时冒犯而睚眦必报了。

但是由于妈妈的过分娇惯，现在很多男孩自我意识非常强烈，他们不愿意吃一点儿亏，也不愿意受一点儿委屈，更不懂得宽容别人。

场景一：同桌忘了带语文课本，想和明峰合看一本，明峰说："上次我和你借橡皮，你没有借给我，我才不和你合看呢！"

场景二：两个男生扭打在了一起，老师问他们为什么打架，其中一个说："他把水泼到了我身上。"第二个孩子说："是你先把水泼到我身上的。"第一个孩子说："我当时正在做值日，又不是故意的。"第二个孩子说："我妈妈告诉过我，做什么也不能吃亏。你把水泼到了我的身上，我自然也要往你身上泼，要不然我就吃亏了。"

英国著名剧作家莎士比亚说过："宽容就像天上的细雨滋润着大地。它赐福于宽容的人，也赐福于被宽容的人。"的确是这样，一个懂得宽容的人在宽容别人的同时，也会得到他人的理解和尊敬，甚至和敌人也能成为朋友。这样的人，无论是在学习上还是在工作上，大家都愿意和他合作，从而让他更容易取得成绩和进步。相反，那些小肚鸡肠的人，在计较别人的同时，会树立更多的敌人，人际关系也会受到很大影响。所以，我们从小就要让儿子学会宽容，让他成为一个更受欢迎的人，为其今后的成功奠定一定的基础。

妈妈要摆正教育观念

有些妈妈怕儿子吃亏，就经常告诉他：“别人要是打你，你就打他，他打你一下，你就打他两下。”还有些妈妈甚至把欺负其他的小朋友当作“能”的表现。因为有了妈妈的错误引导，孩子自然不懂得宽容别人，甚至还会变得记仇、睚眦必报。在教育孩子方面，我们一定要摆正教育观念，我们的目标是把孩子培养成一个宽容、谦逊、有礼貌、有修养的人，而不是“小霸王”。

另外，值得注意的是，妈妈应该为儿子树立一个良好的榜样，在为人处世上宽容、理解别人。这样，儿子才会在潜移默化中学会宽容和理解。

给儿子上一堂宽容课

孩子年龄小，在情绪方面不能很好地控制自己，所以有时很难去宽容别人。作为妈妈，我们应该在恰当的时候给他上一堂宽容课，让他明白宽容的重要性，并且学着去宽容别人。

一位妈妈曾经这样谈到自己的教子经验：

在儿子的班上，有一个叫明辉的男生，他仗着自己力气大，常常欺负其他同学，我儿子也被他欺负过。有一天下起了大雨，儿子没有带雨伞，我便开车去接他。那天明辉也没有带雨伞，看着窗外哗哗的大雨，非常发愁。我对明辉说：“外面雨下得太大了，让阿姨开车送你回家吧。”当时儿子特别不愿意，不停地给我使眼色。我装作没看见，让明辉上了车，把他送回了家。当时明辉非常感动，一个劲儿地邀请我和儿子到他家坐坐。回到家后，我对儿子说：“明辉欺负同学是不对，不过不要因为他有缺点就讨厌他，而是应该多和他友好地交往，并且帮助他改正缺点和不足。”事后，明辉再也没有欺负过儿子，还主动和儿子交上了朋友，而儿子从这件事中也认识到了宽容的重要意义。

让儿子学会换位思考

要想让孩子学会宽容别人，就要让他懂得换位思考。这样，他才会设身处地地为别人着想，从而学会宽容和理解别人。

一位妈妈这样谈到自己的教子经验：

我儿子8岁了，是个喜欢看书的小男孩。有一次，我给他买了一本《淘气包马小跳》，他把书带到了学校，一下课马上翻看起来。不巧，他同桌不小心把水杯弄翻了，那本书上溅到了不少水。当时我儿子心疼坏了，不仅让同桌赔他一本新书，还把这件事告诉了老师。

当儿子跟我诉说这件事的时候，我对他说："妈妈知道你非常心疼那本书，但是谁都有不小心犯错的时候，如果你喝水时不小心把同桌的书弄脏了，你的同桌不仅让你赔书，还把这件事告诉老师，你会舒服吗？"儿子想了想说："我可能会很难受的。"我接着说："所以，我们应该站在别人的角度替他想一想，并且要学着理解和宽容别人。"这件事给儿子留下了很深刻的印象。慢慢地，儿子学会了换位思考，也懂得宽容和理解别人了。

专家课堂

美国著名的儿童心理学家海姆·G.吉诺特说："宽容就是接受孩子的孩子气的一种态度。"他认为父母对孩子宽容关键在于：

1.正视孩子拥有的各种权利，允许他有各种各样的情绪和愿望。

2.告诉孩子他无须对自己的感觉负责，但要对自己的行为负责。

3.接受孩子所有的感觉，带给他信心，但不要过分纵容。

第七章　培养良好的习惯，使男孩受益终生

勤于思考的习惯，可以让男孩的思维更缜密；
认真细心的习惯，可以让男孩学习更优秀；
节俭朴素的习惯，可以让男孩更懂得珍惜；
有始有终的习惯，可以让男孩离成功更近；
做事利落的习惯，可以让男孩的生活更高效；
……
习惯造就性格，性格决定命运。
任何一种好的习惯，都能影响男孩一生的命运。

第52招

从无序到有序——让男孩学会做事有计划

“我的袜子呢？妈妈，快帮我找找，上学要迟到了！”“妈妈，我的零花钱又提前被‘消灭’了，你再‘资助’一点儿呗！”“明天要开学了，暑假作业还有那么多没做完，亲爱的爸爸妈妈帮我分担一下吧！”……每当儿子这样“无助”地向你发出求救信号时，你是不是常抱以无奈的态度伸出援手，而且很多妈妈在心中都会有这样一个问题：这孩子怎么不会安排自己的生活和学习呢？

其实，这个问题解决起来很简单，最直接有效的方法就是让男孩养成有计划的做事习惯。生活中，一个有规划能力的男孩总是会对自己要做的事情仔细计划，并严格按照计划有步骤地完成。

小明的学习成绩不好，经常被同学看不起，他又是个十分调皮捣蛋的孩子，经常对老师和同学搞一些恶作剧，所以老师也不喜欢他。每当小明坐在教室里上课时，他就有一种如坐针毡的感觉。为了减轻自己的痛苦，小明想到了辍学，并把这个想法告诉了妈妈。妈妈知道后非常吃惊，并没有同意儿子的想法。妈妈帮小明分析了目前的形势，制订了学习计划，最后语重心长地对小明说：“妈妈不会一开始就要求你得100分，只希望你能按照咱们制订的学习计划来做，每天只要进步一点点就可以了。”

一段时间后，小明在妈妈和学习计划的引领下，不但对学习产生了兴趣，而且成绩显著提高，获得了老师和同学的赞扬。

由此可见，对于孩子来说，做事有计划是多么重要。做事有计划能极大地提高孩子做事的效率，而那些做事没条理、没计划的孩子，无论将来从事什么工作都很难取得大的成绩。

因此，妈妈要让男孩养成做事有计划的习惯。

培养男孩的时间观念

拥有较强的时间观念是男孩制订计划、实施计划的前提。一个没有时间观念的男孩，做起事来经常拖延、磨蹭，很难把一件事顺畅、完整地做好。

小龙是个时间观念很差的孩子，每天放学回家就急忙放下书包跑到楼下玩儿，快吃饭的时候才回来。小龙吃完饭也不去做作业，跟妈妈讨价还价想多看一会儿电视，等到可以安心做作业的时候已经晚上9点多了。每次写完作业时，小龙还要再摆弄一会儿玩具，翻翻漫画书。等到他躺下睡觉的时候，时钟已经指向了11点。第二天早上，妈妈又要像往常那样叫他很多遍他才能起床，他经常连早饭也来不及吃就要往学校跑。

一段时间后，小龙由于上课注意力不集中，成绩开始下滑，还经常因迟到被老师批评。这时，妈妈才发现了儿子的问题，告诉他要有时间观念，并且帮他制订了作息时间。小龙严格按照作息时间表生活，逐渐地增强了时间观念，学习成绩也上来了。

在日常生活中，妈妈要有意识地培养男孩的时间观念，让他清楚什么时间应该做什么事，不应该做什么事，让他养成按照计划做事的好习惯。

告诉男孩做事前必须做计划

一位妈妈这样谈到自己的教子经验：

我儿子从上幼儿园开始就是一个做事毛躁、丢三落四的孩子。一次，我偶然在网络上看到一则德国妈妈教育孩子的故事，深受启发。故事内容大概是这样的：一个德国小男孩问他的妈妈："我周末想去游乐园，可以吗？"妈妈没有表示赞同也没有拒绝，而是问男孩："那你计划好了吗？你打算和谁一起去？去哪些地方？又怎样去？"如果男孩说："妈妈，我还没计划好。"妈妈就会说："没有计划好的事情就不要说，等你有了计划，你才能行动。"

之后，我开始注重培养儿子做事制订计划和执行计划的能力。例如，我答应他周末去动物园，那么他一定要做好计划——什么时间出发、怎么去、需要带什么东西、什么时间回来……经过我一段时间的训练，儿子做起事来越来越有计划性。

生活中，妈妈对待那些马虎、粗心、健忘的男孩，最有效的教育方法就是让他学会做事前必须做好计划。对于那些不屑做计划或有逆反心理的男孩，妈妈一定要坚持自己的意见或适当让他吃点儿苦头，让他承受做事无计划造成的不良后果。只有当男孩亲自体验到自己的任性带来的后果时，他才能真正体会到做事有计划的重要性。

妈妈要做好孩子的监督员

有时男孩做好了详尽的计划，但由于自身的惰性令他很难长久地坚持下去，这时妈妈要担当起监督员的工作，监督男孩严格按照计划办事。

作为一个好的监督员，首先不能心软，一定要坚持原则，严格遵守规定；其次，不能被孩子的“理由”搪塞并帮他打消那种做事“三分钟热度”的思想；最后，消灭男孩心中的侥幸心理，告诉他只有按计划行事才能把事情做好，否则很难取得成功。

专家课堂

英国著名教育专家伊丽莎白·哈特利–布鲁尔认为：“所有的孩子只有在做好准备之后，才学得最快最好。”可见，计划能力对一个孩子的学业、生活发挥着多么重要的作用。对此，她提出了几点建议：

1.父母不要强迫男孩参加他并不喜欢而且很难取得成功的课外活动。

2.父母不要“逼”男孩太紧，否则他可能会打退堂鼓。

3.鼓励男孩多掌握学习方法，教会他如何学习，如何展示自己的学习成果，然后让他自己选择学习方式，以达到父母的期望。

第53招

智慧在于思考——培养男孩勤于思考的习惯

每个人都有一个智慧宝藏，那就是大脑。幼年时期是开发孩子大脑能力的最佳时间，妈妈要想使孩子大脑的各项机能充分获得开发，就需要让孩子养成勤于思考的习惯。

有这样一个故事：

有一位擅长画猫的画家，他画法高超，笔下的猫都栩栩如生，被人誉为“猫王”。他有两个徒弟，已经跟随他很多年，画工也十分精湛。一天，他把二徒弟叫到身边对他说：“你的画技在很多方面已经超越了我，你可以出师自立门户了。”二徒弟只好含泪告别。大徒弟知道后，便心急火燎地找到画家说：“师傅，我进门比师弟早，你的画工我也学了十之八九，为什么先让师弟出师呢？”画家摇摇头说：“你虽然跟我学画的时间长，但恐怕你一辈子也出不了师。你只知模仿，毫无创新，你是用手在画，而你的师弟是用脑子在画。虽然你有过硬的基本功，但不善于用脑，不善于思考，很难取得更大的成绩。”大徒弟听完画家的话十分气恼，不服气地走了。

若干年后，二徒弟的画工已远远超越了他师傅，成为远近闻名的新“猫王”，而大徒弟画的猫在市场上无人问津。

同样是一个师傅调教出来的两个徒弟，结局却有天壤之别，原因就在于二徒弟有勤于思考的习惯。其实，从一定意义来说，孩子之间比的不是智力、不是运气，而是是否具有善于思考的好习惯。这也是同一位老师教出的孩子成绩差距很大的原因所在。

培养男孩勤于思考的习惯对他今后的成长至关重要。首先，思考可以让他理解、记忆并在现有知识层面上进行创新，从而形成自己独特的思想和见解；其次，思考也是对他零散的知识进行归纳整理的一个过程，有利于培养男孩思维的缜密性。

良好的习惯都是在生活的一点一滴中慢慢养成的，而且每个男孩都有独立思考的天性，所以妈妈就要从小注重培养男孩勤于思考的好习惯。

引导男孩养成独立思考的习惯

对于男孩的问题，聪明的妈妈总会启发孩子去想、去探究、去分析，并告诉他运用自己现有的知识和经验看书、查参考资料。孩子在寻找答案的过程中，思维能力和解决问题的能力都会得到提高。

一位妈妈在日记中写道：

我儿子上小学三年级了，他的学习成绩很好，这与他善于独立思考有很大的关系。不过，记得他刚上小学的时候对我有很强的依赖性，遇到不会的问题总是跑过来问我。一次，儿子伏在桌子上做作业，一会儿挠头发，一会儿皱眉毛，我知道他一定遇到不会做的题了。果然，没过多久他便拿着作业本跑来问我。我对儿子说："这是你的作业，你要独立完成。如果你遇到不会的题，可以尝试换个思路，想得久一点儿也没关系。"儿子有些不高兴，拿着作业本回屋了。又过了一段时间，我听见儿子在屋里大叫："我做出来啦！"

第二天，儿子拿着打着"优"的作业本给我看并得意地说："妈妈，快看！我获得了优秀，这可是我自己思考的结果。"从那以后，儿子一旦遇到难题总会自己思考，努力探究问题的答案。

许多孩子在遇到疑难问题时，总希望妈妈帮他解决，给出答案。如果妈妈对孩子的问题有问必答，那么孩子很容易养成依赖妈妈的习惯，凡事都不去独立思考，这对他学习能力的提高很不利。

善于向孩子发问

问题通常是一个人思维的起点，如果一个孩子经常面对各种提问，他的大脑思维也会比较活跃。因此，妈妈要想提高男孩的思维能力，就要善于向孩子发问。

著名物理学家费曼的父亲就非常善于向孩子发问。在费曼小时候，为了引导他思考有关地球的问题，父亲让费曼设想自己遇到火星人并回答火星人的问题，例如，“地球为什么有吸引力”“人为什么要在夜晚睡觉”等。有时父亲还扮成火星人，与小费曼一起讨论。

值得注意的是，向孩子发问时，不要问多少和对错这种封闭式问题，要根据孩子现有的知识和思维能力，问一些答案不唯一的开放性问题。例如，“你为什么想要这个玩具呢”“如果带你去郊游，你会选择哪里，为什么选择这个地方呢”等。所以，向孩子发问时也要掌握一定的技巧。

鼓励男孩发表自己的意见

研究表明：在平等、民主的家庭氛围中长大的男孩，更敢于发表自己的意见，思维也比较活跃；而在专制的家庭氛围中长大的男孩，则不敢畅所欲言，思维缺少独立性，常常盲从附和别人的意见。

要鼓励男孩发表自己的意见，在他发表意见时，即使存在错误，也要等他把话说完，再给予指正；对于孩子正确的意见，妈妈应及时给予表扬和肯定，以增强孩子今后发表意见的信心。

专家课堂

父母如何帮助孩子培养其思维品质呢？著名教育专家王金战给出的教育方法是：

1.创建一个平等宽松的家庭环境，给孩子创造独立思考问题的机会。

2.父母要鼓励孩子积极主动参与各种学习活动。

3.培养孩子的思维品质重在坚持，此外，父母还要不失时机地引导孩子。

第54招

拒绝马虎大意——教男孩做事要认真细心

以下是一个妈妈的网络日记：

我儿子挺聪明，可就是平时做事太马虎了。明明平时学习不错，可一到考试的时候就特别粗心，错了很多不该错的题。比如，把“6”写成“0”。在平时，他也总是丢三落四的，不是上学时忘带书本，就是下课后忘记写作业。唉，孩子这么小，总是马虎怎么行呢……

妈妈首先要找到男孩做事马虎的原因。一般来说，主要有以下几点：

第一，态度原因。很多男孩的马虎是由于其学习态度不端正造成的。这些男孩在做作业、答题时常常敷衍了事，马马虎虎凑合着做完就溜之大吉了。

第二，性格原因。如果男孩是急脾气，做任何事都心急火燎，难免也会出现错误。

第三，习惯原因。这类男孩从小做事就马虎，久而久之，就会养成马虎的习惯。

马虎不仅会影响男孩的学习成绩，而且还有碍他发展成才。未来社会需要做事一丝不苟、综合能力强的人才，因此，我们必须帮助男孩改掉马虎的坏习惯，养成严肃认真的好习惯。

针对男孩马虎的不同情况，妈妈要分别采取不同措施。例如，对待学习态度不端正的男孩，应主要解决他的态度问题，使他认识到马虎的危害，从而端正自己的态度；对待个性急躁的男孩，则要通过训练改变其急躁的性格；对待习惯不良的男孩，应矫正其不良习惯，培养严肃认真的好习惯。

概括来说，针对男孩的马虎行为主要有以下3条黄金策略。

告诉孩子马虎的危害

有的男孩认为马虎一点儿没关系，虽然考试答错了，可不代表我不会……妈妈要及时纠正他的这种思想，平时可以多给他讲一些与“马虎”相关的小故事，让男孩清楚地认识到马虎的危害。

在宋朝，有一位画家总是马马虎虎。有一次，他准备画一只老虎，刚画完一个虎头时，就有人来找他作画，说：“请给我画一匹马。”于是，画家就在虎头下画了一匹马的身子。那个人看了，问画家：“您画的到底是马还是老虎啊？”这位画家说：“管它呢，马马虎虎吧！”从此，“马虎”这个词就这么出现了。那个请他画马的人看到后,非常生气地走了。可画家却毫不在意，反而把这幅画挂在自己家的墙上。

他的大儿子看到了，问：“您画的是什么？”画家回答说：“老虎。”二儿子看见了，问：“您画的是什么？”他却随口说：“是马。”他的两个儿子没有见过真的老虎和马，于是都信以为真，并将画上动物的模样牢牢地记在了脑子里。

有一天，他的大儿子到城外打猎，遇见一匹好马，他却误以为是老虎，于是一箭就把马给射死了，画家只好给马的主人赔偿损失；他的二儿子在野外碰上了老虎，却以为是马，所以要上去骑它，结果被老虎活活咬死了。画家为此痛心极了，悔恨自己办事不认真、太马虎，便把那幅虎头马身子的画烧毁了。他还写了一首诗以作警示：“马虎图，马虎图，似马又似虎。大儿仿图射死了马，二儿仿图喂了虎。草堂焚毁马虎图，奉劝诸君莫学吾。”

这个故事虽然是传说，却有一定的寓意。妈妈可以在茶余饭后，不经意间把这个故事讲给男孩听，这比单纯地训斥男孩更有教育意义。关于马虎的故事有很多，妈妈还可以找一些类似的故事教育孩子。男孩都很喜欢听故事，形象、生动的故事可以使他在故事中不知不觉地就受到教育。

教男孩编一本错题集，了解易出错的地方

男孩马虎，经常出错，如果他不认真分析错误，则很难吸取教训。为了引起男孩对错题足够的重视，妈妈可以帮助他编一本错题集。

错题集的具体制作方法如下：让男孩把自己在作业、练习、考试中答错的题，都原封不动地抄在一个本子上；然后，让他认真地检查自己究竟错在了什么地方，因为不会做，还是因为马虎，无论是哪种，都要在错题下面标清原因，最后写出正确答案。

下面是一位妈妈的教子经验：

我的儿子是“粗心大王”，平时答题时常常审题错误、漏做题目……他的粗心十分影响考试成绩，非常可惜。为了减少这方面的失误，我让儿子编了一本错题集，把自己答错的题目全抄到这个本子上，了解自己易出错的地方，及时总结并在今后加以注意。

现在，我的儿子已经很少再有马虎的情况发生了。用他的话来说，就是：“每当我在答题时，脑中总会晃过错题集里我常出现的错误，它们基本上都是由于我马虎造成的，错得很可惜。所以，我不能再因为马虎而丢分了。”

每隔一个阶段，妈妈就可以让男孩做个统计，统计因马虎而错的题占所有错题的比例是多少。接着，再加以正确引导，可以使男孩充分认识到马虎的危害。

错题集不仅是一个杜绝马虎的措施，实际上还是一本很好的复习材料，让男孩在考试前翻一下，可以弥补他学习上的薄弱环节。

让男孩先玩儿再做作业，纠正作业粗心问题

美国有一种“好好玩耍，好好读书”的教育模式，即让孩子自主拟订游戏与读书的计划。据报道，美国孩子拟订的计划，几乎都是“先玩儿再做作业”，结果孩子做作业时的粗心现象大有改观。

以下是一位男孩妈妈的讲述：

我发现，儿子的粗心问题总是发生在我强迫他做作业时，那个时段电视里正在播放动画片，他很不情愿地去做作业，最终错误百出。

于是，我和儿子达成了一个协议：我允许他看喜欢的动画片，但他在学习功课时一定要保证质量。结果，我发现，当天儿子的作业一个错误都没有。

后来，我允许儿子采用“先玩儿再学习”的模式，效果很好，他的马虎

妈妈，我的校服放哪儿了？
自己去找，马马虎虎的毛病永远也改不了！
妈妈，我的校服放哪儿了？
我记得昨天你放书房了。下次把校服叠好后放床头上，这样你就不用再担心找不到了。

情况几乎没有了。

各位妈妈不妨借用这种“先乐后苦”的方法，让男孩先看完动画片、打完球……再复习功课。那时，他心定了，学习质量也有保证了。最重要的是，男孩会养成规律的生活习惯，改掉马虎的毛病。

专家课堂

家里有个“马大哈”，不但会让父母操更多心，也会影响男孩的学习和生活。父母要想改正男孩的这种坏习惯，可以按照教育专家孙云晓提出的方法去尝试：

1.提高认识，引导孩子对养成细心习惯产生兴趣。

2.明确行为规范，让孩子清楚了解养成细心习惯的具体标准。

3.坚持不懈的行为训练，让孩子由被动到主动再到自动，养成细心的好习惯。

4.及时评估和奖惩，让孩子在成功的体验中养成良好习惯。

5.创造良好的环境，让家庭生活和学校环境成为孩子养成良好习惯的支持力量。

第55招

勤俭是成功之本——培养勤劳俭朴的男孩

场景一：李丁已经11岁了，但是在家里不干任何家务，就连他的屋子也都由妈妈来帮他打扫。每到周末，他就把脏衣服堆到妈妈面前："妈妈，帮我把衣服洗一下。"然后，他就去找同学玩儿了。前些天，家里要来客人，妈妈一个人忙不过来，让李丁帮忙摆桌子、刷碗、择菜。李丁干了5分钟就抱怨说："妈妈，太累了，我要去写作业了，要不然就写不完了。"其实，他是偷偷去玩儿了。

场景二：张锐是个爱美的小男孩，每次看到漂亮衣服都吵闹着让妈妈买给自己。有一次，他看中了一件蓝色上衣。但是妈妈对他说："你身上的运动衣才穿了没几天，怎么又要买新的啊？"他有些不屑地说："现在都什么年代了，谁还把衣服穿烂了再买新的！"

场景三：在凯凯上四年级的时候，妈妈把他转到了一所私立小学，班里的同学家境都比较富裕。也许就是从这个时候开始，凯凯对名牌产生了兴趣，穿的衣服、鞋子都要品牌的。有时候，妈妈不给他买，他就会振振有词地对妈妈说："别的同学都穿名牌，我不穿怎么去见同学，太没面子了！"

上面几个事例，都是在生活中经常发生的。现在的孩子生活在富足的年代，没有经历过苦日子，不知道勤俭节约的重要性。而一些妈妈对男孩也是十分娇惯，既不让他干任何家务，又千方百计地去满足他的各种要求。在这些妈妈的心目中，认为这样做是在爱孩子，殊不知，这是在害孩子。

古人说过："勤能补拙，省能补贫""俭，德之共也；侈，恶之大也""历览前贤国与家，成由勤俭破由奢"……勤俭节约是中华民族的传统美德，它不仅关系到一个人的家庭幸福，还关系到一个人的品德修养。一个勤俭的人，可以通过自己的勤奋节俭克己持家，逐渐走向小康生活；而一个懒惰、奢侈的人，不仅不能过上幸福的生活，甚至还会品德败坏。

所以，要想培养男孩勤俭的美德，妈妈应该舍得让儿子劳动，并且让他知道赚钱要经过辛苦的努力，这样，就能让他认识到勤俭节约的重要性了。

别让男孩形成虚荣、奢侈的坏毛病

妈妈是孩子学习的榜样。懒散成性的妈妈，要培养出一个勤俭朴实的孩子，那几乎是不可能的。值得我们注意的是，现在很多妈妈习惯于和他人做比较，不仅比吃比穿，还比谁的住房大，谁的轿车更高级。其中一些生活较为富足的妈妈更是把这些当作炫耀的资本。其实，这样做是不对的，这会让孩子把很多精力放在吃饭、穿衣上，并且去和同学、朋友进行比较，从而养成虚荣、奢侈的坏毛病。所以，妈妈一定要厉行勤俭， 给儿子树立一个良好的榜样。

让勤俭意识在男孩心中扎根

一位妈妈曾经这样谈到自己的教子经验：

我 7 岁的儿子没有经历过苦日子，也不知道勤俭节约的重要性。他在家里很少做家务，在花钱方面却大手大脚。虽然我们的家境还算可以，但是我决心改变这种情况，因为我认为懒惰、奢侈是一种非常不好的习惯，可能会贻害一个人的一生。在以后的日子里，我给儿子讲了很多古人勤俭节约的故事，让他知道勤俭节约是一种美德。

在生活中，我也经常有意识地称赞那些勤俭节约的行为，批评那些懒惰、奢侈的行为。慢慢地，儿子意识到了懒惰、奢侈的坏处，不仅人变得勤快多了，在花钱方面也不再大手大脚了。

用生活中的小事来培养男孩勤俭节约的好习惯

培养男孩勤俭节约的好习惯，可以让男孩从节省一张纸、节约一度电，帮妈妈扫扫地、擦擦桌子开始。这些事情虽小，但是时间长了，孩子就会慢慢养成习惯，从而养成勤俭节约的好品德。值得我们注意的是，现在很多妈妈舍不得让儿子干活儿，更不忍心在花钱方面限制儿子，认为让儿子吃些苦、受些累便是对不住他。其实，这样想是不对的，我们现在让孩子吃些苦、受些累，总比他长大后吃苦、受累要好。所以，我们应该让儿子勤做家务，在花钱方面也不要过分娇惯他。

专家课堂

家里有个懒小孩，父母怎么办呢？教育专家王金战给出的解决办法是：

1.父母不要凡事包办，要培养孩子的独立自理能力。

2.父母要坚持原则，不刻意避免孩子犯错，让孩子学会在错误中成长，通过真实体验去感受懒惰、浪费、缺乏责任心给自己带来的麻烦。

3.父母要以身作则，以榜样的力量教会孩子对世界上的一切存感恩之心，使他养成良好的习惯。

第56招

永远不做邋遢人——培养男孩讲卫生的习惯

下面这些场景是不是经常出现在你教育儿子的过程中：

场景一：玩儿得一身臭汗的儿子一回到家就把衣服乱扔在地上，然后一屁股坐在沙发上，很潇洒地打开电视机，悠然自得地欣赏起了电视节目，不管妈妈怎样催促他去整理衣服或者让他去洗个澡再看电视，他都选择敷衍了事。

场景二：妈妈刚刚辛辛苦苦把儿子的房间整理干净，等他回来没一会儿，房间又变回了“猪窝”，而且他还为自己找了一个“漂亮”的理由：“妈，我放东西的时候自己都记着位置，你这一整理全乱了。”

日常生活中无论男孩为自己的邋遢找怎样的“漂亮借口”，妈妈都要让他明白：干净整洁的男孩才更有魅力。而且，如果男孩养成讲卫生的好习惯，会给他人留一个好印象，提升自己的气质，更何况讲卫生的孩子更加健康。

那么，妈妈要采取哪些方法帮男孩养成讲卫生的好习惯呢？

给“邋遢小子”订立一个规则

一位聪明的妈妈是这样教育自己的“邋遢小子”的：

我家的子均是名副其实的“邋遢小子”，为了改正他不讲卫生的坏习惯，我为他制订了规则，例如，不洗手不准碰吃的东西，每天要自己整理好房间，自己叠被子。

有一天，他又为自己的不讲卫生找理由：“妈妈，我的手受伤了，我今天不想洗手了。”

“均均，我们之前不是订好规则了吗，不洗手就……”

“妈妈，可我真的不想洗手，就这一次，这一次……”

看了一眼儿子祈求的眼神，我假装故意没听到，然后继续做自己的事情，没有理他，而丈夫也在我的眼神示意下，对儿子不理不睬，于是吃饭的时候，儿子扭扭捏捏地凑到饭桌前，但是我们没有给他餐具，也没有给他盛饭。

即使小家伙的眼里蓄满泪水，我们也无动于衷，最后还是儿子妥协了，说：“爸爸妈妈，我去洗手，然后我们一起吃饭吧。”这时，我和丈夫都露出了赞许的目光，然后儿子乖乖地去洗手了。

很多时候男孩“出尔反尔”并不是他有意违反之前制订的规则，而是因为他讨厌被长时间束缚，更渴望自由，这时妈妈就要变得强势一些，让孩子严格按照你制订的规则执行，否则就会助长孩子要赖不讲卫生的坏毛病。

请一个爱干净的小伙伴来帮忙

男孩最爱面子，如果你在他的老师、朋友或者客人面前说他是一个邋遢、不讲卫生的男孩，他一定会感到难为情，因为没有任何一个男孩喜欢被别人看作“邋遢大王”。所以针对男孩的这一特点，不妨找一个爱干净的小伙伴做示范。

张竣很不爱干净，每次回到家都把衣服乱扔，也不知道把有异味的球鞋放在阳台上，更别说去洗衣服了，结果妈妈每次都要花费很长的时间帮他整理房间、书包，而且因为他的臭球鞋，整个客厅都有难闻的气味。

每天晚上，妈妈让他洗完澡再去睡觉，但他总是找各种理由推托。妈妈不知道想过多少办法“逼”儿子变干净，但张竣就是不听话。后来，妈妈转念一想，儿子自尊心很强，很要面子，于是就请隔壁与张竣同班的乐乐来家里做客，而且还请乐乐去自己儿子的房间参观。

可想而知，爱干净的乐乐有意无意地表现出对张竣房间的嫌恶，这让张竣感觉很难为情，后来妈妈就趁机让乐乐邀请自己的儿子去参观他的房间。张竣从乐乐家回来之后，就像变了个人一样，把自己和自己的房间都收拾得十分整洁。

让男孩多听听医生的话

男孩大多崇拜英雄，而且在他们的世界里，每到一个新领域，他们最关心的就是谁是权威。而在医院，医生就是男孩心中的权威，因此他们更信服医生说的话。

所以，生活中我们常听到有些妈妈这样对自己的儿子说：“医生说了，饭前不洗手，肚子里就会长虫子，所以你要听医生的话，知道吗？”

但孩子的坏习惯不是一朝一夕就能改掉的。因此，对待不讲卫生的男孩，妈妈还需要更多的耐心。

专家课堂

李中莹老师认为，在家庭教育中，很多父母特别注意孩子的不良行为而忽略良好行为。因此，要想改正男孩不讲卫生的坏习惯，父母可以按照李中莹老师训练孩子良好行为的步骤尝试一下：

1.写下你希望孩子能够达到的关于良好行为的目标，如穿戴整洁等，但一定要用正面语言写。

2.列出一张嘉许方式的表单。

3.列出一些可以迁就、放任孩子的不良行为。

4.定出如何迁就或放任这些孩子的不良行为。

第57招

做事要持之以恒——培养男孩做事有始有终

美国心理学家威廉·詹姆斯有这样一句经典名言："播下一个行动，收获一种习惯；播下一种习惯，收获一种性格；播下一种性格，收获一种命运。"可见，如果一个男孩在年轻时就形成良好的学习和生活习惯，那么他就拥有了一生的财富。

其中，坚持不懈是男孩所有良好习惯中对他人生产生重大意义的一个关键习惯。因此，妈妈要教会男孩做事有始有终，让他凡事多坚持一下。

培养孩子坚持不懈的习惯有以下一些方法：

引导男孩做事要坚持与认真

杜铭要搬新家了，他存了一大罐子的硬币，爸爸妈妈和他商量，让他将这些硬币拿到银行兑换成纸币。杜铭想这些硬币能换成一张面额大的钞票，就欣然答应了。

不过，摆在他面前的有这样一个问题，就是要将硬币数出来。可是这么多的硬币一个人数实在是太难了，而且肯定要花费很多的时间。于是爸爸妈妈建议将硬币分成三份，爸爸妈妈和杜铭每人各负责数一份。杜铭负责数的那堆硬币最少，但十几分钟后他就数累了。这不，开始东张西望的他，竟然把刚刚数了多少给忘了。结果,他不得不重新数。杜铭偷偷地看看爸爸妈妈，发现他们两个人干得可认真了，一枚硬币一枚硬币地数，数的同时还在纸上记着数字。杜铭不想记，他嫌这样太麻烦。

半小时后，当爸爸妈妈都数完时，杜铭才数了一点点。此时，爸爸妈妈指出杜铭慢的原因 ：“儿子，你干活儿时总是开小差，不认真。”杜铭认识到了自己的问题，最后，他终于将自己的那一堆硬币数出来了，三个人的硬币加在一起，总共是 225.8 元。爸爸妈妈是想通过这件事情让杜铭明白这样一个道理 ：做事要坚持与认真，两者缺一不可。

很多时候当男孩独自面对难题时，他总想去求助自己的妈妈或者旁人，或者表现出精力不集中、拖延、消极等待的态度。一旦男孩出现这种情况，妈妈一定要让他明白这样一个道理：认真，也就意味着节省更多的时间和劳动。让他学会对自己的事情负责，不要拖延，甚至可以采取一些适当的惩罚措施，“赶”着孩子坚持去完成事情。

让男孩明确努力的目标，做到有始有终

妈妈在教育男孩的问题上，一定要让他明确自己努力的目标，然后从小处着手，本着对每一件小事认真、负责的态度，坚持完成他的目标，唯有这样才能有取胜的机会。

著名画家朱军山先生从小深受母亲的影响，对艺术抱有浓厚的兴趣，而且做任何事都会努力、坚持。当时，朱军山的母亲经常在家中刺绣，他就在一旁饶有兴致地观看，渐渐地对图案、绘画萌发了兴趣。

虽然他对画画产生了浓厚的兴趣，但是当时家里的经济条件负担不起朱军山的学费，于是他想了一个绝妙的主意，用树枝做笔，用大地做纸，再把眼前的风光当临摹的风景。画画的时候他精力非常集中，而且极其认真。地

上的画也许和纸上的画差异很大，但朱军山认为只有先在地上练好，以后学别的画才会容易些。就这样，他每天在大自然中上他的“画画课”，认真地画好每一幅“画”。他坚信，只要自己认真画，总有练好的那一天。最终，坚持不懈的朱军山成了享誉海内外的著名画家。

提高男孩做事的自信心，但在原则问题上绝不让步

一个人能够坚持完成一件事情，凭借的不只是自身的毅力，还有源源不断的自信心。自信心是男孩坚持不懈的最大助推力，因此妈妈首先要帮助自己的儿子学会克服困难，提高他完成某项任务的信心。例如，当你把某件事交给你的儿子去做的时候，一定要把任务交代具体，并提醒他在完成任务的过程中有可能会遇到哪些困难。然后，在他有思想准备的前提下再教给他一些解决问题的方法，使他做到心中有数，以增强他完成任务的信心和勇气。

另外，要培养孩子做事坚持不懈的好习惯，是一项长期而艰巨的任务。所以，在这个过程中，妈妈切忌一时心软就对孩子让步。你要知道有了第一次就会有第二次，长此以往，“坚持不懈”就会变成一句空话。

专家课堂

父母如何让孩子养成坚持不懈的习惯呢？英国著名教育专家伊丽莎白·哈特利–布鲁尔给父母提供的教育方法是：

1.当男孩遇到困难一筹莫展时，父母不要轻视这种情况，但也不要告诉他答案，而是应该正确引导他，让他自己寻找答案，并获得信心。

2.一旦男孩显现出兴趣减弱的征兆，父母就要让孩子给你讲述自己取得的成果或者遇到的问题。

3.帮助男孩确定目标，并协助他制订科学有效的计划，让他按照计划朝着目标前进。

第58招

撕掉磨蹭的标签——培养男孩做事利落的习惯

随着生活节奏的加快，妈妈的时间也越来越不够用。她们不仅要忙于繁重的工作，还要花费很多时间和精力照顾孩子。尤其是每天早上，时间紧得好像在打仗，妈妈急得恨不得把自己一分为二，可偏偏身边的男孩优哉游哉，赖床、洗脸慢、吃饭慢……似乎怎么也急不起来。于是，冲突不可避免地爆发了。

男孩做事磨蹭，主要有以下几个原因：第一，在妈妈或老师的强迫下做事，自然没有做事的积极性，难免出现心不在焉、拖沓、散漫等状况；第二，无法集中注意力，所以容易形成拖拉的习惯；第三，男孩的年龄还小，没有时间观念，也缺乏处理事情的能力。

无论是哪种原因，妈妈都应该负首要责任。特别是在男孩8岁以前，尚未形成固定的生活习惯时，妈妈的一举一动都会对他产生潜移默化的影响：一些妈妈对男孩要求比较严格，经常在其做事时指指点点，挫伤了孩子的积极性，从而影响到孩子下次做事时的速度；还有一些妈妈做事情很慢，儿子看在眼里，便会受到影响；此外，当家庭环境过于嘈杂时，也会影响男孩做事的效率。

行为方式决定一个人的行为能力，如果男孩在幼年时便形成了磨磨蹭蹭的习惯，那将来补救起来就会非常困难。若改不掉这种习惯，还会在学习、生活、交往等方面产生一系列不良后果。那么，妈妈如何让男孩养成做事利落的习惯呢？

排除无关诱因，让孩子专心做事

下面是一位妈妈的成功教子经历：

儿子上小学前，做事特别磨蹭，原因是他做事总无法集中注意力，容易被无关的事物所吸引。比如，他正在桌前画画，突然听到电视的声音，便会丢下画笔，跑去看电视 ；他正在吃饭，窗前有只小鸟飞过，他就会放下饭碗去看个究竟……总之，儿子做事总是将战线拉得很长，且大多都半途而废。针对他这种情况，我在他做事时，开始刻意保持家庭环境的安静，比如他画画时我不再开电视，他吃饭时我拉上窗帘……久而久之，他做事专心多了。上了小学，他很少出现磨蹭的情况。

针对注意力不集中的男孩，妈妈可以学习这位妈妈的做法——当儿子正在做事时，尽量保持安静的环境，竭力排除与当时事件无关的因素，使他能一门心思扑在自己正在做的事情上。这样，既加快了速度又保证了质量，长期坚持下去，就会改掉磨蹭的坏习惯。

制订生活日程表，培养孩子把握时间的能力

小军刚上小学，他的妈妈发现他做事特别慢。每天心不在焉，不知在想什么，尤其在写作业时，一会儿抠抠鼻子，一会儿转转笔。别的孩子到晚上8点就能完成作业，到了小军这里，每天却要磨蹭到10点多。这可急坏了旁边陪读的妈妈，打也不是，骂也不是，有时恨不得自己抢下小军的作业本，替孩子写完算了……

小军非常没有时间观念，他不懂得时间的意义、价值，才会做事磨蹭。对待这类孩子，妈妈为其制订一个生活日程表，贴在他的房间里，每天记录孩子起床、穿衣、洗漱、吃饭等所用的时间，过一段时间后，再看看他有没有进步。为了提高孩子的积极性，你可以给他一些奖励，让他为自己的进步而感到快乐，这样他就会主动加快自己做事的速度，从而加强时间观念。

引导孩子去竞争，以提高自身的灵敏度

下面是一位妈妈的教子经历 ：

我发现儿子自从上幼儿园时起，便有磨蹭的现象。为了帮他改掉这个坏毛病，我便有意激发他的竞争心理，让他经常和身边的小伙伴一起竞赛:比勇敢、比速度、比认真等。通过这些比赛，不仅锻炼了他的心智，还提高了他的灵敏

度。现在，我的儿子已经适应了竞争中的节奏，很少有磨蹭的情况出现。

男孩年龄还小，不曾接触过社会，所以他自然感受不到生活中紧张的气息。可如果不改掉磨蹭的习惯，等男孩将来立足社会时，是无法适应激烈的竞争的。这时，妈妈可以适当增加一些紧张气氛，从小训练孩子加入竞争中，并在竞争中逐步认识到自己的能力，从而改掉磨蹭的坏习惯。

专家课堂

父母如何让孩子改掉磨蹭的坏习惯呢？教育专家王金战为父母提供了如下建议：

1.排除客观原因，找到问题的症结所在，然后对症下药。

2.如果孩子是因为没有兴趣而逃避，父母除了要激发孩子的兴趣外，还要引导孩子增强责任感。

3.如果是性格的原因，父母就要从生活中的点滴做起，逐渐培养起孩子的良好习惯。

第59招

在运动中健康成长——让男孩养成运动的习惯

陶行知先生说过：“解放孩子的手，让他们尽情地去玩；解放孩子的脚，让他们到处去跑……”这些话在现在仍然值得提倡，良好的身体素质是创造幸福生活与成功事业的基石，而运动则是健身的最好办法。适度的运动不仅可以让孩子健康，还可以舒缓他的学习压力。

但在现实生活中，有的男孩不喜欢体育锻炼。每当妈妈邀请他一同出去健身，孩子就会犯懒，开始找出无数个理由，比如身体不舒服，天气不好不想外出等来搪塞妈妈。

一位男孩妈妈这样讲述自己的苦恼：

我的儿子5岁半了，上幼儿园中班。和别的男孩不一样，他喜欢一个人安静地玩儿，比如剪纸、搭积木、画画等，从不参与骑车、溜冰等体育活动。所以，他的身体素质不是很好，常常感冒。为了让他爱上运动，拥有结实的好身体，我还特意为他买了一双溜冰鞋，可他溜了两次就不肯溜了。对此，我真不知该怎么办才好。

为什么有的男孩对运动没有兴趣呢？主要有以下几个原因：

第一，有的孩子因为肥胖、手脚笨拙、反应迟钝或身材过于矮小等原因，害怕自己在公共场合出丑，所以才不愿意参加运动。

第二，一些男孩自认为缺乏在某项运动中取胜的能力，因为担心自己受到伤害，所以面对运动时常常表现出小心谨慎的态度。

第三，还有一些孩子对运动根本没有兴趣，他们天生好静，喜欢一些非运动性的活动。

对于成长发育中的男孩来说，运动不仅是锻炼身体、强健体魄的理想方式，还是促进大脑发育、锻炼意志、寻找快乐、增强自信的有效途径。因此，妈妈应想方设法引导孩子多运动，让他养成锻炼身体的好习惯。

鼓励儿子去参与自己感兴趣的运动项目

很多时候，男孩不愿意外出参加锻炼，无非是觉得体育锻炼非常枯燥、乏味。但事实上，体育运动的种类是非常多的，你可以根据儿子感兴趣的项目为他报一个课外活动班，这样就能让他在自己喜欢的项目中得到充分的锻炼。

假期的一个晚上，小韩被妈妈拉着外出散步。在小区广场上，小韩看到很多和他同龄的孩子都穿着轮滑鞋自由地滑行，还有一些男孩不时地做一些花样动作，引来一阵阵掌声和欢呼声。

妈妈见儿子看得很入迷，于是便问小韩想不想像他们一样学轮滑，小韩当即兴奋地点点头。

第二天，妈妈便带着小韩报了那个轮滑训练班。起初，小韩信心满满地去学，但是当他发现自己穿上鞋后连站都站不稳，就有些不想练了。这时，妈妈就鼓励小韩说：“你现在经历的他们都经历过，只要你熬过去了，你就能像他们一样自由自在地在广场上滑行了。妈妈相信你，别人能做到的，你一样能做到！”在摔倒很多次后，小韩终于能够穿着轮滑鞋自由地滑行了。一个假期过后，小韩的轮滑技术越来越好。于是，在接下来的每个晚上，广场中都能看见小韩快乐的身影。

由于小韩掌握了这项新本领，他在每次学校会演时，都会上台表演轮滑。原本内向的他从此变得开朗，他的自信心也不断增强，在学习上也比原来用功多了。

其实，若想让你的孩子积极地参加运动，你就必须积极地开动脑筋，不要把眼光锁定在跑步、散步等常规的运动上，生活中还有很多项目都可以让你的孩子乐在其中。

组织儿子与伙伴一起互动

以下是一位妈妈的教子经验：

我的儿子是个小胖墩儿，本想教他借助运动减重，可是他一点儿都不喜欢运动，每次运动都需要我的催促，往往运动一会儿就嚷着回家。看着他越来越胖的身体，我有些茫然了。

一次偶然的机会，我认识了一个业余羽毛球教练，原来他和我一样，也在为自己的儿子不爱运动而苦恼。突然，我产生了一个想法，不如让两个孩子一块儿运动，说不定他们凑在一起反而会有积极性。于是我以“带你去玩儿”为由，带儿子去参加了一下羽毛球训练，同时还叫上了教练的儿子。事情果然如我期望的那样，两个孩子很投缘，凑在一起玩儿得很开心。此后，为了让他们更有积极性，我还叫他们邀请自己的伙伴一起参与进来。就这样，几年下来，孩子们的身体都变得强壮了，运动技能也提高了。令我开心的是，儿子每次运动都很主动，再不用我督促了。

要想让男孩喜欢上运动，并始终保持运动的激情，妈妈还应该想办法组织几个孩子在一起运动。孩子们通过互相竞争，互相促进，互相监督，就能够克服自身的惰性。

专家课堂

教育专家孙云晓表示：运动是男孩的天性，它能增强男孩的体魄，更能提高男孩的体商（BQ)。为此，他给父母的指导建议是：

1.重视男孩的体质，培养一个德智体美全面发展的好少年。

2.把运动看成男孩的天性，重视他的体育锻炼。

3.让男孩养成良好的运动习惯，想方设法让他爱上运动。

第八章　培养生存技能，让男孩成为命运的主宰者

如何让男孩适应纷繁复杂的社会？

如何让男孩在竞争激烈的社会中脱颖而出？

……

如果你还不知道怎样做，那请走进这一章，它会告诉你：

果断的决策能力会让男孩抓住更多机会；

良好的交往能力会让男孩结交更多朋友；

与人的合作能力会让男孩收获更多成功；

……

第60招

学会约束自己——培养男孩的自律能力

也许我们常常羡慕一些这样的妈妈：也没有见她们怎么管教孩子，但她们的孩子却非常懂事，每天早上自己按时起床，放学后不用妈妈催促就能把作业工工整整地做完。至于他们的房间以及各种物品，更是收拾得干干净净、整整齐齐，根本不用妈妈费心。为什么我们费尽全力也没有做到的事，这些妈妈似乎不费吹灰之力就做得非常好呢？是我们的孩子不如人家，还是我们的教育方法存在问题呢？

下面是一位妈妈的教子感言，我们读完后说不定会有所启示。

我儿子的自制力非常差，每天放学第一件事就是看动画片，如果没有我和老公的催促，他连作业都写不完。每天晚上，我和老公都会催促他四五次，这让我们不胜其烦。

有一天晚上，我对正在看动画片的儿子说："妈妈以后不再提醒你写作业了，妈妈相信你自己就能把作业写好。"没想到我的话起到了"神奇"的作用，1 天、5 天、10 天、1 个月……儿子不用我们提醒就能把作业写好了。

有了以上的经验，我和老公再也不做儿子的"拐杖"了，而是把"自由走路"的权利还给了他。自从我们开始培养儿子的自我管理能力后，他不仅把自己管理得井井有条，而且取得了不小的进步。

看过上面的事例后，很多妈妈也许突然间会醒悟：不是我们孩子的能力差，而是我们的教育方法出了问题——我们总是害怕孩子做不好、出错，所以总是提醒、帮助他，慢慢让他养成了不能自我管理、处处依赖妈妈的习惯；而那些聪明的妈妈会着重培养男孩的自我管理能力，让男孩自己管理自己，不仅妈妈省去了很多力气，男孩也容易取得更大的进步。

自律能力是一种非常优秀的能力，它能够让男孩自己管理好自己、自己照顾好自己，让妈妈不再担心他的学习和生活。尤其在男孩走入社会后，如果他仍不具备自我管理的能力，处处都依靠别人的提醒、帮助，最后只能被社会所淘汰。所以，妈妈应该从小就着重培养儿子的自律能力，为他以后的成功打下坚实的基础。

妈妈适当地放手

现在的男孩自我管理能力差，最大的原因就是妈妈“不放手”。妈妈总是担心男孩不会管理自己、不会照顾自己，所以总是提醒、帮助他，甚至本该由孩子做的事情妈妈也一手包办。要知道，不管妈妈多么关爱自己的孩子，总有一天孩子要学会独立，所以，妈妈应该适当地放手，从小就培养孩子的自我管理能力。

在生活中引导儿子学会自我管理

男孩的自律能力是在生活中慢慢形成的。我们在培养男孩自律能力的时候，可以从生活中的一些小事着手：如果是小一点儿的男孩，就让他学着穿衣、吃饭、洗手、洗脸；如果是大一点儿的男孩，就让他学着打扫自己的房间，整理自己的玩具，独立完成作业，按时起床、上学等。当男孩取得一定进步的时候，我们要对他提出表扬，这样可以激发他自我管理的积极性，慢慢地由“要我做”变成“我要做”。当男孩能够独立地解决生活中的小问题时，他的自我管理能力也会得到很大的提高。

培养男孩的判断力以及取舍能力

庆庆是一个喜欢看漫画的小男孩，他让妈妈给自己买了很多漫画书，一回到家就手不释卷地看起来，最后连作业都忘了写。有一天妈妈对他说：“妈妈知道你非常喜欢看漫画，但如果你光顾看课外书而忘了写作业，你的学习成绩就会受到影响。你看这样好不好，你回家后先看 20 分钟的漫画，然后认认真真地写作业，等把作业写完后，你就可以安心地看漫画了。”庆庆接受了妈妈的建议，看漫画和学习都没有耽误。

很多男孩管不住自己，是因为他们要做的选择让他们犯难。例如，有些男孩既想写作业又想看动画片，最后动画片没有看痛快，作业也没有写好。在这种情况下，妈妈要培养男孩的判断力以及取舍能力，让他们能够抵制住诱惑，做出正确的选择。另外，妈妈还要教育男孩做事要有计划，这样，他们在遇到选择的困惑时，才能更好地解决矛盾、管理自己。

专家课堂

父母应当如何培养男孩的自律能力呢?

1.父母以身作则，做男孩自律的表率。

2.延迟对男孩需要和欲望的满足。

3.父母不妨和男孩一起商量制订家庭规则，以便共同遵守，以此来培养男孩自律的精神。

第61招

点燃思维的火花——开发男孩的创新能力

创新能力是人类最重要和最有价值的一种能力。对一个男孩来说，他将来有多大成就，关键在于他的创新能力如何。

创新能力的培养应该从家庭教育开始。因为妈妈是孩子的第一任老师，而且妈妈与孩子相处的时间最长，接触的生活面最广。如果妈妈能抓住一切机会培养孩子的创新能力，一定会有很大的收获。

如果妈妈忽视了对孩子创新能力的培养，那将会是莫大的遗憾！我们来看这样一个小故事：

有一天，一个小男孩在课堂上听老师讲道："蚯蚓有很强的再生能力，即使断成两截也可以活下去，并可以分别再生长成完整的蚯蚓。"

听了老师的讲述后，小男孩非常好奇，同时也有一点儿疑惑 ："蚯蚓真的有这么强的自生能力吗？我一定要亲自弄个明白。"

于是，小男孩回到家后，立刻挖来一条蚯蚓，并把它截为两段，放在窗台上养起来。然而，小男孩的妈妈发现后非常生气，她狠狠地打了小男孩一巴掌，并把蚯蚓扔出窗外，嘴里还生气地责备说 ："不好好学习，就知道玩儿！你看你玩儿得多恶心！"

此后，这个因好奇心而"惹祸"的小男孩无论大事小事都变得唯唯诺诺、谨小慎微了。

相信很多妈妈在看过这个故事后，除了遗憾之外，也会给自己提个醒。那么，妈妈应该怎样培养男孩的创新能力呢？

保护好男孩的好奇心，鼓励男孩大胆探索

好奇心是孩子的天性，也是迸发创新能力的前提。正因为好奇，孩子才有了探索的欲望，这种欲望就是孩子最宝贵的创造性心理之一。

君君 7 岁了，像所有的小男孩一样，他也是一个好奇心非常强的人。爸爸妈妈带他出去玩儿的时候，他遇到什么都问个不停："天上怎么会有红云彩？""为什么有的花是红的，有的花是黄的？""太阳为什么掉不下来？"……

不管君君有什么问题，爸爸妈妈都会不厌其烦地回答。他们觉得这样做是有好处的，君君虽然只有 7 岁，但是他已经懂得了很多东西。在学校里，很多别的孩子回答不了的问题，君君都能回答。君君被其他小朋友称为"小老师"，还经常受到老师的表扬。君君为此也非常自豪，学习的积极性越来越高，还立志要做一名科学家。

培养男孩的想象力，鼓励男孩奇思妙想

在美国中学生奥林匹克竞赛中有一道题，题目是要求参赛学生设计一种水上运载工具，作品要打破常规的造型，强调求异思维，体现创新精神。

许多学生绞尽脑汁，设计了各式各样的运载工具，但他们总摆脱不了大家所熟知的船的形状和结构。唯独有一个学生奇思妙想，设计了一只"水蜘

蛛”，这只硕大的“水蜘蛛”不像船那样在水上航行，而是像蜘蛛那样在水面上“爬行”。这件作品在所有参赛作品中独树一帜，引人注目，几乎所有的评委都给他亮了最高分。

想象力是创新的翅膀，任何创造都离不开想象力。爱因斯坦曾说：“想象力比知识更重要，知识是有限的，想象力是无限的，它概括着世界上的一切，是知识的源泉。”因此，日常生活中，妈妈要时时刻刻抓住培养男孩想象力的机会，给男孩插上想象力的翅膀。

经常带男孩接触新鲜事物，激发男孩的好奇心

知识是一切能力的基础，没有知识，对外面的世界一点儿也不了解、不熟悉，即使智商很高，也是不会有创新能力的。所以，妈妈要根据男孩的年龄和生活环境，经常利用节假日带领男孩去接触新鲜事物。

阿杰家庭条件虽然不好，但是他非常听话，学习成绩非常优秀，一直都是班里的前几名。很多人都羡慕阿杰的妈妈能培养出这么优秀的孩子，纷纷到阿杰家里去“取经”：“你们家阿杰怎么这么优秀啊？你们是怎么培养的？是不是有什么秘诀？”

每当这时，阿杰的妈妈总会很骄傲地说：“养孩子哪儿有什么秘诀？如果说真的有什么方法的话，那是因为我呵护了阿杰的好奇心。阿杰从小就很好奇，对什么事情都刨根问底。我觉得好奇心强的孩子，学习兴趣肯定也高。他越是好奇，我就越让他去接触新鲜事物，在这个过程中，阿杰能学到很多知识。知识面广了，他的学习兴趣会更加浓厚。”

其实，认识事物越多，想象力就越强，就越有可能触发新的灵感，产生新的想法，这对孩子的学习和发展是非常有好处的。那种只想把男孩关在家里，只想让男孩写字、画画、背诗的方法，只会把男孩培养成书呆子，绝不可能培养出有创新能力的人。

专家课堂

教育家蒙台梭利认为，想象力是活跃孩子思维、发展其创造能力的重要因素，但创造性想象必须建立在对现实的观察之上。所以，她认为父母要培养孩子的创造力，必须从培养孩子的想象力开始，父母可以这样做：

1.先从培养孩子的观察能力开始。

2.对于孩子某些自发的富有创造性的行为，父母一定要小心呵护。

3.父母需要配合孩子想象力的发展，随着孩子年龄的增长，要把孩子的想象力转移到对伟大的艺术作品的阅读上来，并引导孩子走上创作之路。

第62招

人脉是一生的财富——提高男孩的交往能力

交往能力是人类在生产、生活中起着重要作用的一种能力。卡耐基说过：“一个成功的管理者，专业知识所起的作用是15%，而交往能力却占85%。”放眼现实世界，我们确实可以感受到，成功的管理者或企业家无不具有突出的交往能力。美国哈佛大学教授霍华德·加德纳把人的智力定义成8种，其中之一是交往—交流智能，他把交往能力提升到了与逻辑—数理智能、语言—言语智能等同等重要的地位。由此可见，交往能力在一个人的一生中扮演着多么重要的角色！

然而，在现实生活中，有的男孩缺乏交往能力，有的甚至到了成年，还视人际交往如险滩。

一位妈妈这样描述自己教育儿子的苦衷：

我儿子平常在家时行为、举止正常，只是一见陌生人就胆怯退缩，不敢说话，躲在一边。在班里，他从来不主动与同学说话，也不与同学玩儿。上课时，他也不敢举手发言。老师叫他回答问题时，他说话的声音像蚊子一样。下课时，他从不出教室，一个人缩在角落里待着。有一次，儿子因其他原因受到了老师的批评，这本来是很平常的事，但他却因此不想再上学了，学习成绩也在不断下降。我真不知该如何才好。作为一个男孩，如果这样发展下去，我真为他的将来担心！

其实，交往能力并非天生的技能，它和后天锻炼是分不开的。男孩在很小的时候，妈妈就要重视对这种能力的培养，让孩子从小就拥有良好的人缘，学会与人和谐相处。

培养男孩的交往兴趣，增强他与别人交往的自信心

妈妈要经常鼓励男孩主动与别的孩子打招呼，一起玩游戏。如果男孩怕生，妈妈可以想办法先缓解他的紧张感，让他身心放松，慢慢地由不熟悉到熟悉。此外，妈妈还要学会经常给男孩这样一个暗示：只要你主动、友好地与别人相处，别人就会喜欢和你做朋友，这样有助于增强男孩与别人交往的自信心。

为男孩提供更多的交往机会

妈妈可以适当地带男孩进入自己的社交圈，带他参加一些适当的聚会，这对培养孩子的交往能力也是非常有好处的。

无论是自己家的聚会还是去赴会，李楠夫妇都尽量让儿子小远参与进来。例如，每次在家里聚会时，他们都让儿子到门口去迎接客人，并告诉儿子来客的身份和称呼。时间长了，小远学会不少礼仪，客人进门之后，他还会主动给客人让座、倒水等，俨然一副小主人的模样，一点儿都不怕生。

此外，李楠夫妇还经常带着小远出席一些外面的聚会。在赴会之前，他们都会告诉孩子这是什么类型的宴会，告诉他在宴会上该怎么说话。

在李楠夫妇的教导下，小远变得非常有礼貌，人见人爱，人见人夸。李楠夫妇对此非常有成就感。

如果所有的妈妈都能像李楠夫妇这样对待孩子，就可以让男孩得到更多

你今天是不是又去同学家玩儿了？以后别去别人家添乱了，放学后按时回家！
为什么呀？真不讲道理！
儿子，今天是不是又去同学家玩儿了？同学的家人喜欢你吗？
他们可喜欢我了，我们一起做完作业后，我还帮同学打扫卫生呢！

的交往机会，体验到交往的乐趣，从而渐渐提升与人交往的能力。

放手让男孩自己去交朋友

在对待男孩的交友问题上，很多妈妈总乐意让孩子找爱好、志趣乃至性别相同的孩子交朋友，甚至代替孩子来选择他们的朋友。实际上，这样做会在无形中限制孩子的活动空间，而且这种思想的灌输也极易导致孩子形成自私的性格。

5岁的张杰是个性格温顺、内向的孩子，可在幼儿园里却总是交不到朋友，爸爸妈妈为此伤透了脑筋。他们不知道，其实造成张杰性格内向的原因，正是因为他们忽视了对孩子进行早期社交能力的培养。原来，张杰从小到大，家里人很少带他出去玩儿，一怕孩子沾染上细菌，二怕孩子被陌生人拐跑。

这样做的结果就是张杰见到陌生人常被吓得哇哇大哭。张杰3岁时，家里请了个小保姆带他。保姆人很老实，不太爱说话。爸爸妈妈平时工作也挺忙，很少和孩子在一起，家里更是很少有外人来做客。慢慢地，张杰就学会了自己待在家里玩儿，很少出去了。

上了幼儿园后，张杰对周围的环境极不适应，总是一个人坐在角落发呆，不爱参加集体游戏，而小朋友们也觉得他是个“怪人”，不愿与他亲近。

孩子长大以后要走上社会，需要与各种各样的人打交道，如果在成长阶段就限制他们的交友空间，无疑会影响孩子交往能力的发展。

因此，望子成龙的妈妈，请放开你的手，让男孩自己去交朋友吧！

专家课堂

父母应该如何培养男孩的交往能力呢？

1.培养良好的心理品质。生活中，父母应有意识地培养男孩诚实守信、善良真诚等良好的心理品质，这样，男孩的心胸也会变得开阔，朋友也会越来越多。

2.教会男孩关心他人。因为只有懂得关心他人的人，才能得到更多人的关心，才能受到大家的欢迎。

3.教会男孩注重施与。这样做能为男孩赢得更多的好朋友。

4.引导男孩学会感恩。

第63招

口才是成功的利器——锻炼男孩的表达能力

古人说过：“一人之辩，重于九鼎之宝；三寸之舌，强于百万之师。”随着社会的发展，人与人之间的交往日趋频繁，口才的重要作用也渐渐凸显出来。有位著名的演讲教练说过：“每个人都有一张嘴巴，嘴巴有两个功能，一是吃饭，二是说话。但是要想吃好饭，先要说好话！”这句话是非常有道理的，现在是一个充满竞争的社会，一个人即使有过硬的专业技能，但是如果没有口才的话，也很难把自己推销出去。而那些口才好的人，不仅更容易被伯乐发现，也更容易拥有良好的人际关系，从而取得更大的成功。

对于男孩来说，培养他的口才是非常必要的。一位妈妈曾经带着懊悔的心情说出了下面的话：

我儿子是一个内向的人，不喜欢说话，更没有什么口才。他读的虽然是重点大学，但是因为没有口才，那些学习成绩不如他的同学都找到了工作，他却找不到。后来他总算到了一家小公司，但是因为口才不好，他总是得不到重用，一直停留在最基层的位置上，而和他一起进公司的5个人，已经有3个晋升到管理层了。现在我真后悔，早知道这样，在儿子小时候我就应该好好培养一下他的口才。

从上面这个事例可以看出，口才是一种竞争力，对一个人的求职、晋升有很大的帮助。所以，我们要想让男孩在将来能够立足于社会，就要在他小时候培养他的口才，让他拥有良好的表达能力。

有的妈妈认为口才就是说话，其实，它们并不是两个相同的概念。简单地说，口才包括说话，但是其中还包括很多方法和技巧，所以需要重点培养。

培养男孩的表达能力

要想培养孩子的好口才，首先就要培养他的表达能力，因为表达能力是口才中最基础的部分。所以，我们在孩子小时候就要培养他的表达能力，为他拥有好口才打下坚实的基础。 在培养男孩的表达能力方面，妈妈可以教他朗诵儿歌、背诵绕口令等，这些能够让他吐字清晰、语言流畅。另外，妈妈还可以让他复述故事或者电影、电视剧的情节，这有利于培养他的语言逻辑性，让他说话更有条理。

锻炼孩子当众说话的胆量

霈泽 12 岁了，是一个能说会道的小男孩。前些天，他还在学校的演讲比赛上获得了一等奖。

能够做到这些，和霈泽妈妈的教育是分不开的。在霈泽小时候，每当有亲朋好友来家里做客时，妈妈都会对霈泽说："叔叔阿姨最喜欢你了，你昨天不是学会了一首唐诗吗，快给叔叔阿姨背诵一下。"等霈泽长大一些，妈妈还带他参加了一些电视节目的录制。霈泽见识了这些"大场面"，遇到其他场合自然就不会怕生了。

一个口才好的人，只有在任何场合都不胆怯，才能把话说得圆圆满满。有很多男孩吐字清晰，表达能力也很强，但是一到公共场合就紧张得说不出话来，所以，妈妈要锻炼男孩当众说话的胆量。

让孩子多读书

培养孩子的好口才，还要鼓励他多读书，因为良好的口才和渊博的知识是紧密相连的，一个知识丰富的人，说出来的话自然有文采，也更加具有感染力。

专家课堂

父母如何提高孩的表达能力呢？“知心姐姐”卢勤是这样总结的：

1.敢说话才能会说话，让孩子克服恐惧感。

2.练说话就能说好话，说话也要勤学苦练。

3.准备好才能讲得好，让孩子做好准备再开口。

第64招

合作带来共赢——培养男孩的团队合作能力

一位教育家说过：“21世纪的成功者是全面发展的人、富有开拓精神的人、善于与他人合作的人。”这位教育家把合作能力当作成功者必不可少的一种素质，这是非常正确的。随着社会的发展，社会分工越来越细，人与人之间的合作也越来越多。现在无论是企业还是其他机构，都讲究团体作战。所以，我们若想让孩子更好地适应这个社会的发展，就应该从小培养他的合作能力。

但是，现在的孩子普遍缺乏合作能力，平时爸爸妈妈娇惯着，自我意识非常强烈，所以在和同学、朋友相处时，事事都以自我为中心，根本不会考虑到团体和他人。

场景一：子晨5岁了，是一个不合群的孩子。在幼儿园，每次老师让大家做团体活动的时候，他都要第一个玩那些自己喜欢的玩具。如果没有抢到手，他就会哭闹，甚至还会和别的孩子打起架来。有一次，他和另一个小男孩都想玩毛毛熊，但是谁也不让谁，最后毛毛熊都让他们撕抢坏了。因为不合群，子晨在幼儿园基本上没有朋友，谁也不愿意和他一起玩儿。

场景二：手工课上，幼儿园老师把孩子们分成了三组，看哪一组最先把手工做好，但是每一组只有一把小剪刀。为了争抢小剪刀，某一小组的两个男生打了起来，谁也不肯让谁，最后他们这一组在规定的时间内没有把手工做好。

上面这些事例都是生活中经常出现的，这对孩子的消极影响非常大。一个社会学家说过：“一个人如果缺乏团结合作的精神，那么他不仅在事业上很难有建树，甚至连适应社会都很困难。”这句话是非常有道理的，善于合作的人人际关系会比较好，在遇到困难时也会比别人多几条路；而那些不善于合作的人，即使在顺境中也常常会遇到各种困难和障碍。所以，我们应该从小培养孩子的合作能力，让他学会在团体中发展、壮大自己。

让男孩学会分享

要培养孩子的合作能力，首先就要让孩子学会分享。这样，他在团体中才不会斤斤计较自己的得失，也能够和他人友好地相处。现在家庭大多有一个孩子，大人把好吃的、好玩儿的都留给他一个人，这就在无形之中强化了他的独享意识。慢慢地，他会成为一个不懂得分享的人。所以，我们要对他进行正确的引导，让他从小学会分享。

一位妈妈曾经这样谈到自己的教子经验：

我儿子是一个合群的孩子，大家都非常喜欢他。每当有了好吃的，他会带给其他的小朋友尝一尝；有了好玩儿的玩具，他也愿意和大家一起玩儿。正因为懂得和大家分享，我儿子的朋友特别多，人缘儿也特别好。

在儿子小时候，我就教育他要懂得分享。吃饭的时候，我让他学着给爷爷奶奶夹菜；有了好吃的，我鼓励他拿出来和朋友一起分享；坐公交车的时候，我教育他把座位让给老爷爷老奶奶。正是生活中的这些小事，让儿子成为一个懂得分享、关心他人的好孩子。

让男孩多参加一些团体活动

男孩生性好动，妈妈可以鼓励他多参加一些团体活动，如足球、篮球、辩论赛等。通过这些团体活动，既可以培养男孩广泛的兴趣，还可以让他认识到团结合作的力量，从而更好地融入团体之中。此外，妈妈也应该告诉儿子团结合作的重要性，让他知道一个人的力量是有限的，集体的力量才是无限的。等他认识到了团结合作的重要意义，就愿意把自己融入集体中了。

教给男孩一些合作的方法

孩子的年龄小，不懂得如何合作，需要我们对他进行指导和帮助。比如几个孩子在一起搭积木时，妈妈可以让他们一起商量，确定分工；再比如孩子们遇到矛盾的时候，妈妈可以让他们发表自己的想法，然后选出大家都比较满意的一个；再比如孩子们争抢玩具时，妈妈可以让他们轮流或者一起玩儿。通过这样的方式，孩子能够学到合作的方法，从而也愿意去和其他人进行合作。

让男孩学会体谅他人

在合作过程中，难免会产生摩擦，所以让孩子学会体谅他人也非常重要。当他学会了体谅他人，才能更好地处理各种矛盾，从而更好地融入集体之中。

一位妈妈曾经这样谈到自己的教子经验：

我儿子10岁了，是一个自我意识非常强的小男孩，从来不肯体谅他人。有一天放学回家，儿子非常生气地对我说："芳芳真是太讨厌了。"芳芳是邻居的女儿，和儿子是同班同学，还是同桌。我问儿子："芳芳怎么了？"儿子说："芳芳这两天老是生病，害得我一个人擦黑板。而且老师还安排我给她补课，真是太麻烦了！"儿子班里有一个规定，每一桌为一组，轮流擦黑板。因为芳芳生病不能上课，所以这一天的黑板都是儿子擦的。我对儿子说："上次你参加运动会时不小心摔了一跤，休息了好几天，那些天不都是芳芳给你补课吗？你应该换位思考一下，体谅一下别人。"听了我的话，儿子有些惭愧，说："妈妈，我知道了，现在我就去给芳芳补课。"

专家课堂

“知心姐姐”卢勤认为，教会孩子与他人合作，是一个很重要的课题，因此父母应该这样做：

1.如果孩子在父母面前讲别的孩子的“坏话”或“告状”，父母一定要对此表现出无兴趣，并引导孩子去发现别人的优点。

2.父母一定不要在孩子面前讲老师的坏话，而要站在老师的角度做孩子的工作，让孩子学会与成年人进行合作。

3.父母必须用爱教育孩子，凡事要和孩子商量，让孩子学会与父母友好合作。

第65招

在竞争中胜出——塑造男孩的个人竞争力

一位商界名人说过这样一句话：“唯一能持久的竞争优势是胜过竞争对手的学习能力。”这句话用在教育男孩上同样适用，即一个男孩要想获得持久的竞争力，就要不断超越自我。妈妈也要清楚一点：教会孩子战胜自己比战胜他的对手更为重要。

很多妈妈也许都听过“鲶鱼效应”的故事：

喜欢吃沙丁鱼的挪威人，一直在千方百计地要把活的沙丁鱼从茫茫大海中带回到市场上，但是渔民们发现每次捕获的大量活的沙丁鱼都会在中途因窒息而死亡。唯独有一条渔船总能让大部分沙丁鱼活着回到渔港，人们不知道其中的原因，因为这条渔船的船长一直严守着秘密。直到有一天这位船长去世，谜底才揭开。原来聪明的船长在装满沙丁鱼的鱼槽里放进了一条以沙丁鱼为主要食物的鲶鱼。鲶鱼进入陌生的环境后，便开始四处游动，而害怕生命受到威胁的沙丁鱼就变得很紧张，左冲右突，加速游动。这样一来沙丁鱼又吸入了氧气，自然不会死了，也能活蹦乱跳地回到渔港了。

沙丁鱼为什么在有天敌的情况下，反而能存活得更久呢？很显然，当它生命受到威胁时，它的神经和动作都会变得异常敏感，于是为了活命，它不能安于现状，必须想办法突围，就这样在一次又一次的奋力挣扎中，它获得了活命的机会。

同样，妈妈在教育孩子的过程中，也可以恰当地运用“鲶鱼效应”的原理，进而培养出一个有上进心、自信心的男子汉。当然，这里的“鲶鱼”并不是真的要你为孩子树立一个对手或者敌人，而是教会他怎样一步一步地去挑战自己，怎样在竞争激烈的社会中具有强大的竞争力。

帮助男孩找到竞争的优势

小坤总觉得自己是一个一无是处的男孩。例如，学习上他觉得自己无论怎样努力都赶不上别的同学，课堂上也不敢回答老师的问题，总是担心自己回答不上来或者回答错误被同学嘲笑。下课后他也不大和同学们一起玩儿，如果有同学邀请他加入游戏，他就会说：“这个游戏我不会玩儿，你们玩儿吧！”然后就一个人回到座位上待着去了。

妈妈觉得儿子的这种糟糕状况如果再不改善，那么他很有可能会变成一个胆小怕事、裹足不前、一事无成的人。于是小坤的妈妈开始在生活中鼓励和肯定自己的儿子，让儿子首先学会相信自己，然后再相信自己的能力。慢慢地，在妈妈正确的引导和鼓励下，小坤变得越来越有自信，而且在妈妈“一次考试提高3分”的要求下，学习成绩也越来越好了。

妈妈教给儿子人生的第一课应该是让他相信自己，相信世界上任何事情他都能凭借自己的努力去完成，而要想做到这一点，妈妈就要在现实生活中仔细观察男孩身上的优势和闪光点，然后对此表示出肯定和支持。世界上没有一无是处的孩子，哪怕是孩子身上最微小的那个优点，经过妈妈的细心调教和正确引导，都有可能成为改变男孩人生的奇迹。

正确引导男孩向竞争对手学习

有人说，对手就是一面镜子，能照出自己的不足，更能完善自己。因此，妈妈应该正确引导男孩向自己的竞争对手学习。

刚读初一的张刚下决心要将自己的学习成绩提升到班里前三名。妈妈对他说："刚刚，现在班里前三名都是你的竞争对手，要想赶上或者超过对手，就必须知己知彼，所以你首先必须了解你的竞争对手，然后虚心向他们学习。"张刚说："我知道。"妈妈问："第三名同学与你相比有哪些优点？"张刚说："他学习很刻苦，而且喜爱学习，主动性很强。课堂上总是勇于举手发言，而且虚心好问。"妈妈又问："第二名同学和你相比有哪些优点？"张刚说："她上课注意听讲，而且能够对所学的知识融会贯通，举一反三。"妈妈又问："第一名同学与你相比有哪些优点？"张刚说："他基础知识很扎实，而且很有时间观念，很有毅力，遇到难题不解出来不罢休，喜欢钻研，而且他知识广博，喜欢看课外读物。"于是妈妈说："刚刚，现在你知道应该怎么做了吧？记住，了解对手，心里才能有底；学人之长，才能胜利有望。"张刚顿时恍然大悟，信心十足地说："妈妈，我明白了。下次考试你看吧，我一定会追上他们的！"妈妈也信心十足地看着儿子说："好儿子，我相信你能成功。"于是，在妈妈的启发和帮助下，张刚看到了竞争对手的优势，并且找出了自己存在的差距，学习的时候能够准确地知道自己的不足和怎样改正，比他们学得更努力、更刻苦。最终，他在期末考试时获得了第一名。

由此可知，妈妈应该引导男孩向自己的竞争对手学习，然后不断完善自己、挑战自己，多学习对方身上的优点，这样才能在竞争中获得胜利。

专家课堂

“知心姐姐”卢勤认为，要想让孩子形成良好的竞争心理，首先就要让他妥善处理自己的忌妒心理。她的经验总结如下：

1.父母首先要让孩子明白成绩应该建立在自己努力的基础上。

2.父母切忌助长孩子告状、打小报告、背后说人坏话等恶习。

3.引导孩子正确对待自己的成绩和别人的成绩。

第66招

时代需要强者——让男孩拥有卓越的领导能力

美国心理学教授安德逊教授认为：领导人不是天生的。他和那些运动员、学生、军校学员和公司经理一起工作相处过，于是他确信领导人是造就出来的。

一群在山里野餐的小男孩迷路了，在潮湿与饥饿中度过恐怖的一夜之后，他们无望地失声痛哭。“人们永远也找不到我们，”一个小男孩绝望地哭泣着说，“我们会死在这儿。”然而，10岁的汤姆站了出来，“我不想死！”他坚定地说，“我妈妈说过，只要顺着小溪走，小溪会把你带到一条稍大点儿的小河，最终你一定会遇到一个小市镇。我就打算沿着小溪走，如果愿意，你们可以跟着我走。”

结果，孩子们在汤姆的带领下，胜利地走出了森林，最后他们的欢呼声迎来了营救人员。

人们或许认为，像汤姆这样的男孩是天生的领导者，而其他人注定是随从。但事实上，就像安德逊教授认为的那样，领导者不是天生的，而是后天造就的，即一个男孩能否成为领导者，这在一定程度上取决于妈妈如何正确引导和培养他。

一天，儿子看了西班牙斗牛表演，兴致勃勃地对妈妈说："长大后我也要做斗牛士！"妈妈却对此不屑一顾："你难道不知道这有多危险，很容易丢掉性命的！"儿子任何目前看来似乎不切实际的想法，都被妈妈泼了冷水。长此以往，他开始变得毫无主见，行为也越发地懒散和被动了。

大人物一般都有一个特质，那就是自己先勾勒出一个宏伟的蓝图，并激励大家和他共同去完成，而这个蓝图其实就是他的梦想。所以，当你的孩子充满自信地表示他要成为警察、航天英雄时，你千万不要泼冷水，你要先鼓励和肯定他的各种理想，然后一步步锻炼和培养他的各项能力，为实现理想打下一定的基础。

给男孩积极的肯定，并引导他积极地思考

男孩内心深处都有当"头儿"的欲望，所以培养他领导能力的第一步，就是给他积极的肯定，不断增强他的自信心，并引导他积极地思考，进而培养他处理问题的能力。

一天，林林和小朋友踢足球输了，原以为一直在旁观战的妈妈会说："唉，你太笨了。"没想到，妈妈边替他擦汗边夸奖他："儿子，你带球过人的技术真棒，奔跑很积极，如果再加强射门练习，会踢得更好。"接下来，妈妈让林林把这次比赛自己表现的优缺点写下来，找出自己的不足。林林通过仔细地回顾比赛，发现自己在射门的时候表现得比较弱，于是妈妈就针对他这一弱点，让他加强射门训练。现在，林林不仅是足球队的前锋，还是小区里的"孩子王"，一呼百应。

妈妈积极的肯定，就像一剂"强心针"打在男孩的身上，瞬间就给他注入了很多的力量和信心。例如儿子没考好，你没有批评他，而是鼓励他说："这次考的成绩虽然不好，但是你的英语成绩非常棒。以后只要在语文上多下些功夫，我相信你一定能进前三名。"

妈妈在鼓励和肯定男孩的同时，更要教会他如何思考问题，运用哪些方

长大后我也要做斗牛士！
你难道不知道这有多危险，很容易丢掉性命的！
你真有想法！不过，要想做个真正的牛士，你得先做个勇敢的男子汉！
长大后我也要做斗牛士！

法解决问题，这样才能一点儿一点儿地把男孩的各种潜力激发出来。

要经常鼓励男孩多多表现自己

如果有一天你的儿子跑到你的面前说："我要参加班里的班长竞选！"这时，你会怎么做呢？当然，首先就是要肯定儿子的这种进取意识，然后让他多在班上发言，积极回答老师的问题，并且鼓励他和同学处好关系，在班里树立威信等。通过当班长等各种锻炼机会，男孩的领导能力、自信心等都会得到显著提升。

专家课堂

信心和技能是培养男孩领导能力必不可少的两个重要因素，那么，如何让男孩拥有更多的自信和技能呢？英国教育专家伊丽莎白·哈特利-布鲁尔给出的建议是要为男孩提供自我检验的机会。她的具体建议可归纳为以下几点：

1.让男孩参加一些课外活动，以使其多掌握新技能。

2.平时可让男孩帮你干活儿——做饭、洗车、打扫卫生等。

3.让男孩从父母那里检验他的想法和意见，父母要尊重孩子的这些想法和意见，切忌和孩子发生争吵。

第67招

该决断时就决断——培养男孩的决策能力

有这样一个故事：

有一个少年帮着妈妈去定做新鞋，当时鞋子的样式有两种：一种是圆头的，另一种是方头的。少年一时间没了主意，一会儿说做圆头，一会儿又说要做方头的。在少年犹豫不定时，鞋匠已经把鞋子做好了——鞋子一只做成了方头，一只做成了圆头，根本没法穿……

这个故事告诉我们，优柔寡断的人往往会错失很多机会，很可能一生碌碌无为。因此，妈妈应从小培养男孩的决策能力，为男孩把握人生机遇打下坚实的基础。

什么是“决断”呢？就是指在面对任何事情的时候要当机立断，不思前想后，不前怕狼后怕虎。果断是一个人具有出众自我决策能力的体现。我们都知道，现代社会是一个高速发展的社会，要想在这个社会中取得成功，必须具备遇事果断的能力。对于男孩来说，做事果断实际上是一种智慧和才能的体现，也是男孩未来取得成功的关键。

决策能力的培养并不是靠说教来完成的，需要妈妈在教育男孩的过程中通过事例进行引导，提高男孩的知识储备和生活常识，为他拥有良好的决策能力打好基础。

那么，如何培养出一个爽快利落、做事雷厉风行的男孩呢？可以参考以下三个方法：

妈妈要为男孩树立做事果断的榜样

李女士的儿子李枫是一个性格非常爽快的孩子，不管是在家里还是在学校，做事从不拖拖拉拉，一贯都是雷厉风行。这主要得益于李女士的教育。

李女士从李枫很小的时候就注意培养他果断的性格。日常生活中，李女士会刻意让李枫自己去作决定，比如电视看哪个频道，出门穿什么衣服，晚上吃什么饭，压岁钱怎么分配等。

即使遇到什么难事了，李女士也尽量让李枫自己做主。李枫上二年级的时候，有一次李女士开车送他上学迟到了。李枫怕挨老师的批评，就坐在车里哭，一定要妈妈陪着才肯进教室，否则就不下车。但是，李女士并没有因为孩子的哭闹而心软，而是果断地拒绝了李枫的请求，同时给了李枫两个选择：一个是自己进教室，另一个就是立刻回家。结果，李枫不得不自己走进了教室。

那天回到家以后，李女士明确地告诉李枫："许多问题是你自己必须解决的，不能依靠别人的帮助。要知道，很多问题你现在不想面对，将来还是一样需要你去直接面对的。"

就是在这样的教育下，李枫才拥有了做事果断的作风，现在他已经是学校的大队长了。

妈妈在男孩面前必须态度明确、行为果断，以此来潜移默化地影响男孩。如果男孩有了优柔寡断的倾向，就要帮他立刻改正，否则会影响男孩将来的发展。

帮男孩摆脱依赖心理，让男孩自己决策

遇事能够借鉴他人意见，借助他人的智慧做出正确决策，无疑是值得提倡的方法。但缺乏主见的男孩遇事总是去问别人该怎么办，完全等着别人拿主意，这是男孩的依赖心理在作怪。

杨宇是一个非常没有主见的男孩，做什么事情都优柔寡断。有时，做一个决定，他要征求很多人的意见，即使这样，他也可能决定不了。

有一次，妈妈让杨宇报一个特长班，让他在钢琴班和书画班中任选一个。杨宇犹豫了好久，也不知道选哪一个好。于是，他问妈妈："您觉得我该选择哪一个呢？"妈妈说："你自己决定吧！"但是杨宇犹豫了好久，还是没有做出选择。

一直到两个特长班都开课一周了，杨宇还在犹豫呢！杨宇的妈妈气得直

摇头："我的儿子做事这么犹豫不决，将来怎么适应社会呢？"

依赖心强的人往往会错失良机。妈妈一定要想办法帮助男孩丢掉这根心理上的"拐杖"，男孩的自主意识才能发展起来。当男孩遇事犹豫不决，向妈妈征求意见时，妈妈不要马上给出答案，而是要引导和鼓励他说出自己的意见。哪怕男孩说出的意见没有多少价值，也要先予以鼓励，然后再帮其完善。这样一来，男孩才会变得越来越果断。

鼓励男孩当机立断，勿求完美

有些男孩遇事优柔寡断，犹豫不决，主要的原因就是总怕自己考虑得不够周全。这点本无可非议，但是，万事不可能十全十美，周全与否是相对的。如果考虑得过于复杂，会丢掉很多机遇。妈妈要让男孩懂得，凡事能有七八成的把握，就应该下定决心，这对于培养男孩的决策能力大有益处。

专家课堂

男孩的一生中，总会遇到各种各样的事情需要自己做出选择，"知心姐姐"卢勤认为孩子最应该做好三方面的选择：

1.朋友的选择。应选择一些跟自己互补或不同的人做朋友。

2.伴侣的选择。应以尊重和奉献精神为原则选择未来的伴侣。

3.工作的选择。父母应该把选择的权利还给孩子，让他自由选择、自由发展。

第九章　塑造男孩的学习力，让他在未来更有竞争力

男孩拥有巨大的学习潜能。

只要点燃他的学习热情，他就会爱上学习；

只要教会他掌握学习的方法，他就能提高学习效率；

只要鼓励他多读多练笔，他的作文水平就能提高；

……

第68招

兴趣是最好的老师——激发男孩的学习兴趣

生活中，有的男孩感觉学习就是一种负担，只有玩耍才是他的乐趣。当他去玩儿时，兴趣盎然，思维活跃，精力高度集中。比如，画一幅奇特的画、看蚂蚁来来往往、把小车卸了装装了卸等。在男孩的世界中，对于他所感兴趣的事物，他会调动一切热情来享受这些事物带给自己的快乐。因此，这么看来，如果在学习中他也有这样一种兴趣，他一样也会很专注，很有热情。

爱因斯坦说过："对一切人来说，只有兴趣才是最好的老师。"世界上很多科学家、文学家等取得巨大成功的人，都是从自己的兴趣开始的。有了兴趣，才能点燃人们的热情。

妈妈如何才能点燃男孩的热情，让男孩爱上学习，并以此为乐呢？

给男孩创造一个轻松、良好的环境和氛围

要想让男孩感觉学习不是一种负担，而是一件快乐而有趣的事情，首先就得为他创造一个轻松、良好的氛围，不去过多地管束他，而是多提供激发他兴趣的机会。要知道，家庭环境对男孩的影响是巨大的。

法国作家大仲马，一生创作丰硕，留下了多篇传世经典之作，更为世界文化抹下了浓重的一笔。他曾说："我最得意的作品就是小仲马。"大仲马热爱写作，小仲马受其影响，对写作也产生了浓厚的兴趣，他的第一部小说《茶花女》一经问世，法国文坛一致认为，这部作品的价值已超越了大仲马的代表作品《基督山伯爵》。小仲马一时声名鹊起，成了家人最大的骄傲。

在家庭中营造一个良好的环境，不去限制男孩的热情和兴趣，对男孩的成长非常重要。所以，要与男孩多交流，寻找他的兴趣点，多鼓励他发展自

己的兴趣。

培养男孩的竞争意识

男孩争强好胜，妈妈可以充分利用孩子的这一特点，激发他的兴趣，让他爱上学习。男孩一旦具备强烈的竞争意识，往往能自觉地学习，并且乐于在学习中探索。

吃晚饭时，张楠向爸爸妈妈提出了一个要求："爸爸妈妈，我想好了，我要去上英语班。"妈妈说："把你的理由说来听听。"张楠说："我们班的王晓也报了英语班，我也想报。当然，不仅仅是怕落后于王晓，还有以下理由：第一，我喜欢英语，更愿意去进一步学好英语。第二，王晓的英语成绩还不如我，他都能在培训班取得好成绩，我想我也可以。"

当然，男孩学什么并不是最重要的，重要的是他具备竞争意识，有兴趣去学。这样，他才能爱上学习，取得更大的进步。

把男孩的兴趣转化为学习动力

聪聪从小喜欢小动物，小到蚂蚁、蝴蝶，大到猫、狗，他看到了就迈不动步，看也看不够。每当这时，妈妈也不催他，就让他自己观察。小蚂蚁有几条腿、怎么爬行，哪种颜色的小猫最可爱，什么样的小狗最帅等，聪聪可有一套自己的理论呢。每次回到家,妈妈总让他把所观察到的内容记录下来。由于聪聪的这个好习惯，他的作文成绩特别好，经常被老师夸奖写得生动、形象。现在，他不但喜欢上了自然课，还因此喜欢上了语文课。

小男孩由于心智还不完全成熟，学习态度很多时候还是受其兴趣的影响，妈妈要善于利用机会，把他的兴趣转化为学习动力。

让男孩有明确的学习目标

在男孩每个不同阶段的学习中，都要让他有个明确而切实可行的目标。这样，他才会以此为目标，付出具体的努力去实现。而如果给他一个抽象庞大的目标，他会茫然失措，不知道怎么着手去做，无法实现目标。比如，这个学期他考了全班第十名，下次的目标是第 七名。那么男孩就会努力缩短这

快走，快走！那些破蚂蚁
有什么好看的！
妈妈，你看蚂蚁的
力气好大呀！
是呀！你想知道蚂蚁是怎样
生活的吗？妈妈回家给你好
好讲讲。
妈妈，你看蚂蚁的
力气好大呀！

个差距。而在平时的学习 中，作业写得工整、不出错误，读点儿课外书等，这都是一些可行的小目标，孩子完全可以达到。

专家课堂

李中莹老师认为，孩子在学业上表现不够敏捷，甚至不喜欢读书、上学，最重要的原因是他们觉得没有“乐趣”。那么，如何让孩子在学习中感到乐趣呢？他认为最有效的方法就是在孩子的学习中加入下列“养分”：

神秘，新奇，节奏快，变化快，意想不到，挑战，比赛，被证明有能力，可以帮助人，可以得到肯定。

第69招

玩儿和学习不矛盾——教儿子在玩儿中学习知识

男孩贪玩儿，不少妈妈对此都十分头疼。因为在妈妈看来，游戏会占用男孩大量的学习时间，是“不务正业”的表现。所以，大多数妈妈看到孩子在玩游戏时，都会拉下脸说：“就知道玩儿，都什么时候了，还不去学习！”

其实，妈妈对于学习的理解是有偏颇的。学习不仅仅包括书本和课堂上的知识，游戏也是其中的一项。正因为如此，苏联教育家苏霍姆林斯基才这样说：“没有游戏就不可能有完美的智力发展。游戏犹如打开的一扇巨大而明亮的窗子，能源源不断地将有关周围世界的观念和概念的湍流，通过这窗子注入孩子的心田。游戏犹如火花，它点燃探索和求知的火焰……”

研究表明，通过对玩游戏的孩子和不玩游戏的孩子进行比较，玩游戏的孩子明显地具有以下一些优势：

手脑配合敏捷，反应快，动手能力强；

具有更好的沟通、协作精神；

更具有竞争性；

更具有想象力；

更具有主见……

总之，游戏是一种理想的学习手段。它对男孩来说是非常重要的，尤其是对于那些成天被关在书房和教室里的孩子来说，适当地游戏可以缓解他们的学习压力，妈妈应该给男孩提供一个宽松、自由的游戏空间。

既然玩儿对男孩有这么多的好处，能够使男孩全面地发展，尤其可以培养他对学习的兴趣，那么妈妈应该允许自己的孩子适度地玩耍。只是在玩耍的过程中要努力做到以下几点：

合理安排男孩的游戏时间

过长时间的游戏会让男孩一直处于亢奋状态，对他的健康是非常不利的。专家建议，男孩每天游戏的时间与学习的时间的比例应该是1∶2。因为早上和上午是人精力最旺盛的时间段，所以这段时间应该让男孩学习。当经过了一个上午的学习后，男孩的身心变得疲惫，这时，妈妈便可以让他放松身心，好好地游戏一下。

妈妈可以将游戏的内容安排得丰富一些，让男孩按照自己的兴趣去选择游戏项目。一般来说，游戏不应超过两小时，每游戏1小时，就应该让孩子停下来休息一会儿，以免孩子过于疲劳，影响晚上的进食和次日的学习。

陪男孩一起游戏

无论是多高档的玩具，它终究是没有生命的个体，不能与孩子进行情感上的互动，无法代替妈妈所给予孩子的那种关爱。若想让男孩玩儿得快乐，妈妈就应该陪男孩一起玩耍。

很多妈妈认为孩子不需要妈妈陪他玩儿，但事实上并非如此。通过一起玩耍，男孩能够从共同游戏中感受到你的爱。这份爱便是他成长的动力、学习的动力。相反，如果妈妈对孩子的游戏漠不关心，只严肃地盯着他的学习，男孩自然会很被动，结果玩儿也没玩儿好，学也没学好。

值得注意的是，你在陪儿子一起做游戏时，一定要全身心地投入，让他感到你很乐意陪他玩耍，而不是随随便便地敷衍。

寓教于乐，教男孩将学习分散到游戏中

爱因斯坦曾过：“把学生的热情激发起来，那么学校固定的功课就会被他当作一种礼物来领受。”因此，妈妈应该学会用游戏去激发孩子的学习兴趣，在日常学习中可以遵循寓教于乐的方法，教孩子将学习分散到每次的游戏当中。

以下是一位数学老师，同时也是一位男孩妈妈的教子经历：

我的儿子5岁了，他的知识很丰富。很多朋友都问我是如何教孩子学习的，我的方法很简单——时常陪他玩游戏。

在儿子很小的时候，我就设计了一种“摸宝”的游戏，我把各种形状的积木全放在箱子里，要儿子去触摸，如果儿子摸到积木后，答对了积木的形状，我会相应地发一些奖品作为鼓励。就这样，儿子通过游戏认识了什么是三角形，什么是正方形……

我还发明了一种“找朋友”的游戏，将不同的动物玩具藏到家中的各个角落，然后让儿子去找，找到后再引导他完整地讲出“我在桌子上找到了小兔子”“小猫藏在床底下”等语句。通过这个游戏，我的儿子很快就学会了各种方位词。

类似的学习游戏还有很多，儿子通过玩耍对学习产生了兴趣。我只是稍稍一引导，他就会加减等计算……

心理学家认为，一个人快乐时，记住的东西既牢固、数量又多。如果妈妈能把孩子的学习变得和玩游戏一样快乐，那么他就会对学习充满兴趣和热情。

专家课堂

父母应当如何引导男孩爱上学习？

1.把学习游戏化，让他在游戏中边玩儿边学。

2.帮助男孩找到最好的学习方法，引导他高效地学习。

3.在男孩面前做个爱学习的人。

第70招

目标决定方向——帮男孩制订明确的学习目标

目标就是方向，有了目标，也就有了努力的方向。很多伟人和成功人士，就是因为很早时就有了自己的人生目标，并终其一生为之而奋斗，最终到达胜利的彼岸。巴菲特，因为小时候家里生活并不富裕，他就发誓一定要成为有钱人，而他一生也为这个目标在践行并最终成为“股神”。

成绩好的孩子，一般都会有自己的学习计划，而在他的学习过程中很重要的环节就是确立不同的学习目标。比如，历史要达到多少分，数学要比上学期进步几个名次，等等。正因为有这些目标，在学习中他才有了方向。

为了让孩子在知识的海洋中永远都有航标的指引，妈妈应该帮男孩树立学习目标。

男孩需要短期目标的引导

美国心理专家做过一个试验。他们把四年级一个班的学生分为三个编队，让三位老师分别带队到另一个地方进行体育训练。第一编队的学生被要求跟着老师走就可以了。第二编队的学生得到的信息是走10千米才可以到达。而第三编队的学生知道要走10千米，而且知道每隔1千米就有一个标示牌，大家可以知道自己走了多远。

到最后，到达目的地的情况是这样的：第一编队的人越走越累，越累越丧气，最后一个到达的也没有。第二编队的人虽然知道要走的距离，但中间走到哪儿，走了多少距离也不知道，有一半人也放弃继续行走。第三编队的人全部到达终点。

由此可见，太久远的目标因为过高，实现的难度足以吓倒孩子，反而无益。所以，男孩的目标应该切实可行，不能制订过高的目标，短期目标更能促进他取得进步。

有压力，目标更容易实现

动物学家曾经对非洲大草原奥兰治河两岸的羚羊群进行跟踪研究，他们发现一种奇怪的现象，东岸羚羊群比西岸的繁殖能力强，而且奔跑速度也比西岸的羚羊快。为什么会出现这种现象呢？动物学家对这个问题倍感兴趣，同样的生存环境，同样的食物来源，为什么生存状态差异这么大呢？

于是，他们做了一个试验：从两岸各捉10只送往对岸。过了一年，被送到西岸的10只羚羊后来繁殖到14只，运到东岸的10只却只剩下了3只，另外的7只都被狼吃了。

动物学家这才恍然大悟，原来东岸的羚羊强健、繁殖力强，是因为在它们的附近有一个狼群在活动，所以它们每时每刻都生活在警觉和危机中，奔跑速度自然就快，体质强健，繁衍能力也强。而西岸的羊群，太平盛世，没有生存压力，身体懒散，体质慢慢变弱，因此，一旦遭受威胁，生命便不堪一击。

这个故事给我们的启迪是很深刻的。压力和动力是并存的，压力常常可以转化成动力。有了压力，目标才更容易实现。没有目标是可怕的，没有压力同样可怕。在学习中也是一样，如果孩子没有压力，他也就没有竞争和追赶的动力，那么实现自己的目标也就无从谈起。在人的一生中，大多数的时间都是在学习、工作中度过的。因为学习是持续一辈子的课题，所以不是凭兴趣就能完成的。男孩从小就应该适应有竞争和有压力的环境，这样目标才更容易实现。

目标，最好是跳一跳就能够着的

很多妈妈对孩子期望太高，不结合实际，就给他订过高的目标，因为目标难以达到，男孩就会逐渐丧失自信，这样的目标有等于没有。有的妈妈会走向另一个极端，给孩子订的目标过低，比如有的妈妈说："不要给我拿个倒数第一。"这样容易让孩子丧失进取心和竞争的斗志，变得自暴自弃。可见，给男孩制订的目标不能过高也不能过低，最好是那种他跳一跳就能够着的。

就像我们摘果子一样，伸手可及的果子，因为得之容易，你摘下来或许就不会珍惜，而蹦着才可以够着的果子，因为你有极大的向往，并在行动中一次次逼近，反而使它的价值增倍。得之不是太容易，因为有过程的艰难，就会有与之相配比的成就感。

专家课堂

很多父母总有这样的困惑："为什么我家的孩子学习很努力，但成绩就是上不去呢？"父母如何为孩子制订学习目标呢？教育专家王金战给出的方法是：

1.实事求是，一定要从孩子的实际情况出发，为他制订目标。

2.不要太看重结果，而应多重视孩子实现目标的过程。

第71招

重视预习和复习——温故知新，男孩成绩更牢固

在孩子的学习过程中，预习、上课和复习是三个重要的环节。课堂当然占主导地位。课堂上都是由老师来带动学习，而通过预习和复习，就可以检验孩子对学习是否有主动性。自主性学习的关键就在于学会预习和复习。

在学习中，有些孩子课堂上听得很认真，但因为不重视预习、复习，或者预习、复习的方法不对，时间和精力没少耗费，反而事倍功半。

让男孩在预习时找出问题，课堂上去解决

有些妈妈认为预习会让孩子对课程失去新鲜感，进而不重视课堂听讲，反而影响了他的成绩。

西贝的妈妈最近就很苦恼。这个学期，她听从了班主任的建议，每天晚上让儿子提前预习第二天的学习内容。一段时间之后，她发现儿子不但没有进步，反而出现了她意想不到的状况。儿子变得自大自满，认为老师讲的他都已经学过了，自己都已经会了，所以课堂上就不认真听讲了，还做小动作，和邻座说话，影响到了其他同学。

课前预习的确很容易让孩子产生自满情绪，但关键在于掌握正确的预习方法。妈妈在辅导儿子预习时，不要帮他去解决问题，而是引导他在预习中找出问题， 然后带着这些问题在第二天的课堂上找出问题的答案。这样的预习，才能达到很好的效果。

把游戏融入复习当中

复习可以帮助孩子巩固知识，是一种很好的学习方式，更是一种良好的学习习惯，妈妈要培养孩子的复习习惯。男孩喜欢接触新鲜事物，对于学过的内容，他一般很难再度激发热情。如何培养他复习的习惯，妈妈就要好好地动脑筋想办法了。

乐淘的妈妈多次提醒他，写完作业之后再认真看一遍当天所学的内容，但乐淘就是不愿去看。有一次，妈妈对乐淘说 ：“儿子，我们做个游戏吧。你做老师，我做学生，你把今天学的内容再讲给妈妈听听，怎么样？”玩儿得正高兴的乐淘一听妈妈这么说，立即就来了兴趣，要马上开始玩游戏：“好啊，好啊。”于是，乐淘就认真地给妈妈讲了起来，同时还不时地提醒妈妈要注意坐姿，要注意集中精力，俨然一个很负责的小老师。一场游戏下来，既让儿子过了瘾，而且也巩固了他的学习内容。乐淘妈妈也觉得这种复习方法效果特别好。

聪明的妈妈会用不同形式的游戏，使孩子的复习变得其乐无穷，让他在快乐中加深对所复习的东西的记忆，进而取得更好的学习效果。

专家课堂

预习、复习对于提高孩子的学习成绩非常重要。教育专家王金战认为，父母需要科学而有效地引导孩子学会预习和复习，具体做法归结如下：

1.相信孩子有能力处理好学习的事情。

2.加强孩子的自我管理，帮助他学会合理分配时间和精力。

第72招

方法决定效率——帮男孩找到学习方法很重要

杰希 13 岁了，上初中三年级，是一个学习成绩非常优秀的学生。一到初三，很多学生都昏天黑地地学习，甚至连周末也不出去玩儿了。但是杰希却非常轻松，不仅每天都要打 1 小时的篮球，到了周末还和朋友们一起去踢球。尽管如此，杰希的成绩仍在班里数一数二。很多同学都不解地问他："我们的学习时间比你长多了，为什么你的学习效果要比我们好这么多啊？"杰希说："我比较讲究学习的方法，所以我能在短时间内掌握更多的知识，方法出效率嘛！"

的确如此，运用好的学习方法，不仅能够节省时间，而且能够更深刻地理解和把握所学的知识。一位教育工作者研究发现，那些学习出众的学生都十分讲究学习方法，而不是胡乱地、没有头绪地学习。

现在大多数妈妈关心的不是孩子的学习方法，而是孩子学习时间的长短。只要看到儿子在读书、在写作业，妈妈就非常高兴。但是不知道大家是否想过，如果孩子的学习方法不好，即使没日没夜地学习，学习成绩也是很难提高的。尤其当孩子升入高年级后，课程渐渐增多，所学的知识也更加复杂，如果学习方法不好，成绩更是难以得到提高。所以，我们应该转变思想，不要只关心孩子学习时间的长短，而是要关心一下孩子的学习方法是否高效、是否适合他。如果他的学习方法不好，我们就要对他进行指导，把一些高效的学习方法告诉他，从而让他的成绩迅速地得以提高。

下面是两种常见的、高效的学习方法，你可以根据儿子的实际情况把这些方法介绍给他。

让男孩做到劳逸结合

对于大多数男孩来说，他们淘气、好动，如果让他们在板凳上规规矩矩地坐上1小时简直是在“惩罚”他们。所以我们应该让男孩做到劳逸结合，不要让他们一下子学习很长时间，这样，他们的学习效果会更好。

一位妈妈曾经这样谈到自己的教子经验：

我儿子12岁了，上小学六年级。因为儿子马上就要升初中了，为了提高他的成绩，我给他买了大量习题，让他一本接一本地做。但是儿子的成绩不仅没提高，还养成了拖拖拉拉的坏毛病。后来我想出了其中的原因：儿子知道写完一道题还会有另一道，就不会着急了，故意慢慢腾腾地写。另外，儿子在做这些习题的时候充满了抵触情绪，自然不会动脑筋。明白了这一点之后，我不再强迫儿子做习题了，只要求他把老师布置的作业做完。还有，当儿子写作业时间过长的时候，我还会让他到外面走一走，散散心，等恢复了精力再写。通过这样的方式，儿子学习的积极性提高了，成绩也提高了很多。

让男孩学会将目标细化、分解

一明10岁了，上小学四年级。一天放学回家，一明心情沮丧地对妈妈说：“英语老师留的作业太多了，他今天让我们必须背会10个单词，这么多单词，哪能一下子背会啊！”妈妈笑着说:“妈妈给你想个好办法,你想不想听听？”一明点了点头。妈妈说：“一会儿你先背3 个单词，等背会了就看动画片；动画片看完了再背3个，然后我们一起吃饭；等吃完饭，你再把最后的4个背会，让妈妈考你一下。”一明按照妈妈说的去做，果然轻轻松松地把10个单词都背会了。等第二天老师测验检查，一明顺利地通过了检查。

孩子的年龄小，当学习任务较为繁重的时候，他很容易产生烦躁、厌学的情绪。这时，妈妈应该教会他把学习任务进行细化、分解，然后再逐一攻破。这样，孩子就不会感到太大的心理压力，并且在完成每个小任务时还会获得成就感，从而轻轻松松地完成那些繁重的学习任务。

专家课堂

父母应该如何帮助男孩找到学习方法呢？卡尔·威特认为应从以下三点入手：

1.分析法。从实际情况出发，与孩子一起找出成绩不理想的原因；

2.鼓励法。鼓励孩子寻找适合自己的学习方法；

3.引导法。把孩子原有的兴趣与知识学习联系起来，以培养和激发新的兴趣。

第73招

哪里弱补哪里——如何处理男孩的偏科问题

现在很多中小学生偏科的现象十分严重。对男孩来说，即使他的其他科目成绩很优秀，因为英语或语文成绩上不去拖了后腿，对他的中考和高考成绩仍会造成很大的影响。对于妈妈来说，如何纠正男孩偏科，引导他全面发展呢?

不要因为一次成绩不好就打击男孩

林林是班里的数学课代表，他一直特别喜欢数学，每当做出一道有点儿难度的数学题，他都特别有成就感，对学习数学的兴趣更浓了。可是最近，他在数学课上打盹儿，精力不集中，成绩从第一名下滑到十多名。爸爸妈妈也急坏了，问他他也说不出什么，只说自己不想学了。于是，妈妈请来林林的姑姑。姑姑是个老师，林林有什么话都喜欢说给姑姑听。

"姑姑，现在我特别讨厌数学课，一上数学课就心里烦躁。我也努力地控制自己，可就是控制不了。"林林很无奈地对姑姑说。经过姑姑的详细询问才知道了林林讨厌数学课的原因。原来，学校组织了一次数学考试，当时林林因为感冒，带病考试，成绩不太理想，一下退出了前三名。林林感觉很伤心。从来都是第一名，现在连前三名都没进，作为数学课代表，他沮丧极了。晚上回到家里，正在忙着做饭的妈妈听说他没考好，脸一下就沉了下来，一整晚也没有和他再说一句话。林林感到非常绝望，他再也不想走进数学课堂了。

生活中，谁都难免失误，孩子也是如此，成绩偶尔出现失利也是正常的。妈妈在这时不要过于紧张，更不能以不同的方式惩罚孩子，否则这无异于雪上加霜，使他对自己开始产生怀疑，自暴自弃。在孩子出现考试失利后，妈妈不要着急下结论，而是先安慰他，再帮他分析原因，并找到解决问题的方法。

把男孩的兴趣与学习联系起来

现在的孩子每天会接触到许多信息，这些信息丰富了他们的思想，也点亮了他们的智慧之灯。有的孩子很早就显现出他的绘画天赋，有的孩子对乐器情有独钟，有的孩子擅长运动等。当妈妈发现孩子的这些兴趣之后，就要尽量为他们提供更大的空间，让他们发展、成长。

安晓的钢琴弹得特别好，这让爸爸妈妈都引以为傲。可是上学以后，安晓的数学成绩却一直不太好。他对数学课没兴趣，数学作业也是在爸爸的督促和纠正下才能完成。看到这种情况，妈妈就动心思了。于是，晚上写作业时，妈妈就坐到安晓旁边问他："儿子，你觉得学数学和弹钢琴有什么不同吗？"

安晓说："数学让人头痛，弹钢琴是件让我感到很快乐的事。"

"那它们之间有什么相同的吗？"妈妈又问。

安晓想了半天，也没想起来，他疑惑地看着妈妈："没有什么相同的啊。"

妈妈笑着看着安晓说："儿子，音乐和数学之间是相通的啊。你想想看，乐谱和数学都是由数字组成的。儿子，你能把钢琴弹得这么棒，数学怎么可能会学不好啊。你翻开书就当作是打开了乐谱，做数学题就当作是弹琴，那些数字在你的手中，就像被指挥的千军万马，随你调遣啊。儿子，你试着去热爱数学吧！"

安晓听得眼睛都睁大了，他渐渐觉得数学没有那么讨厌了，开始努力学好数学。

多与男孩沟通，消除他对老师的抵触情绪

男孩有自己的观点，他可能喜欢语文老师，不喜欢数学老师。因此，学习语文时，他就积极；学习数学时，他就消极。还有些男孩上课主动地举手回答问题，却老是不被老师点名，他从心里可能会认为老师不喜欢自己。于是，也不再主动，久而久之就对这门功课丧失了兴趣。有的男孩在学习中遇到困难和思想问题时，只是自己闷闷不乐，从不主动向妈妈说起。所以，妈妈平时要多注意男孩的学习态度，多和他交流，遇到问题及时帮他解决。

专家课堂

孩子发生偏科现象，有时是因为他不喜欢某科老师，遇到这种情况，教育专家王金战给父母的建议是：

1. 鼓励孩子去发现老师的长处，逐渐让孩子对老师产生敬意和兴趣。

2.正确引导孩子学会适应老师的风格，进而积极地投入到这门学科的学习中去。

3.父母在平常的言谈话语中，绝不要随便评价老师，如果真的对老师有看法，可以直接找老师沟通。

第74招

写好作文并不难——帮男孩打好作文这场“硬仗”

“我的儿子表达能力还可以，可就是写作文是个难题，一个字一个字地往外蹦，半天写出干巴巴的几句话，看他写作文的那痛苦样，自己都郁闷……”这是许多妈妈的真实心声。对男孩来说，作文有时的确是件头疼的事，明明讲出来很清晰，写时却不知如何下笔。久而久之，男孩从心里就对作文产生反感。一到写作文时，就千方百计地应付了事。

在男孩早期接触作文时，妈妈不要过于以各种条条框框限制他的想象力和写作思路，这些过多的限制会成为一种干扰，会让孩子分散写作的注意力，写不出具有真实情感的文字。

写作是一种重要的表达交流的方式，写作能力也是一种综合素质的体现，而且伴随人一生的学习和工作。因此，妈妈要从小就培养男孩的写作能力。写作能力的提高，也直接影响语文及其他科目的成绩。

激发男孩的想象力

丰富的想象力是写作的基础。没有想象力的文字，很难生动、形象，缺乏感染力。生活中，男孩虽然调皮、贪玩儿，但也有丰富的想象力，只是有时妈妈不注意激发。妈妈要善于发现机会，激发男孩的想象力，并及时地肯定他，为写作打下一定的基础。

有一位作家在谈到他的写作之路时，就特别感谢妈妈的五个字赞美，让他一生都难以忘记。他小时候特别调皮，总是被大人斥责，而且因为妈妈是个比较严肃认真的人，他很少得到表扬。二年级时，老师布置了一篇作文《我家的 XX》。他很自然地想到了院里的石榴树，于是跑到石榴树那儿，仔细看了看，上面结的石榴花红似火，娇嫩欲滴。于是，他很认真地写下了第一句：

“我家院子里的石榴树开花了，一朵朵像火焰一般闪着……”

写完之后，他就出去玩儿了。晚上妈妈帮他收拾东西，看到他写的作文，眼睛一亮：“儿子，这是你写的？”他点点头。一向严肃的妈妈笑了，夸了他五个字：“想象力丰富！”他立刻就激动起来，觉得眼前一切都突然变得光明了。之后，他再写作文时，会尽情地发挥自己的想象力。因此，也得到了老师的肯定和表扬。从此，他对写作的兴趣变得越来越浓厚了。

让男孩养成读书的习惯

随着社会的进步，人们可以通过多种渠道接收信息，如电视、书籍、网络等。俗话说：“书中自有颜如玉，书中自有黄金屋。”读书，可以扩大男孩的知识面，为男孩打开一扇通向美好未来的大门。“腹有诗书气自华”，多读书，男孩的思维变得更加开阔，他思考问题也会高屋建瓴，从而让男孩变得更加自信。

都都的妈妈就有一套培养孩子读书习惯的方法：

三年级的都都平时就爱看书，什么《上下五千年》《成语故事》《十万个为什么》等，他的小书橱里有上百本图书。这些书大部分都是妈妈帮他挑的。爱读书的妈妈平常从网上购书时，总会浏览一下都都需要的书，顺便给他买一两本，日积月累，小书橱也就慢慢丰富起来了。而且他们全家还订下了读书时间——每天晚饭后7点到8点，一家三口各自拿着自己喜欢的书阅读。有时，不等爸爸妈妈招呼，都都吃完饭就提前进入了“读书时间”。

妈妈最初的言传身教非常重要。想让孩子爱上读书，就要给他一个良好的家庭氛围，当他慢慢爱上读书时，就不用妈妈督促了。

让男孩每天都坚持写日记

眼高手低、提笔忘字是一些作文成绩不好的学生的通病，而要想提高写作水平，就得让男孩多写多练，最好的办法就是天天写日记。每天写日记有些孩子很难坚持下去，因为他不知道要写什么，妈妈可以让他多注意身边发生的事，记录有价值的生活片段，时间长了，就能养成写日记的习惯了。

川川从一年级的下学期就开始写日记了，到现在已经坚持3年了。妈妈开始让他写日记的时候，也是费了一番脑子。川川总是以没什么可记、字不会写等为理由拒绝天天写日记。于是，妈妈就每天晚上让他叙述一下当天做过的事，然后拣印象深的事情重点讲讲。经过妈妈的提示，川川有时会高兴地说起当天一些快乐的事情，有时还会说起当天遇到的烦恼。每当这时，妈妈就说：“宝贝，这不，你可以写下来了。”于是，川川就把说过的话重新写在纸上，这样日记也天天有东西可写了。

专家课堂

教育专家尹建莉老师认为，要想提高作文水平，至少要掌握两个技巧：

1. 阅读。阅读过程就是学习写作技巧的过程，书读多了，自然会掌握一定的写作技巧。

2.真心话。说真心话可以让人产生写作兴趣，发现写作内容，而且能教会孩子真实和自由地表达情感，使文字具有感染力。

第75招

发挥先天优势——让男孩轻松学好数学

男孩喜欢数学，也愿意主动去学习，但数学成绩有时却不尽如人意。那么，妈妈该如何提高男孩的数学能力呢？

培养男孩学习数学的兴趣

目前，社会、家庭、学校对学生的期望值普遍过高。男孩的心理承受能力较差，加上数学学科难度较大，导致他数学学习的兴趣下降。因此，妈妈要多关心男孩的思想和学习，经常同他平等交谈，了解其思想上、学习上存在的问题，帮助其分析原因，制订学习计划，消除紧张心理，卸掉沉重的思想包袱，轻松愉快地投入到数学学习中，为学好数学打下一定的基础。

培养男孩的逻辑思维能力

逻辑思维能力是男孩学习必须具备的能力，也是男孩判断问题、思考问题必备的能力。如果妈妈想要提高男孩的数学成绩，就必须想办法培养并提高男孩的逻辑思维能力。

一天，妈妈买回来一袋新大米，并对男孩说："儿子，这袋大米重50千克，你能猜猜这袋大米有多少米粒吗？"

"怎么可能，这么多大米，数几天也数不清楚啊！"儿子不满地说道，以为妈妈是在跟自己开玩笑。

"怎么不可能呢？你不信，妈妈现在做给你看，我们先称一点儿大米，然后算出这部分大米的数量……再……"还没等妈妈说完，男孩就兴奋地说："我知道了，再乘以大米的总重量，就能计算出来了，对吧？"

"没错，儿子你真聪明！"

如果生活中的妈妈也能够像故事中的妈妈那样引导男孩去分析、判断、推理，那么就能提高男孩的逻辑思维能力，为男孩取得好成绩提供有利条件。

让男孩体会到数学的乐趣

妈妈在辅导男孩学习数学的时候，应多给他提出能引发他兴趣的问题，引导男孩开动脑筋深刻理解数学的公式、定理等，让他发现数学的乐趣，这样一来，男孩很容易就会爱上数学了。

专家课堂

男孩天生具备学习数学的优势，父母应当如何帮助男孩发挥这种优势呢？

1.从小就要重视孩子抽象思维的培养。

2.用孩子在日常生活中经常做的游戏、经常接触到的事物，讲解一些简单的数学概念和知识，为孩子日后实现由形象思维向抽象思维的转变做些必要的准备。

第76招

踏上阅读快车道——让课外阅读伴随男孩成长

男孩来到这个世界之初，一切事物对于他来说都是新鲜的，而天生好奇的他，怎么才可以得到满足呢？阅读无疑是一个理想的方式。阅读可以让他获得知识，启发他的想象力及创造力，开阔眼界，增强他对外界事物的判断和识别能力。苏联教育家苏霍姆林斯基说过这么一句话："30年的教育经验使我深信，学生的智力发展取决于良好的阅读。"古往今来，很多伟人之所以成为伟人，就是因为他们从小就阅读了大量的文学名著。

有的妈妈却忽视了孩子的阅读需要，让他做不同的练习，上不同的补习班，把注意力都放在孩子的学习成绩上。

在南非世界杯的直播中，解说员贺炜给无数中国观众留下了很深的印象。他被观众誉为最文艺的解说员。在他的解说过程中随时闪耀着智慧的光芒。比如当比赛镜头一转的刹那，一只麻雀在球场一隅啄食，贺炜来了一句："在这忙碌的世界杯赛场，唯有这只悠闲的麻雀在享用它的晚餐……"

当英格兰被德国淘汰之后，他以这样一段话结束了整场解说："在这个时刻，可以想象……在柏林、在慕尼黑、在汉堡、在科隆大教堂……无数德国球迷正在兴高采烈地庆祝；在伦敦、在利物浦、在曼彻斯特、在泰晤士河畔的小酒馆里……无数的英格兰球迷黯然神伤……但令我感到温暖的是，在这个精彩的人生节点，我是与亿万球迷一同度过的，这是我的幸福，也是大家的幸福！我是贺炜，观众朋友们，再见！”

“如果说把鲁尼比作亚瑟王，那今天陪伴在他身边的绝对不是圆桌武士……”

“智利在世界地图上的版图是世界上最狭长的国家，而智利的球员却踏出了他们的宽度……”

贺炜以他丰富的地理、历史、文学知识，把一场场球赛解说得声情并茂、绘声绘色，让观众从他的解说中得到无尽的享受。他如诗歌般的语言，让观众体会到赛场上每一个伤感与激动的瞬间。这不仅仅是对于球的知识的掌握，更体现了他具有丰富的知识，这自然与他从小的阅读积累有关。

大量的阅读，可以丰富孩子的思想，使他获得一生用之不尽的财富，确立自己正确的人生观、世界观。由于男孩还在成长期，在阅读能力的提高方面，还需要妈妈给予一定的指导。唯有这样，才能让他走入课外阅读的殿堂。

营造读书的家庭氛围

俗话说“近朱者赤，近墨者黑”，什么样的环境造就什么样的人。因此，家庭环境对男孩的影响是非常大的。如果父母都热爱学习，家里有一个良好的学习氛围，那么男孩就会受到影响爱上阅读。有的妈妈在孩子很小时，就开始拿着书给他讲童话故事，而孩子也习惯于在妈妈美丽的故事中安静地入睡。时间长了，他也会爱上读书。在一个良好的读书氛围中，男孩的心会变得安宁，慢慢地养成阅读的习惯。

每天给男孩固定的阅读时间

读书是一个获取知识的重要渠道，更是一个长久坚持的积累。男孩有时过于贪玩儿，做事情不够坚持。这时，妈妈要从多方面帮助儿子培养他的阅读习惯。可以让他在固定的时间阅读，比如每天晚饭后半小时。时间不要太

你怎么每天就知道看电视，我给你买了那么多课外书，你怎么不读呢？
别吵了，我就不喜欢看！真烦！
哟，儿子在看《动物世界》呢！其实，妈妈给你买的书里也有动物的知识，而且很有趣呢！
真的吗？妈妈，帮我找出来，我要看！

长，阅读内容由孩子自己决定。这样日积月累，他所积累的知识，将为他以后的学习和工作提供更大的帮助。

根据男孩的兴趣选择合适的书

冉冉喜欢自然科学方面的书籍，尤其是对机器人、UFO方面的内容特别感兴趣。如果是他买书，大部分是买这方面的。妈妈很想让他的阅读面更广一些。于是，就给他买了《上下五千年》《十万个为什么》等书，并苦口婆心地让他有空看看这些书。可冉冉只是翻了翻,就放在了书橱里再也没有动过。任凭妈妈如何说，他就是提不起兴趣来，妈妈也拿他没办法。

男孩有自己独立的思想和个性，在读书方面，也有自己的喜好和选择。他们有的喜欢读小说，有的热衷于科普读物。妈妈在引导孩子阅读时，要顺应孩子的喜好，在此基础上，给孩子提供一些阅读建议，不要把自己的想法强加给孩子。因为被动的、强制的、没有快乐的阅读，只会让他产生逆反心理，进而丧失阅读兴趣。

专家课堂

关于儿童课外阅读这个问题，教育专家尹建莉给出了特别提示：

1.好阅读尽量用书面语，坏阅读抛开书面文字，大量使用口语。

2.好阅读要求孩子快快读，坏阅读要求慢慢读。

3.好阅读在乎读了多少，坏阅读计较记住多少。

4.好阅读读字，坏阅读读图。

5.尽量不要让孩子读缩写本或缩印本。

第十章 财商决定男孩一生，教男孩驾驭金钱和财富

男孩知道钱是如何来的吗？

男孩拥有怎样的金钱观？

男孩拥有理财意识吗？

零花钱多了，男孩会储蓄起来吗？

男孩会赚钱与投资吗？

……

财商是男孩幸福的基石。培养高财商的男孩，是妈妈在教育男孩的过程中不可或缺的一堂课。

第77招

钱是怎么来的——摆正男孩对金钱的认识

对于绝大多数男孩来说，他们对金钱最初的欲望往往体现在购买欲上。从刚懂事起，他们就开始向妈妈要这要那，各种吃的、玩儿的。这时，他们并不知道钱到底是什么，他们认为钱就是从妈妈口袋里要出来的，可以用来购买很多东西。

所以，妈妈应该对男孩进行“金钱教育课”，告诉他们钱是怎么来的。

如果妈妈没有及时地对自己的儿子进行必要的金钱教育，而是一味不加克制地满足孩子的要求，久而久之，父母就会成为孩子眼中的“提款机”。男孩会把理直气壮向妈妈要钱当成一种习惯，当妈妈不再愿意满足孩子的要求时，他会觉得妈妈不再爱他，甚至会对妈妈说：“没钱，你就去银行取啊！”……这样的男孩长大以后，大都缺乏感恩的心，只会一味地索取，而不知道回报。

因此，妈妈要正确引导孩子，让他建立正确的消费意识和金钱观念。

思涵3岁了，他的妈妈准备送他去幼儿园，为了更好地培养思涵对金钱的认识，他的妈妈决定带他一起去幼儿园办理缴费手续。在幼儿园的缴费处，思涵歪着头问他的妈妈：“我们为什么要把这么多钱交给幼儿园呢？”他的妈妈顺着思涵的问题，向他解释为什么要交这么多钱，这些钱交给幼儿园后都用来做什么。同时，思涵的妈妈还告诉他，这些钱都是爸爸妈妈辛苦工作赚来的，跟幼儿园的老师一样，只有工作才能获取金钱作为报酬。虽然只是一段简单的交谈，却让小思涵知道了两个问题：第一，上幼儿园为什么要交钱；第二，钱是一段等价交换的媒介，只有工作才能获得，不是平白无故得来的。

现实生活中，有的男孩不能理解妈妈的苦衷，与人攀比，用妈妈的钱给自己撑排场。导致孩子形成这种不良习惯的很大一部分原因在于妈妈没有让他清楚地认识到钱来之不易。

因为不知道妈妈赚钱的辛苦，所以很多孩子尤其是家庭环境比较好的孩子根本不懂得珍惜；因为不清楚妈妈背负的压力，所以孩子不能理解妈妈偶尔的“小气”；因为从未体验过生活残酷的一面，所以孩子始终感觉不到自己的生活有多幸福……

因此，作为妈妈，你一定要从小让孩子树立正确的金钱意识和消费意识，帮助孩子正视金钱，珍惜并尊重父母的劳动成果，让孩子养成节约的好习惯。

让孩子知道你每天都在做什么

妈妈几乎每天都要对自己的儿子说：“宝贝，妈妈去上班了……”到了月底，妈妈又会用工资给孩子买很多礼物。孩子的思维尚未成熟，他还不能清楚地知道“工资”背后的含义，他的直观感受不外乎“爸爸妈妈有钱了，可以给我买好东西了”。于是，大部分孩子总是把目光集中在妈妈的工资上，却很少去关注妈妈一个月所付出的辛苦劳动。为了培养孩子正确的理财意识，妈妈可以带着孩子去你工作的地方看看，让他知道你一天都在做什么。

以下是一位妈妈的真实经历：

一天，14 岁的儿子突然对我说：“妈，我们同学都骑‘捷安特’的公路赛车，才 1000 多元，你也给我买一辆吧！你看我骑的那辆自行车太土了，我在同学面前特没面子。”听完儿子的话，我惊诧无语，“才 1000 多元”这话在儿子的口中怎么那么不对味儿，就好像我的钱是大风刮来的一样。我是纺织厂的一名普通工人，每月工资只有 2000 多元，劳动强度特别大。于是，我决定带儿子到我工作的地方，感受一下赚钱的辛苦。

到了工厂，我问儿子：“你觉得妈妈的工作苦不苦？”儿子没说话，只是咬着嘴唇点点头，看得出他有所感受。我又问儿子，“我一天挣几十元钱，而你却一张口就要上千元的自行车，你算算看，我得干多少天这样劳累的活儿，才够买你要的那辆自行车？”儿子虽然不说话，但眼眶里充满了泪水……

只有让你的孩子知道你工作的辛苦，钱赚得不易，他才会懂得珍惜。

即使是对于生活条件很优越的家庭来说，也必须在孩子成长的过程中，对他进行适当的教育，让他知道钱不是万能的，换不来一生的幸福和一颗感恩的心。当你的孩子看到那些钱全是由你的汗水和辛劳换来时，他会更加尊敬你、爱你。

用“暗示法”让儿子体会你的辛苦

小秦非常想要一架遥控飞机，经过再三央求，他的妈妈满足了他的愿望。小秦在广场上快乐地玩儿着，他的妈妈却不断地用手敲打着自己的后背。

玩儿了一会儿，小秦好奇地走了过来，问：“妈妈，你怎么不陪我玩儿啊？为什么你一直捶背呢？”小秦的妈妈叹了口气，说：“儿子，对不起了，妈妈不能陪你玩儿了，妈妈的后背最近疼得厉害。你自己玩儿吧！”小秦不解地问：“为什么你不去医院呢？”

妈妈说：“傻孩子，去医院不是得花钱吗？一次就要好几百元呢！妈妈赚钱很辛苦的，怎么舍得去看病？”

小秦听完妈妈的话，低下头哭了：“我这架遥控飞机一下就花了400元，不如省下钱为妈妈看病呢……”

这个妈妈使用的就是“暗示法”，不仅让孩子清楚地明白了赚钱的辛苦，还因此增进了妈妈与孩子之间的感情。

让男孩知道钱来之不易

小明看到别的小朋友都有自己的钢琴，他也很想要，于是就整天缠着他的妈妈要钢琴。小明的妈妈没有立即答应他的要求，而是在明确了儿子的确对音乐很有兴趣后，找小明谈话：“妈妈知道你很想要一架钢琴，但是钢琴真的太贵了，妈妈现在买不起，但是妈妈答应你，我会努力工作攒钱给你买的，好吗？所以，你现在就得等一等。”

3个月过去了，小明一直记着妈妈的话，当他再次向妈妈提到这件事时，他的妈妈却故意面露难色，用十分抱歉的语气对小明说：“对不起，妈妈还没有赚够钱呢，你再等等，好吗？”儿子虽然很失望，但还是点点头，答应了。

又过了两个月，小明的妈妈觉得给小明买钢琴的时间到了。她从银行里取出2万元现金，并故意换成了10元一张的。这样一来，原本两沓钱就变成20沓。小明看到这么多钱，不禁张大了嘴巴。妈妈看着小明的表情说道："你看，买钢琴需要很多钱吧，这里面每一张都是爸爸妈妈辛苦赚来的，所以你一定要好好学钢琴，知道吗？"

就这样，小明通过妈妈的良苦用心，理解了一架钢琴的价值。他不仅非常认真地练习钢琴，还非常爱护这架来之不易的钢琴。在他看来，这架钢琴是爸爸妈妈辛苦工作半年，用很多钱买来的。

这位妈妈是聪明的。对于孩子来说，一件物品究竟值多少钱，他并没有一个明确的概念，但是当一大堆钱和等待购买的时间摆在他面前的时候，他就会很清楚地认识到这件物品的价值，才会懂得珍惜、尊重他人的劳动成果。更重要的是，男孩也从中学会了感恩。

专家课堂

父母如何正确地引导男孩，让他明白钱来之不易呢？

1.带男孩去父母工作的地方感受一下工作的辛苦。

2.在给男孩买东西时，让他明白钱的数量与付出的劳动成正比。

3.让男孩爱惜物品，不要铺张浪费。

第78招

钱不是万能的——给男孩一个正确的金钱观

随着我们生活水平的逐渐提高，孩子从妈妈那里得到的零花钱也越来越多。然而，对于成长中的孩子来说，比金钱更重要的是树立正确的金钱观。

以下是一位男孩妈妈的日记：

我儿子特别爱花钱，花起钱来大手大脚，从小就是这样。他小的时候和爷爷奶奶生活在一起。爷爷奶奶非常娇惯他，为了鼓励他干活儿，每次都要给他各种奖励。例如，刷一次碗或者收拾一次碗筷，就奖励一块巧克力；扫一次地，就奖励 1 元钱；自己穿一次衣服，奖励 2 元钱等。孩子从小就在物质的诱惑中做各种事情，非常懂得如何博取家人的欢心。

我家条件挺好，从来不愿意委屈孩子，孩子使用的物品几乎都是名牌。现在，儿子刚上初中，前一段时间迷上摄影，要一台价格不菲的照相机，我也答应了。但是我非常担心，他只会花钱，而没有一点儿理财能力，以后该怎么生活?

读完这个小故事，我们有什么样的感受呢？例子中的这个男孩之所以有这样的消费观念，实际上是因为他对金钱缺乏正确的认识，养成了花钱大手大脚的习惯。

从小培养孩子科学合理的金钱观，是现代教育的一个重要环节，应该引起广大妈妈的注意。

那么，什么是金钱观？简言之，就是对金钱的认识、分配与使用方法的思考与行为模式。

金钱观分两部分，一是使用的时机与方法，二是对金钱处理的看法、态度。常言说，由俭入奢易，由奢入俭难。随着知识经济的到来，我们不但要在自己的财务规划上游刃有余，更应有计划地让我们的下一代形成正确的金钱观，具备一定的理财能力，使孩子不但懂得吃鱼，更知道如何钓鱼。那么，妈妈应该怎样帮助男孩树立科学合理的金钱观呢？

让男孩接触金钱，并科学地认识钱币

生活中，当男孩看到妈妈用一张又一张的卡去购买商品时，会觉得那些卡充满了魔力，误以为卡里的钱就好像天上掉下来的馅饼，永远也用不完。因此，在孩子面前，妈妈最好使用现金消费，让孩子明白每次购物你到底花了多少钱，并如实地把你的工资告诉给孩子，不要让他觉得金钱是取之不尽、用之不竭的东西。

另外，当你在数钱的时候，不妨让孩子也参与进来。通过对金钱的接触，有助于增强男孩对金钱的直观感受，让他对金钱形成更加深刻的认识。

让孩子支配自己的零花钱

很多妈妈认为，要想培养孩子的金钱观，就不能让孩子过早地接触金钱，孩子需要什么，我就给他买什么，只要不委屈孩子就行了。更有一些妈妈认为，孩子过早地接触太多的金钱不好，容易变得拜金。其实并非如此，我们来听听孩子的声音：

李想是某市实验小学的一名学生，下面是他写的日记。

放暑假的时候，我在家洗碗，一天 1 元钱；很多时候，妈妈让我去买东西，找的零钱都归我；平时老师表扬了我，爷爷奶奶都会给我钱。如果我要买自己喜欢的东西时，才动用这些钱，平时不会乱花。我已经存了 100 多元钱了，准备去买一套变形金刚。我希望能自己支配零花钱。

现在的孩子越来越聪明，他们非常希望自己能支配一些零花钱。实际上，这对培养他们的金钱观也是有一定的好处的。但要注意的是，孩子在支配自己的零花钱的过程中，妈妈要做好引导工作。

让男孩了解金钱的局限性

让男孩了解金钱能做什么，仅仅是金钱观教育的一部分，此外，还要让男孩了解金钱的局限性。我们要想方设法让男孩懂得，有些东西是无法用金钱衡量的，这样才能让男孩对金钱有一个更客观的认识，也有助于男孩树立更崇高的理想，不成为金钱的奴隶。

专家课堂

日常生活中，父母应当怎样教育男孩摆正对金钱的认识呢？

1.用正确的话语引导男孩。尽量不要总是在男孩面前说“买不起”“要是有钱就好了”“有了钱我们会更幸福”等话，以免误导男孩，让男孩形成错误的价值观。

2.清楚的账单分析法。无论购买多么小的东西，父母都应该让男孩知道他花了多少钱，通过账单让男孩正视自己的花销，进而对金钱有一个正确认识。

第79招

财商培养很重要——从小培养男孩的理财意识

随着年龄的增长，孩子不可避免地要与金钱打交道。步入社会后，理财能力将直接决定孩子一生的贫富。尤其是对于男孩来说，拥有较高的财商是受益一生的财富。

美国著名的亿万富翁洛克菲勒就特别重视对孩子的财商培养，当他的孩子很小的时候，他便每周发给每个孩子零花钱，同时给孩子们准备一个记账本，用来记录钱的用途。然后，他会在每个周末，定期审查孩子们的开支是否合理。对此，洛克菲勒解释说 ：“要让他们从小就懂得金钱的价值，不要乱花乱用，而把钱花在该花的地方。”

因此，从小培养孩子的财商，是孩子幸福生活的有力保障。

牛牛是某市实验中学初三的学生，家境非常好。他平时上学、放学，都是爸爸或爸爸的司机用小车接送。他穿的衣服也是最时髦、最流行的款式，并且这种款式必须是班上独一无二的他才穿。然而，牛牛上学总是三天打鱼两天晒网，一旦没有小车送，他就赖在家里，死活不肯上学。

有一次，班上有一个同学穿了一款从国外买回来的衣服，牛牛回家后就吵着让妈妈也到国外给自己买一套一模一样的衣服。妈妈没及时买到，牛牛就又哭又闹，发誓不买到新衣服就不去上学。

还有一次，牛牛过生日，他收到全班同学送的生日礼金2700多元。生日的第二天，他花了700多元给自己买了一双盼望已久的名牌运动鞋，用剩下的2000元请全班同学到酒店大吃了一顿。

事例中的牛牛虽然只是一个上中学的男孩，然而他对待金钱、对待消费的态度却让我们感到愕然。为什么这个孩子这样漠视、挥霍金钱？其实，在现实生活中，有成千上万个“牛牛”。孩子的理财意识需要提高，我们的理财教育势在必行。在家庭教育中，妈妈应该如何培养男孩的理财意识呢？

告诉男孩理财的重要性

孩子还小，尚未接触社会，对理财这个概念还不了解。在日常生活中，妈妈可以告诉男孩什么是理财以及理财的重要性，这是培养男孩理财意识的第一步。

张远是个学习成绩优秀的孩子，由于家庭条件不错，所以妈妈对孩子的零花钱管理得非常宽松，这让张远从小养成了花钱无度的习惯。

每次上街，只要是自己喜欢的东西，张远就往家里搬。因此，张远一个月要向妈妈要好几次零花钱。但究竟花了多少钱，它们都用在了什么地方，张远自己也说不清楚。

其实，类似张远这样的孩子在我们的身边有很多。作为妈妈，不管我们有多少钱，都不能纵容孩子乱花钱，生活条件越好的家庭，越应该从小培养孩子的理财意识，让孩子从小树立科学的理财观念。

教男孩体会与人分享金钱的快乐

妈妈首先要清楚一点，教男孩认识金钱，但并不是教他过多在意金钱。如果太在意金钱，人就不再是金钱的主人，反而成了金钱的奴隶。因此，妈妈要有意识地克制男孩对金钱的欲望。

在美国，慈善事业很发达，义工也非常普遍……在那样的大环境中，孩子从小就能体验到分享金钱的快乐。为了避免你的儿子成为“小财迷”，妈妈不妨也多带男孩参加一些慈善捐款活动，使他懂得人与人之间应该互相帮助和分享，这是比守住金钱更快乐的事情。

用正确的理财观和消费行为来影响男孩

晚饭后，小海的爸爸妈妈坐在沙发上聊天，他们的谈话内容引起了小海的兴趣，他凑过去问:“爸爸妈妈，你们刚才说的‘基金定投’是什么意思啊？怎么会让钱生钱呢？”

小海的妈妈耐心地解释道：“儿子，这是一种投资，就是每个月把你的钱定期存到银行里，银行的基金经理拿着你的钱去进行更大的投资，如果他们对金融市场把握得好，就会赚取到可观的利润，你就会获得相应的收益；如果金融市场不景气，你的钱很可能就会全赔进去。所以，儿子，我刚才说的‘钱生钱’只是一种理想的状态。不过，大多数情况下，基金是不会赔的，我和你爸爸就准备投一些。”

小海听到后，表现出很兴奋的样子：“我也想把自己的压岁钱投进去，每个月存一些，可以吗？”

妈妈摸摸小海的头，笑着说：“当然可以了，儿子。钱放在手里，永远是死的，只有让它保持流通，才能生出更多钱……”

妈妈永远是孩子最好的老师。许多时候，妈妈不需要说什么就可以把花钱的决定、次序、信念及习惯等潜移默化地传授给孩子，所以妈妈处处都要以身作则，用自己的理财观念和消费行为来影响男孩。

妈妈不妨学学事例中小海的妈妈，教你的儿子亲自尝试投资。这样不仅可以让他了解到基本的投资知识，还可以让他懂得手中的钱通过投资可以不断增值。同时，在基金涨跌中还会使男孩认识到风险的存在，锻炼其承受风险的能力。

专家课堂

父母如何培养男孩的理财意识？

1.给孩子准备一个记账本，最好让他自己去挑选喜欢的样式，以便提起他对记账的兴趣。

2.在条件允许的情况下，每周或每月定期给男孩一笔固定的零花钱。

3.如果男孩提前花掉零花钱，父母就不能再给了；同时，父母也要时刻关注男孩的消费情况，当发现男孩花钱大手大脚时，应及时予以制止。

第80招

小存储，大未来——让男孩学会储蓄

储蓄习惯的养成到底有多重要？我们不妨来看一个这样的小故事：

石油大王洛克菲勒，是美国19世纪的三大富翁之一，活到98岁高龄，一生至少赚进10亿美元，捐出的就有7.5亿美元。但他平时花钱却十分节俭。

有一次，他下班想搭公车回家，缺1美元，就向他的秘书借，并说：“你一定要提醒我还，免得我忘了。”秘书说：“请别介意，1美元算不了什么。”

洛克菲勒听了，一本正经地说：“你怎么说算不了什么？把1美元存在银行，要整整10年才有1美元的利息啊！”

这个小故事给我们最直接的感受就是，原来有钱人之所以富有，是因为他们的钱财都是一点一滴地节省下来的。可见，学会储蓄，对一个人来说非常重要。所以，妈妈一定要注意培养男孩的储蓄意识，让他从小养成储蓄的好习惯。

其实，说到储蓄，我们并不陌生，它是我们每个人都离不开的最基本的经济活动之一，也是最基本的理财方式。妈妈首先必须让孩子认识、理解储蓄是什么，要让孩子明白借款和存款的区别，懂得储蓄是比借贷更好的方法……

当然，培养男孩从小养成储蓄习惯的方法有很多，妈妈可以根据自己的实际情况，具体情况具体对待。

与男孩一同制订零花钱使用规则

关于零花钱，妈妈应郑重地和孩子进行一次讨论，找到彼此满意的解决办法，最后形成一个零花钱使用规则，即花钱的时候要遵循“节约勤俭、消费合理、不可超支”的规则。妈妈要告诉男孩，规则一旦制订，就必须遵守执行。特别应该注意的是，双方不要轻易改变这些规则。如果男孩有超计划的开支，妈妈未能引起足够的注意，他日后就会重蹈覆辙，经常超支。当发现这个问题时，妈妈要及时找孩子沟通。 渐渐地，男孩就会改掉铺张浪费的习惯，从而慢慢形成储蓄的习惯。

把“储蓄优先”的观念灌输给男孩

对于男孩来说，如果他有自己购买的目标，那么储蓄就变得非常有意义。一位经济学家建议：鼓励孩子设立短期目标，让他存入零花钱，两三个星期后就能买诸如玩具、书籍和学习用品等，然后让孩子转向更大的目标，存钱几个月，乃至一年，就能实现更大的目标。

我们来看这样一个小故事：

王女士38岁，从事律师工作，她有两个儿子，一个10岁，一个16岁。

王女士非常注重培养孩子的理财意识，她是从培养他们的储蓄习惯开始的。例如，儿子出生不久后，她就以孩子的名义在银行开了一个活期储蓄的户头，将亲戚朋友所给的满月礼、压岁钱都存在账户内。两个孩子都是如此。

等孩子慢慢长大以后，王女士将银行卡给了儿子，并嘱咐孩子，若要买自己喜爱的东西，一定要跟家里人商量，钱则从账户内扣除。另外，王女士也一直督促两个孩子把自己的零花钱存在他们自己的户头里。

长期以来，两个孩子随时都知道自己账户内有多少钱，也都清楚自己的钱到底花在了什么地方。

在王女士的长期培养下，两个孩子从小就养成了良好的储蓄习惯，有点儿零花钱就自己存起来，不到万不得已是不会乱花自己的“存款”的。

其实，要想从小培养男孩的理财能力，储蓄习惯的培养是其中重要的一环，因为储蓄过程可以让他学会等待，可以让他亲身体会到储蓄带来的好处。所以，妈妈一定要帮助男孩养成储蓄习惯。

巧妙使用存钱罐，教男孩养成储蓄的好习惯

这里介绍一种简单易行的小方法，可以帮助我们培养男孩的储蓄习惯。这种方法要借助一个道具——存钱罐。具体的操作步骤如下：

第一，和男孩一起挑选存钱罐。妈妈可以在男孩的重要日子中，和他一起去挑选一个他喜欢的存钱罐，当作礼物送给他。

第二，和男孩一起存钱。与男孩一起收集家中的硬币并把它们放进存钱罐，还可以给孩子换一些硬币，让孩子体会到收集的快乐。

第三，让男孩见识储蓄的神奇力量。妈妈可以通过定期和男孩一起清点存钱罐，让男孩见证自己储蓄的结果。与此同时，妈妈还可以教育男孩懂得储蓄的力量，教他节约平时点点滴滴的零花钱，坚持储蓄的好习惯，及早为将来做准备，将来就有可能实现更大的梦想。

专家课堂

父母应该如何培养男孩的储蓄习惯呢？

1.让男孩正确认识钱的用途。

2.让男孩合理使用零花钱，不乱买东西。

3.可以借助游戏的方式引导男孩存钱，比如，可以给他买一个他喜欢的卡通形象的存钱罐，并告诉他，他存进去的钱越多，卡通存钱罐的“能量”就越大。

第81招

花钱要有度——引导男孩形成科学的消费观

在我们的身边，不乏这样的妈妈：不管孩子提什么要求，她都尽量满足，不加以限制。结果，孩子花钱无度，不懂得什么叫来之不易。面对这样的现实，越来越多的教育家和社会学家开始呼吁，让孩子从小养成科学合理的消费习惯已经成为现代家庭教育的一个重要内容。

在扬扬刚刚会说话的时候，当别人问他：“你最爱看什么电视节目？”他会不假思索地回答：“看广告！”扬扬喜欢那些跳动的画面，还学会了许多广告语。

随着年龄的增长，他就不只是看和学了，而是看见广告里有什么，他就想要什么。他的妈妈经常和同事抱怨说：“广告里面有什么，我们家扬扬就闹着要什么，我就得买什么。”当然，扬扬小的时候，他也不会有什么特别高的要求，顶多就是买点儿玩具，这样的要求家里还是可以满足的。

但是，后来扬扬的要求越来越高。这不，刚上初中没几天，就向家里人开出了一个消费清单：耐克运动鞋、一辆名牌自行车……扬扬的妈妈粗粗一算，居然需要四五千元。

扬扬的妈妈虽然有能力购买这些东西，但是一想到孩子这么小就如此消费，一下子心就凉了半截！

对于男孩来说，学会合理地消费，其意义不仅在于如何花钱本身，其中包含了多方面教育的内容和能力的培养。那么，怎样引导男孩合理消费呢？这需要我们从生活中的小事做起、从细节做起，一步步引导男孩树立科学的金钱观，帮男孩形成合理的消费观。

消除男孩的攀比心理，让他养成良好的消费习惯

男孩的自控能力相对较差，因此，他们中的大多数在消费时都有大手大脚、与人攀比的习惯。

有这样一个故事：

一个家庭因为生意失败导致财产损失，就在妈妈一筹莫展之际，这家的男孩却张口向他的妈妈要钱：“明天我的朋友过生日，给我200元钱，我答应请他吃饭。”男孩的话让妈妈很惊愕。妈妈说：“儿子，你不了解咱们家现在的状况吗？你怎么还……”男孩有些不高兴地打断妈妈的话：“那就给我100元吧！我答应了朋友，要不然，也太没面子了。”妈妈看着儿子理直气壮的样子，不住地叹气和摇头……

因为男孩比较爱面子，所以在消费行为上存在着与人攀比的情况。一般来说，这种心理会随着男孩年龄的增长而变得严重。因此，妈妈在满足男孩的欲望时切记不能过度。

另外，要试着让男孩了解妈妈艰难创业的历程，让男孩明白金钱来之不易，立足社会、学会生存很艰辛，最终形成自力更生、勤奋工作的好习惯。

通过日常购物引导孩子科学消费

妈妈要在日常购物中教导男孩理性消费。这里有很多小技巧可以使用，我们先来看看下面这位妈妈是怎么做的。

16岁的马东来自单亲家庭。一次他想买一件名牌衬衣，大概需要1000元钱。马东身边的几个朋友都买了那件衬衣，他也想要一件。马东想：自己

16 岁了还没有一件像样的衬衣呢！妈妈过去总在小摊上买减价的衬衣，自己已经是高中生了，一定要有穿得出去的衬衣。

马东回家后把自己的想法和妈妈说了。妈妈一听需要 1000 元钱，立刻反对。一见妈妈反对，马东非常不高兴，觉得妈妈不关心他，甚至用不学习、不做作业来对抗。

无奈之下，马东的妈妈只得答应他的要求。实际上，她已经另有打算：即使买了这件衬衣，也要让马东知道妈妈为他买这件衬衣有多么不容易。于是，她对马东说："我们每个月存 200 元钱，存 5 个月，我就可以给你买了！"马东的妈妈想：也许只有这样，才能让马东理解我的苦衷，这也是一个教会马东合理消费的好方法。

当然，马东还是很高兴的，与妈妈的关系好了，又开始用心学习了。

然而，两个月后，马东看着每天精打细算的妈妈就只为了给自己买件衬衣时，马东心里特别不舒服。终于有一天，马东对妈妈说："你不要存钱了，我现在不想要那件衬衣了，我看到一件 80 元的衬衣也很不错，我要那件。"

我们不得不佩服马东妈妈的明智。其实只要我们多思考一下，还是可以用很多小技巧来引导孩子合理消费的，比如，买东西时多走几个地方，货比三家，告诉男孩无论买什么东西都不能大手大脚。逛商场时要和男孩说好：今天只能买一样东西，或者只能花多少钱，这样会对男孩有所约束。妈妈还可以让男孩做一些力所能及的事情，如买菜、买日用品等，让他亲身了解家里的消费开支情况。

让男孩学会做预算

在生活中，妈妈可以帮助男孩学会预算。例如在每次消费前，应该让男孩自己列出一张购物预算清单，并帮助他分析其消费的合理性。这样，有助于男孩形成合理、有节制的理性消费观念。

当男孩有了花钱无度的倾向时，妈妈就要采取"定时定量"给零花钱的策略，让男孩克制消费欲望。

让男孩懂得为自己的花销负责，懂得在消费前预算，这是每位妈妈要教会孩子的东西。

专家课堂

教育专家郑委老师运用“约定”原则来教育乱花钱的孩子：

1.根据孩子年龄和家庭条件的不同，按周给孩子零花钱。

2.孩子的钱＝大钱＋零花钱，大钱存折孩子保管，密码父母保存，零花钱孩子自由支配。

3.把孩子所有的开销分成三类：该花的、不该花的、可花可不花的。

4.全家商定购物时间。

5.执行决定前确定违约惩罚机制。

第82招

男人要学会赚钱——让男孩“打工”赚钱

巴菲特5岁时，因为看到妈妈每天都很辛苦地为生活而犯愁，他就产生了赚钱的欲望，决心要成为一个非常富有的人。于是，他在家门前摆了个小摊，向过往的行人兜售口香糖。之后，他把摊子挪到繁华市区，在那里卖柠檬汁。巴菲特并不花赚来的钱，他开始积聚财富。有机会的话，他还跑到高尔夫球场寻找被人遗弃的但还可以用的高尔夫球，仔细地按照牌子和价格整理包装出来，再转给别人去卖，然后从别人那里拿提成。

在很多西方国家，孩子很小就知道赚钱了。在大街小巷，男孩送报、送外卖、修理草坪等情形随处可见。在超市、商场、饭店，孩子们理货、打扫卫生、做服务生，他们把这些劳动和赚钱的机会作为一种理所当然的体验，他们内心也乐于享受这种赚钱的过程。这个过程本身也及早地锻炼了他们的独立能力。

而我们的孩子大都过着衣来伸手、饭来张口的日子，需要钱时妈妈给到手里，孩子对金钱没有一种正确的认识。而且，越是这样，孩子就越缺乏理财能力，对花钱都没有认识，哪里会想着赚钱呢？

随着经济的全球化和教育的国际化，未来的发展空间会更广阔，竞争会更激烈。因此，培养男孩的理财能力尤为重要。日常生活中，给男孩创造赚钱的机会既能锻炼男孩的能力，又能让他获得成就感。

让男孩知道要钱不如自己赚钱

随着男孩的长大，他的消费意识也在不断地更新。一些理财专家告诫妈妈，在教孩子如何花钱的同时，更要教会他如何赚钱。“要花钱，自己赚”，这是很多西方国家孩子的思维。这与他们从小接受的教育有关。生活中，妈妈一定要让男孩明白只有劳动才能创造财富，这样不仅能让他获得劳动经验，而且能让他对金钱有更深刻的理解。

帆帆每次去超市都会在卖书的地方流连忘返，原来他心中早就想要一套科普书了，懂事的他不好意思开口向爸爸妈妈要。他数了自己的存钱罐，还差将近 30 元呢。于是，一个暑假，他都在“折腾”，他把家里阳台上的废品都整理出来了，并分门别类装好。然后，他让爸爸在星期天帮自己卖掉，卖了 35 元。帆帆高兴得不得了，第二天就让爸爸妈妈陪自己去买书了。

在孩子的成长过程中，对所有新鲜有趣的事物都充满向往，常常想用钱去购买心仪的东西。比如，上幼儿园时想买玩具，上小学时想买游戏机、自行车，到了初高中时就想买笔记本电脑等价值高的物品。这时候，妈妈就要尽量让他通过赚钱去达到购买的目的。当然，并不是孩子所有的消费都要让他自己赚，大多数时候他也赚不到，重要的是要让他明白，要花钱，自己赚，不能买什么都指望自己的父母这样的道理。

帮孩子发现“商机”

鼓励男孩赚钱，但赚钱不是目的，而是让他时刻注意主动发现一些“商机”，并且成为一种习惯。“商机”无处不在，就看妈妈的用心程度了，尽

好的，一会儿我带你去买。
妈妈，我要电视里那双运动鞋。
如果你真的想要，就要自己挣钱来买。从今天开始，你帮妈妈打扫卫生吧，妈妈每天给你发“工资”，你看怎么样？
妈妈，我要电视里那双运动鞋。

量多寻找机会，让男孩去体验。比如，家里的废品、旧书报，让他收集整理去卖；让他收藏增值的纪念品；利用自己的特长“卖艺”赚钱等。

周末，小朋从学校回来，兴奋地冲进家里。他红光满面，非常激动地喊着：“妈妈，我赚钱了，看我赚了28元钱。”原来，小朋在妈妈的提议和鼓励下，征得了老师的同意，和班里的同学在教室里开辟了一个“小交易市场”，在市场里出售自己不用的书本、玩具等。通过这次活动，小朋不但卖出了自己带去的七本书、两个飞机模型，而且买了一个特别漂亮的小台灯。

男孩天生愿意去尝试新事物，如果妈妈给予一定的引导，就会让他得到崭新的体验。男孩发现“商机”的良好习惯应从小培养，并让他从实践中获得成功的经验，逐步丰富他对各种经济活动的认识。

让男孩第一次赚钱的记忆刻骨铭心

良良平时就有很好的理财习惯，这与妈妈的教育不无关系。良良的妈妈年纪轻轻就事业有成。妈妈经常给他讲自己小时候的故事：“那时家里很穷，学校开运动会要求穿统一的衣服，我却买不起。有一年暑假，在家人的鼓励下我去卖冰棍。一个暑假下来，我用卖冰棍攒的钱给自己和妹妹各买了一身衣服。穿着通过自己劳动换来的衣服，感觉兴奋得要飞起来了。那种成功的感觉，我一辈子都忘不了……”

第一次赚钱，赚多少都没有关系，重要的是让男孩得到锻炼，增长经验。在这个过程中，他会明白很多东西，远远比每天在家啃书本要有意义得多。

专家课堂

“赚钱”是孩子社会实践课中必不可少的内容。为此，韩国金融教育专家朴铁给父母的建议是：

1.父母首先要让孩子改变观念：从消费者到生产者。

2.父母可让孩子从做家务开始体验赚钱的艰辛。

3.切忌让孩子事事依赖父母，不知道主动去“赚钱”。

第83招

滚雪球，钱生钱——引导男孩学会投资

在生活中，如果父母在消费方面事事为孩子越俎代庖，反而会导致他长大后缺乏经济头脑，花钱没有节制，不会合理理财、投资生财。

同时，真正拥有财富的人更应懂得金钱的价值和重要性，会攒钱，会理财，同样懂得如何花钱。

培养男孩的经济头脑，也就是培养他理财、投资的眼光和能力。具备了这种能力，对于男孩来说，就相当于拥有了一笔受用一生的财富。因此，妈妈可以利用生活中的各种机会，让男孩从小就懂得金钱的价值，并且掌握一定的理财知识。

让男孩管理自己的钱

小山平时都是自己管理零花钱，他有三个存钱罐，排成一排放在他的桌子上。这让来他们家做客的人很奇怪，孩子存钱很正常，可是为什么非要有三个存钱罐呢？其实，用三个存钱罐，是爸爸妈妈有意而为之。他的第一个存钱罐里的钱用于一般的日常开销，比如买自己用的生活及学习用品。第二个存钱罐就是短期的储蓄了，比如，每当小山需要买相对贵重的物品时，就用这里的钱。上周他用掉了两个月的积蓄买了一架他向往很久的飞机模型。第三个存钱罐的钱是小山的长期储蓄。每年春节，爷爷奶奶、姥姥姥爷、爸爸妈妈，还有叔叔阿姨给的压岁钱，他大部分都放到了这里面，然后定期让爸爸给他存到银行。

三个存钱罐的理论，是美国教育专家戈弗雷提出的。把钱分存到三个存钱罐，就是让男孩学会经营自己的钱，并进行合理的分配和使用，这能让他对钱形成一定的认识和规划，锻炼他的理财能力。当然，让他花钱的同时，

他也深刻领会到了存钱的必要性。

从小树立理性消费的观念

现在很多男孩追求时尚或陷入攀比热潮，动辄就要品牌，看什么好买什么，开始非理性购物，买回的东西往往没有多少实际价值。如何让男孩理性购物呢？这首先要求他得有理性消费的观念，而理性消费的观念需要妈妈从小为他树立。

每当晓晨跟父母去超市买东西时，从来不提过分要求，他只会挑选一样东西。看晓晨这么懂事，有时父母就额外奖励，给他多买一样东西，他就会问："钱还够吗，不行下次吧！"相对于别的孩子，晓晨的表现让父母感到非常欣慰。而晓晨的这个习惯也是父母从小培养的，以往每次去商场或超市前，父母都会和他先计划一下，问好他都需要什么，然后就直奔主题去挑选，如果没有特别需要的，就只买一样东西，他自己可以随便挑选。

让男孩尝到简单"交易"的乐趣

涛涛在明明家玩儿时，对明明的一辆汽车模型爱不释手，他对明明说："把汽车模型借我玩儿两天吧。"明明说："那把你的机器人给我，咱俩交换吧。"涛涛也非常同意。晚饭时，听明明这么说，爸爸就劝明明把汽车模型送给涛涛，至于机器人以后再给他买。这时妈妈说话了："让他们交换去吧，这样他们会明白不用花钱也可以得到想要的东西，这对培养他们的理性消费观念有帮助。再说了，这样是互惠互利，让他们的东西的价值最大化。"

当男孩和自己的朋友想要进行这种交易时，妈妈不要阻止，可以从旁观者的角度予以指导。他们通过把自己的学习用具、图书及玩具进行交换，使自己的东西的价值最大化。这样的"交易"行为，既能锻炼男孩的理财能力，又能让他体会到"交易"的乐趣。

教男孩简单的投资知识

很多妈妈在炒股时总是避着孩子，其实这大可不必。可以根据男孩的兴趣，适当地给他讲解一些股票知识。这样一方面可以满足他的好奇心，同时也让他从正面了解和认识炒股这种投资行为。有些适合孩子的投资，妈妈可以指导男孩勇于尝试，比如指导男孩买基金，或收藏一些纪念性的邮票等。

专家课堂

“股神”巴菲特认为父母最大的责任就是教会孩子如何在这个世界上生存，而要生存就必须懂得如何养活自己，如何去投资赚钱。对此，他给自己子女的投资忠告有：

1.行动之前一定要做好周密的思考，不要盲目或跟风投资。

2.告诉孩子投资不但需要投资领域的专业知识，更需要勇气。

3. “要学会用40美分买1美元的东西”，让孩子学会爱惜每一分钱。

第十一章 重视品德教育，让男孩拥有高尚的人格

一颗充满爱的心是妈妈送给男孩最好的礼物，更是他一生幸福的起点。当然，除了善良，你还应该从更多的方面对男孩进行美德教育：

让他学会分享，他会获得更多的幸福和快乐；

让他拥有责任感，成为有担当的男子汉；

……

一种美德就是一株稀有的花苞，在爱的培育下，它会开放得更加芳香迷人，更加受到他人的欢迎和赞赏。

第84招

学会关爱他人——让爱永驻男孩的心里

“爱”一直是人类永恒的话题，一个有爱的男孩会更加珍惜生命、珍惜一切美好的事物。

一位儿童心理学家曾通过研究发现，同情和善良是孩子的天性。比如，1岁左右的婴儿在听到别的孩子的哭声时，他也会跟着一起哭；两三岁的孩子，如果看到别的小朋友哭泣，他就会拿自己喜欢的东西去安慰别人；当孩子到了五六岁，他知道应该怎样去安慰自己哭泣的伙伴……

生活中，如果妈妈能够正确地引导和培养男孩的爱心，那么他就会渐渐成为一个爱心的传播者。反之，他可能会变成一个冷漠的人。

美国社会生物学家威尔逊，曾偶然发现这样一个有趣的现象：

一只雌性的成年斑鸠在看到食肉动物靠近它的孩子时，便会假装受伤，然后一瘸一拐地逃出窝，就好像它的翅膀折断了似的。这时，那些食肉动物就会放弃攻击小斑鸠转而攻击成年斑鸠，希望能够快速捕食这只“受伤”的猎物。而一旦这只成年斑鸠把敌人引到一个远离窝的地方时，它就会马上振翅飞走，自然成功逃脱了对方的捕食。

当然，成年斑鸠并不是每一次都能逃脱对方的追击，有时它也会付出生命的代价，但是它用这种富有爱心的举动来保护幼鸟，使它们能够活到成年，繁殖后代。

中国人常说“舐犊情深”，妈妈关爱孩子，孩子长大后关爱自己的孩子，可见，爱心是一种后天强化的行为，只要你为孩子做好榜样，他就会模仿你。那么，妈妈应该通过哪些方法有意识地对男孩进行爱心教育呢？

给男孩做好关心他人的榜样

人们常说：“榜样的力量是无穷的。”因此，要想男孩富有爱心，妈妈必须从自身做起，言传身教。

有这样一对夫妇，他们深深懂得妈妈的言行在孩子成长过程中所起到的重要作用。所以，他们总是以身作则，首先他们非常孝顺长辈。例如在家里，他们总是给长辈倒茶、盛饭、嘘寒问暖。逢年过节，他们记得给长辈买东西、送礼物，而他们在做这些的时候，总是会让自己的儿子知道，而且很多时候他们也会询问自己的儿子应该给长辈买什么样的礼物，让孩子参与到关爱长辈的活动中来。

每逢单位组织旅游或搞活动，如果允许带家属，这对夫妇总是带上儿子和双方的妈妈，让孩子与两位老人开阔眼界。更为重要的是，这可以让儿子从中体会到自己的爸爸妈妈对老人的关心。

在关爱孩子方面，他们总是体贴、温和地对孩子说话，还常常与孩子进行情感的交流和沟通，并及时给予他适当的鼓励、表扬和肯定，让他能直接感受到爸爸妈妈对自己的爱。

为了给儿子创造一个温馨、充满爱的家庭环境，这对夫妇从来不在儿子面前争吵，而是互相关心、爱护。他们每次出差，在给儿子买礼物的同时，总不忘给对方也买一份。而且在吃东西的时候，他们总会提醒自己的儿子记得给爸爸或妈妈留一份。

生活中，他们还注意使用爱的语言，比如:“别着急，我来帮你！”“老婆，你今天太累了，这些事情我来做吧。”“谢谢你为我所做的一切！”等。这样，男孩在父母的引导下，渐渐也学会了怎样去爱别人。

培养男孩的爱心从移情训练开始

所谓移情训练，就是设身处地地站在他人的位置上，从对方的角度去体验他的情感，主要训练方式包括：故事、情景表演及日常交谈等。而培养男孩的移情能力，其中最重要的作用就是让他学会体察他人情绪，理解他人情感，进而对他人表现出关爱行为。

8岁的贝贝从小就非常有爱心，妈妈从他一两岁的时候就开始锻炼他的移情能力，经常鼓励他去帮助他人。例如，看到其他小朋友哭，妈妈就会对他说：“贝贝，你看那个小妹妹摔疼了，她一定很伤心，你用自己的玩具哄哄她。”

有一天，贝贝跟妈妈一起上街去买东西。在过马路的时候，贝贝看见一位行动不便的老奶奶，他看了看妈妈，妈妈正用鼓励的眼神望着他。于是，贝贝主动走上前去，扶着老奶奶过了马路。走到马路对面后，老奶奶十分感谢贝贝，夸他是个有爱心的好孩子。这时，走在后面的妈妈对贝贝说：“贝贝，你注意到了没有，旁边的阿姨都微笑地看着你，后边的叔叔向你投来赞许的目光呢！”贝贝朝旁边一看，果然，好多叔叔阿姨都微笑地看着他。贝贝高兴地回答道：“老奶奶过马路时会很困难，我们每个人都应该帮助老奶奶过马路，是吧，妈妈？”

妈妈微笑地点点头。

可见，从小的移情训练已经使贝贝成为一个充满爱心的人。

专家课堂

卡尔·威特在培养儿子的善行上下了很大的功夫，他独特的教子经验是：

1.将孩子做的好事记在本子上面做永久的纪念，这对孩子继续做好事是一种极大的激励。

2.培养孩子的善行父母要以身作则，为孩子树立良好的榜样。

第85招

做人不自私——让男孩在分享中感受快乐

英国著名的剧作家萧伯纳说过这样一句话：“你有一个苹果，我有一个苹果，彼此交换，每个人只有一个苹果。你有一种思想，我有一种思想，彼此交换，每个人就有了两种思想。”可见，学会分享的人不但不会失去，反而会得到更多的回报。

不过，如今很多妈妈习惯于过度溺爱和娇惯自己的孩子，更是把“小皇帝”放在家庭的主导地位，无论孩子说什么，妈妈二话不说地就去执行。这种教育方式，只会教养出一个自私自利的孩子，他不会关心家人、朋友，更不会关心社会，试问这样一个以自我为中心的男孩又怎么会成为一个家庭的顶梁柱和社会的中坚力量呢？

因此，妈妈应培养男孩分享的好习惯，让他从与他人的分享中获得更多的快乐和幸福。

下面这对夫妇是这样教自己的儿子学习分享的：

有一对中年得子的夫妇，对他们的儿子总是呵护备至。虽然他们的经济条件很一般，但他们总是倾尽自己所有的力量给儿子最好的生活。为了节省开支，妈妈每次总要去批发市场买水果。有一次，妈妈买了一箱儿子最爱吃的苹果。每次吃完饭，就让5岁的儿子帮忙从箱子里拿出苹果，分给爸爸妈妈和自己各一个。一天，儿子从箱子里拿出了最后一个苹果，他往箱子里翻了又翻，沮丧地对妈妈说：“没有了。”

这时，儿子拿着手中的苹果看了爸爸一眼，又看了妈妈一眼，意思很明显：就剩下一个苹果了，难道你们还要吃吗？妈妈和爸爸对视了一眼，然后很坚决地告诉儿子说：“来，儿子，让我们把这个苹果分成三份。”然后妈妈拿来水果刀，把唯一的苹果分成了三份，之后爸爸妈妈毫不犹豫地享受自己的那份。但爸爸妈妈还是明显地看到爱吃苹果的儿子眼中蓄满委屈的泪水，他心里在想："为什么那么爱自己的爸爸妈妈，不愿意把唯一的苹果整个给他吃呢？"

上例中的这对夫妇之所以把唯一的苹果分成三份，就是要让他们的儿子明白：真正的分享，不是在自己有很多或者自己不喜欢的、不需要的东西时，才分给别人，而是在自己也不多、也喜欢的时候，还愿意把自己的东西分给别人。

用交换法让男孩学会分享

妈妈在教子过程中可能会发现这样一种现象：在公共场合或者在幼儿园的男孩，总希望自己能够独霸所有的东西。如果出现这种行为时，妈妈一味批评孩子，只会产生副作用；如果能让男孩学会与他人分享玩具等物品，一定会起到很好的教育效果。

有一位聪明的妈妈在网络日志中这样记录下了自己的教子经验：

我有两个儿子，一个5岁，一个7岁。兄弟两人一般情况下都能很好地相处，但也常常会为一件玩具而争吵起来。后来，我买了一个小猴形状的定时器。每当两个小家伙一起玩儿的时候，我总是为他们设定相同的时间，有时是10分钟，有时是20分钟，但时间一到，其中一个必须放下自己正在玩儿的玩具，让另一个来玩儿。就这样，两个孩子都学会了在属于自己的时间里玩儿，而且他知道时间一到，自己就不应该再霸占着玩具，否则以后就没得玩儿。因为我在之前给他们规定，只要其中一个孩子违反了规则，那么这个玩具的所有权就要归另一个孩子了。

另一位睿智的妈妈采用了交换法，让儿子学会分享：

我只有一个儿子，我希望他能成为一个不自私、乐于与他人分享的男子汉。每次我给儿子买了他喜欢的玩具、动画片或者图书时，总会鼓励他带到学校去，让他与其他同学交换玩具、动画片或者图书。平时，我总是这样对儿子说："儿子，把你的东西借给别人，然后再向别人借你喜欢看或者喜欢玩儿的东西，这样我们花很少的钱就可以玩儿很多的玩具、看很多的动画片和图书。你说妈妈说得对不对？”儿子非常赞同我说的话，并且渐渐理解了分享的真正意义。现在，他已经是一名初中生了，我给他买的玩具和图书等并不多，但他在与同学的相互交换中已经分享了更多的玩具和图书，而且这也在无形中增进了他与同学间的友谊，交到了很多好朋友。

引导男孩站在他人的角度去思考问题

一天，妈妈带着5岁的儿子去公园玩儿，他们在凉亭休息的时候，妈妈拿出从家里带来的果汁给儿子喝。这时候，妈妈注意到旁边有一个小女孩正用渴望的眼神看着儿子手中的果汁。于是，妈妈对儿子说：“宝贝，给这个小妹妹喝一瓶果汁好吗？”

儿子摇着头说：“不，我要自己喝！”

妈妈耐心地对儿子说：“宝贝，如果这个小妹妹在喝果汁，你看见了，你想不想喝呢？”儿子毫不犹豫地点点头。

“这就对了，现在你拿一瓶果汁给这个小妹妹喝，等下次这个小妹妹也会把好吃的东西分给你吃的。”

儿子看了看妈妈，又看了看小女孩，把一瓶果汁送给了小女孩。

孩子就是这样，他不愿意和他人分享自己的东西，却希望能够分享他人的东西。这时，妈妈就要在充分理解男孩的这种心理特征后，引导他站在他人的角度去思考问题，进而让他学会与他人分享自己的东西。

妈妈要学会分享男孩的东西

妈妈在教育男孩学会分享这一问题上，往往会忽视一点：妈妈也应学会分享。为什么会这样说呢？因为生活中很多妈妈宁可自己吃苦受累，也不愿让孩子受一点儿委屈，只要是好吃的、好玩儿的、好用的都往孩子面前堆。

例如，生活中常会发生这样的情景：儿子真心实意地请妈妈一起吃东西，妈妈却坚决推辞说：“乖儿子，你吃，你吃，妈妈不吃！”“你这孩子真是的，让你吃你就吃，装什么啊？”于是，男孩与人分享的好意就被妈妈给扼杀了。时间一长，男孩自然也就没有谦让与分享的习惯了。

因此，对于妈妈来说，最重要的还是要首先学会坦然地与自己的儿子分享，成为他最值得信赖的朋友，进而引导他把分享的对象从妈妈扩大到家中的长辈，再到身边的朋友等。

专家课堂

心理专家李子勋认为，要想避免孩子变得虚伪，父母就要学会重视孩子的物质需要和精神需要。他的观点简单来说可归纳为：

1.父母首先要引导孩子珍视自己，让他觉得自己很重要，而不是教育他别人比自己宝贵，别人的需要比自己的需要更重要。

2.父母要正确引导孩子帮助他人，教育孩子一切尽力而为即可。

3.父母要教会孩子用一颗真诚的心去关心、帮助他人。

第86招

用诚信扮靓自己——培养男孩诚信的品格

儿子一直想买一辆玩具车，但是我和老公没有答应他。有一天，儿子对我说：“妈妈，我们班的男生都买了那种玩具车，如果你们再不给我买，他们就看不起我了。”我听得出来，儿子是在说谎，因为不可能班里的每个男生都对那种玩具车感兴趣。我对儿子说：“是这样吗？那我去问问小强（我们邻居的孩子，和儿子同班)，是不是每个男生都买了那种玩具车。”他一听我这么说，马上改口，否定自己刚才说的话。我拍了拍儿子的肩膀说：“妈妈知道你非常想买那种玩具车，但是你应该说真话，而不是骗妈妈。”儿子听了，惭愧地点了点头。

这是一位妈妈在网络上写下的教子日记，对于生活中的一件小事，她不仅没有放过，而是用它很好地给儿子上了一堂关于“诚信”的课。

诚实守信是中华民族的传统美德。孔子说过：“言而无信，不知其可也。”这是在告诉我们——如果一个人没有诚信，就不会取得大家的信任，也就没有人愿意和他交往、合作了。随着社会的发展，社会对诚信的重视程度越来越高，诚信不仅成了一个人的名片、一个人的信誉，甚至已经成了一个人的“第二张脸”，如果一个人缺乏诚信，很难在这个社会中立足，更不用说发展了。

对于男孩来说，我们更要注重培养他诚实守信的品质，因为自古以来“诚实守信”就是评价男性的重要标准。在古代，人们用“君子一言，驷马难追”来形容大丈夫的诚实守信。到了现代，因为人际交往的日趋频繁，诚实守信更成为男性获得他人信任以及良好的人际关系的必备条件。所以，我们要把男孩培养成一个诚实守信的人。

培养孩子诚实守信的品质，首先要做的就是告诉他不要说谎。如果一个孩子在小时候就谎话连篇，那么，他长大后很难成为一个诚实的人。所以，当我们发现孩子说谎的时候，一定要重视起来，给予他正确的指导和帮助。

妈妈为儿子树立一个良好的榜样

“身教胜于言教。”在培养孩子的诚信方面，妈妈不要总是讲一些大道理，而是要以身作则，给孩子树立一个良好的榜样。通过这样的方法，更能在潜移默化中影响孩子，让他在不知不觉中养成诚实守信的好品质。

但是在生活中，很多妈妈显然没有做到这一点：

妈妈答应下班回来给儿子买一个玩具手枪，但是因为时间匆忙，妈妈忘记了。妈妈不肯承认自己的错误，而是对儿子说：“儿子，你要买的那种手枪已经卖光了，等明天妈妈再给你买吧。”

上面的生活场景是经常发生的。我们以为孩子小，自己的言行不会影响到他。其实，孩子的模仿能力非常强，如果他看到成年人可以说谎，他也会学着说谎。所以，如果我们想把孩子培养成一个诚实的人，首先要做的就是

妈妈，我要变形金刚玩具。我们班同学都有。
又在说谎！我不信你们班同学都有，快出去，我要做饭！
妈妈，我要变形金刚玩具。我们班同学都有。
真是这样吗？如果你真想要那种玩具，就要和妈妈说实话，不能说谎。

自己要诚实守信，为孩子树立一个良好的榜样。

尽量满足儿子的合理要求

很多时候孩子说谎话，都是被“逼”出来的。比如，某位妈妈对孩子要求非常高，如果孩子考不好，就会打骂孩子。在这种情况下，当孩子没考出好成绩时，只能把卷子藏起来不让妈妈知道，甚至自己用红笔去涂改分数。再比如，一个孩子非常想买某个玩具，但是妈妈怎么也不同意。他为了买到这个玩具，也只能去说谎。所以，我们应该尽量满足儿子的合理要求，并且给他一个相对宽松的环境。这样，他就不会为了逃避责罚或者得到某个东西而说谎了。

对儿子进行诚实品质的教育

要想让孩子成为一个诚实守信的人，我们要让他认识到诚实的重要性，并且告诉他说谎的危害。在对孩子进行诚实品质的教育时，妈妈可以采用举事例、讲故事的方式，这样比较生动活泼，孩子也容易接受。另外，我们还要对社会上那种“诚实吃亏”的错误论调进行批判，让孩子不要受到这些错误思想的影响。

另外，当孩子出现说谎的情况时，妈妈一定要严肃对待，不能让孩子把说谎变成习惯。在对待孩子说谎的问题上，妈妈不要打骂孩子，而要采取批评教育的方式。这样，才能从根源上让孩子改掉说谎的坏习惯。

专家课堂

诚信是男孩建立社会关系必不可少的重要因素，那么如何让男孩遵守自己的诺言呢？教育专家孙云晓给出了自己的建议：

1.诚信需要从小培养，让孩子做到说话算话，告诉他自己说出的话是要负责任的。

2.日常生活中，大人要以身作则，成为孩子良好品行的榜样。

3.告诉孩子要通过奋斗而不是通过谎言去获得自己想要的东西。

第87招

男孩要有责任感——让男孩学会承担责任

责任感是一种高尚的情操，也是一个人安身立命的基础。无论是家庭还是社会团体，都喜欢那些责任心强、敢于担当的人。如果一个人没有责任意识，就不能被委以重任，也不会受到大家的欢迎。

对于男孩来说，培养他的责任心更为重要。因为他长大后，不仅要参加工作，还要担负起家庭的重担，如果缺乏责任心，就无法承担起自己的职责，无论是家庭生活还是事业发展，都会受到很大的消极影响。

但是，现在很多男孩都缺乏责任意识，当他们做一件事的时候，并不是全身心地投入，稍微一遇到困难就选择放弃，根本不去考虑后果。还有些男孩从小就喜欢找借口，当他们被批评的时候，只会一味地从别人身上找原因，而不从自己身上找原因。

一个人要对某事负责任，必然会有所付出，甚至还要在某些方面放弃自己的利益，但是一个自我意识非常强烈的人必然不愿意放弃自己的利益，所以往往会变得责任意识淡薄。

缺乏责任意识对男孩的发展是非常不利的，一位妈妈曾经表示了自己的担忧：

我儿子11岁了，是一个责任意识非常淡薄的孩子。前些天，老师让儿子和一名学习不太好的同学组成“互助组”，帮助那名同学一下。但是儿子从来没有给那名同学补过课，那名同学向他问问题，他会非常不耐烦地说：“这么简单的问题还用别人告诉吗？自己想想就知道了。”我对儿子说：“老师让你帮助他，这是老师对你的信任，也是老师交给你的任务，你应该努力完成才对。”儿子理直气壮地说：“是他自己学习不好，关我什么事，我才不管他呢！”我劝说了儿子很多次，他就是听不进去。我儿子不仅对别人的事不关心，就是家里的事也不关心，有时候家里的笤帚倒在地上，他宁可从旁边绕着走，也不肯扶起来。现在我非常担心，将来他长大了会面临很多问题，如果责任意识这么淡薄的话，又怎么能够应对这些问题呢？

有些妈妈认为孩子年龄小，没有能力承担太多的责任，等他长大了，能力强了，自然就会对自己、对他人负责了。这种“树大自然直”的想法是不对的，任何一种好习惯、好品德都不是先天的，都是需要培养的。所以，妈妈在孩子很小的时候，就应该培养他的责任感，让他对自己的行为负责。

让儿子明白责任心的重要性

孩子的年龄小，对“责任”两个字没有太多的概念，所以妈妈要让他认识到责任心的重要性，并且给他树立一个好榜样，通过言传身教的方式培养他的责任意识。

一位妈妈曾经这样谈到自己的教子经验：

我儿子12岁了，上小学六年级。因为他的数学成绩比较好，老师让他和一名成绩不太好的学生结成“互助组”，让儿子经常给他补补课。儿子在开始的时候还挺负责，每天都给那名学生讲解习题。但是时间一长，儿子就不耐烦了，不仅扔下那名学生不管，还向我抱怨说：“他实在太笨了，我都给他讲了两三遍，他还是不懂。”我对儿子说：“老师让你帮助他，是老师非常信任你。你想一想，如果你扔下那名同学不管了，老师还会信任你吗？你看上个月爸爸获得了公司的‘先进标兵’，为什么爸爸会获奖呢？这是因为爸爸有责任心，公司下达的任务无论多难、多重都努力完成，你也应该向爸爸学习。”儿子想了想，点了点头说：“妈妈，我懂了，明天我就接着给他补课。”

鼓励儿子参与家事

王建12岁了，虽然年龄不大，但是很多时候，爸爸妈妈都把他当作大人看待。比如家里要买新家具，爸爸妈妈也要听听他的意见。前些日子，妈妈还给了他一项“权力”，那就是每逢周末，由他决定买什么菜、做什么饭。

对于这项“权力”，王建非常看重，不仅每次都会认真考虑一番，还买了一个小小的记账本，把每次所花的钱记在上面。对于王建来说，这些都是很好的锻炼，大大地增强了他的责任感。

培养男孩的责任意识，首先就要让他关心自己的事、家庭的事以及身边的事。例如，当屋子非常脏乱的时候，让他收拾一下屋子；当妈妈生病的时候，让他替妈妈端端水、送送药，甚至为妈妈做一顿饭。孩子这些事情做得多了，就会慢慢养成习惯，他的责任感自然也就培养起来了。

让男孩为自己的行为负责

培养孩子的责任感，就要让他对自己的行为负责，尤其是为自己犯下的过错负责。孩子只有学会了对自己的行为负责，才能逐步地发展为对家庭、对他人、对集体、对社会负责。

专家课堂

如何在男孩的心里播下责任的种子呢？“知心姐姐”卢勤是这样回答的：

1.让孩子自己决定自己的事情，父母不要包办。

2.在家里给予孩子参与劳动的机会。

3.对孩子所做的事情，可以用赞赏等作为给孩子的奖励。

第88招

帮助他人是美德——引导男孩学会助人为乐

英国著名作家莎士比亚说过这样一句话："慈悲不是出于勉强，它是像甘露一样从天上降下尘世；它不但给幸福于受施的人，也同样给幸福于施与的人。"所以，为了让男孩成为幸福的授予者和施与者，必须让他养成乐于助人的良好品德。

下面我们先来看两个家庭教育儿子的不同表现：

场景一：一天，年轻的妈妈带着自己的小儿子正在人行道上走着，突然一个七八岁的小乞丐引起了小男孩的注意。看到小乞丐正向自己走来，小男孩居然捂起了鼻子闪开了。对于儿子的行为，他的妈妈始终没说一句话，并且还厌恶地看了看这个小乞丐，然后牵着儿子快步离开了。

场景二：一天，一个小男孩粗暴地将一个上门乞食的流浪者赶出了家门，妈妈看到他的这种恶劣行为，特意为此召开了家庭会议。妈妈非常严肃、耐心地启发自己的儿子："对于流浪者来说，尽管穿着邋遢，然而他们同样享有人的尊严。"妈妈的教育使这个小男孩明白了一个道理：崇拜强者可能是人之常情，而同情弱者更是美好情感的一种体现。后来，这个小男孩再遇到有需要的人时，都会伸出援手。

同样是两个不懂事的男孩，同样是为人妈妈，也面对同样的事情，第一个家庭选择了对弱者的厌恶和漠视，而第二个家庭选择了教育自己的孩子要学会同情弱者，并且真诚地对弱者给予帮助。第一个男孩长大后也许会更加自私和冷漠，他可能永远无法体会到帮助他人所带来的美好与快乐，而第二个男孩肯定会用自己的善良和真诚去帮助他人。

所以，妈妈应该多向第二个家庭的妈妈学习，教会孩子用一颗善良、同情的心去对待别人。那么，有哪些方法可以帮助妈妈培养孩子乐于助人的精神呢？

给男孩提供关心别人的机会

一位妈妈曾在日记中这样深情地写下自己的教子经验：

我的儿子9岁了，因为家里就他一个孩子，所以大家都很宠爱他，也正因为这样，这孩子养成了霸道、任性的性格。上了小学后，儿子的交往范围变广了，也多了很多玩伴，但是这些小朋友总是和他玩儿不了一天就“散伙”。一开始我没在意，可后来通过观察我发现，其他小朋友之所以不爱和儿子一起玩儿，主要是他太任性、太霸道，还常常欺负同学。如果大人批评他两句，他就坐在地上撒泼、大哭。因此，我决定要好好改改儿子的这个毛病，让他变成一个乐于助人的孩子。

于是，在暑假的时候，我参加了一个妈妈团组织的城市与农村孩子的“手拉手”活动，让儿子把自己不用的书本、衣服等都整理好，以便到时候给那些买不起课外读物的孩子们。令我没想到的是，仅仅七天的活动，儿子就像变了一个人似的，他像个小老师一样给那些贫困地区的孩子讲童话故事、科学知识，而且还帮助一个年幼的小妹妹干家务。

回到家的时候，他对我说：“妈妈，下次再带我去吧。我会学更多的知识去讲给我的好朋友听，而且从今天起我要攒钱！”

“攒钱做什么？”我疑惑地问。

“小花妹妹想要一个书包，我要凭借自己的努力给她买一个书包寄过去。”儿子充满希望地说。

听到这里，我感动极了。儿子的话就像最温暖的春风，让我看到那善良的种子在不断地发芽、生长。

男孩的转变令人感到十分欣喜，由此可见，妈妈完全可以通过一些爱心活动，让男孩体会到帮助他人的快乐和成就感。例如，周末的时候，让儿子帮助妈妈做家务，并给予孩子适当的表扬或奖励；让孩子参加一些适合他年龄段的公益活动；让他照顾那些比他年龄小的伙伴，等等。

快走，别理他。这种人太多了，不值得可怜！
好臭，滚开！
帮帮我吧！
流浪者也有尊严，我们应该尊重和帮助他！
帮帮我吧！
妈妈，我把这个星期的零花钱给他，可以吗？

多给男孩讲述关于爱的故事

爱是一种能够产生奇迹的力量，每个孩子天生都具备这种力量，但也很有可能被不恰当的教育磨灭掉。因此，妈妈必须采用正确的方法培养男孩乐于助人的美德，而给男孩讲述关于爱的故事，则更容易让男孩产生共鸣，也更易让他学习和效仿。

秦星虽然只是一名初一的学生，但他乐于助人的美名已经在学校和周边传扬开了。在学校，他经常主动帮助那些有困难的同学，而且时常带领大家去做一些公益、环保活动，年年被评为“三好生”；在家里，他是一个不让妈妈操心的男孩，而且每天都会帮助妈妈干家务；在外边，只要看到别人有困难，他都尽自己的力量去帮助别人。

大家都说他是天生的热心肠、好孩子，但秦星却把这一切归功于妈妈的教育，他说：“从我很小的时候，我爸爸妈妈就给我讲那些乐于助人、关爱他人的故事，还给我买了很多有意思的故事书，慢慢地，我学会了怎样去同情和帮助别人。”另外，他还说妈妈经常带他参加一些公益活动，让他了解到这个世界上还有很多需要帮助的人。更何况在帮助他人的过程中，自己体验到了前所未有的成就感和愉悦感。

专家课堂

英国教育专家伊丽莎白·哈特利–布鲁尔在其作品中写道：“如果男孩能够充分展现其关爱他人的本能及其他个性特征，他们就更能认同自己，更能彼此和谐相处。”她给男孩父母的建议是：

1.引导男孩感受并表达对玩具、婴幼儿、动物及弟弟妹妹的爱。

2.父母要教会男孩如何照料他人。

3.父母切忌以自己认为的“男孩总归是男孩”为理由，容忍孩子说出伤害他人的话或者做出伤害他人的行为。

第89招

人生以孝为本——怎样培养男孩的孝心

常言道：“百善孝为先。”孝是一个人为人处世的根本，更是一切道德的根源。一个没有孝心的男孩即便他长大后成为出色的人，也不会得到人们的称赞和肯定。因此，妈妈从小就要教育男孩孝敬长辈。

我们教育孩子的最终目的，就是希望他成为一个身心健康的人，但假如他只有高智商，却没有一颗关爱长辈的孝心，最终也不会成为一个受朋友、受他人推崇的堂堂正正的男子汉。

那么，有哪些方法可以帮助妈妈培养男孩的孝心呢？

妈妈为男孩树立孝顺的榜样

有这样一个富有深意的故事：

以前有位老人，跟他的儿子、儿媳和孙子住在一起。随着岁月的流逝，老人变得越来越老，连路都走不动了，最后变得耳聋眼花，双膝还经常不停地发抖。年迈多病的身体致使老人根本无法照料自己，所以每当他坐在餐桌前吃饭的时候，手里的汤匙总是颤颤悠悠，还常常会把菜汤洒在桌布或地上，弄得很脏，因此，儿子和儿媳都嫌弃他。

有一次，吃饭的时候，老人又把汤洒了一地，碗也摔碎了。这时，儿媳勃然大怒，指着老人的鼻子就骂："你这个老东西怎么吃的饭！天天把菜汤洒一地，还把碗都给摔碎了！整天就知道给我添乱。你难道没看到我每天有多忙吗，真想把我累死呀！"于是，从这天之后，他们不许老人上桌吃饭了。每到吃饭时，他们就把老人赶到厨房的角落里，给他一个碗，碗里只有一点点饭菜。老人每顿饭都吃不饱，还得经常挨骂。老人伤心极了，常常一个人在厨房的角落偷偷落泪。

又有一天，老人的手颤抖得连那个碗都端不稳了，碗掉到地上打碎了。

儿媳没完没了地训斥他，老人一声不吭，只是不住地叹气。于是儿媳跟儿子商量："他什么都能摔碎，长此下去，咱得花多少钱给他买碗呀！不如想想办法，给他找一个摔不碎的，对了，用木碗他就摔不碎了。"商量完之后，儿子就找来一个木碗。小孙子看着爷爷每天用木碗吃饭，于是对爸爸妈妈说："等你们老了，我也给你们用木碗吃饭。"听到这里，儿子和儿媳相互对视了一会儿，先是一脸苦笑，最后竟哭了起来。他们终于明白了：自己的所作所为，儿子都是看在眼里，记在心上的。

从此之后，他们再也不嫌弃老人，而是渐渐对老人好了起来。

妈妈的言行就是男孩模仿的一面镜子，镜子里反映出的品行是善良、友爱、孝行，男孩就会模仿妈妈的善良、友爱、孝行，反之亦是如此。因此，妈妈要教育孩子孝敬老人，就要从自身做起，做一个孝敬长辈的好儿媳或好女儿。

妈妈要为男孩建立合理的长幼有别的家庭关系

所谓"合理的长幼有别"，是指建立在平等、民主、尊重的基础上，让孩子明白自己与爸爸妈妈、爷爷奶奶、姥姥姥爷的关系，知道谁是长者、谁是应该受到尊重和孝敬的人，而不是颠倒顺序，成为霸道、任性的"小皇帝"。

杨飞刚刚6岁，在家是一个十足的"小皇帝"，如果爸爸妈妈或爷爷奶奶有一件事惹得他不高兴，他就会任性地大哭大闹。有一次，淘气的杨飞把房间弄得到处都是玩具、衣服、鞋子，妈妈生气地批评了他两句，他就坐在地上大哭起来。后来，妈妈为了哄他就把他抱起来，谁知杨飞竟然用手打妈妈，而且还不依不饶地继续哭闹。

或许很多妈妈也遇到过类似的情况，甚至认为被儿子打两下没有关系，殊不知这是对孩子的一种过度纵容，会让他变得自私、霸道、冷漠，自然也谈不上去关心他人、孝敬长辈了。

从小事着手，培养男孩孝敬长辈的行为习惯

教育男孩孝敬长辈，妈妈应该根据孩子的年龄、能力等各方面做出合理分配，具体指导和耐心训练，并加以热情鼓励。例如，节假日带着孩子到爷爷奶奶、姥姥姥爷家里，让孩子有时间和老人在一起相处，增进双方的感情；平时妈妈要经常告诉儿子，爷爷奶奶、姥姥姥爷把爸爸妈妈抚养成人多么不容易；让儿子给长辈表演唱歌跳舞等小节目，让长辈更加高兴，等等。

生活中很小的事情，比如让男孩给自己的爷爷奶奶拿东西吃，或者扶着爷爷奶奶上下楼梯，这些都会在孩子的心里撒下爱的种子，让他学会怎样孝敬长辈。

专家课堂

培养男孩孝敬老人是父母必须完成的一项教育任务。对此，教育专家提供了以下建议：

1.为孩子营造一个宽松和谐的家庭氛围。

2.父母不但要以身作则孝敬老人，更要持之以恒。

3.父母不但要教育孩子孝敬自己的爷爷奶奶、姥姥姥爷，也要让他学会关爱其他老人。

第90招

感恩才能富有——对男孩进行感恩教育

人们常说：“生活需要一颗感恩的心来创造，一颗感恩的心需要生活来滋养。”而家庭是一个男孩最早接受教育的地方，孩子从妈妈那里得到的不仅是生命，还有怎样去爱身边的人，怎样去爱这个世界。

但是在男孩步入社会前，妈妈除了要教会他如何更好地生存外，更要教会他如何带着一颗真诚、善良的心去对待他人。

一天，儿子和妈妈坐在客厅看电视，电视里正在播放解放军在地震现场救援的动人场面。画面中一位刚刚失去儿子的妈妈正在失声痛哭，看电视的妈妈也被感染，眼泪忍不住落了下来。儿子不解地看着流泪的妈妈问：“妈妈，你为什么哭啊？”妈妈轻擦着眼泪，动情地对儿子说：“妈妈是因为刚才电视里的妈妈失去孩子而感到伤心。”儿子又问：“那个妈妈为什么会失去孩子呀？”妈妈说：“因为地震让那个妈妈失去了家、失去了孩子，所以她才会伤心欲绝。”“妈妈，我们帮助那个妈妈重新建设家园好不好？”此时，妈妈完全被儿子的一颗善心所感动。于是，她关掉电视，带着儿子去给地震灾区的人们捐款了。

这位妈妈正是在用悲情来教会儿子珍惜感情。悲情可以促使孩子成长发展，妈妈通过对孩子的悲情教育，可以帮助孩子不断完善自我，让他学会与人沟通，学会理解和帮助别人。因此，妈妈应通过一些悲情教育的方法教会男孩什么是爱，如何体会爱，以及怎样学会去爱。

那么，妈妈如何对男孩进行悲情教育呢？

时常带男孩参加慈善捐助会

有这样一个故事：

一天，在贵族学校上学的小男孩回到家对正在做饭的妈妈说：“妈妈，我们学校让大家向灾区捐款。”妈妈听后从钱包里拿出5元钱给了儿子。但是小男孩觉得自己没有很好地完成老师布置的任务，因为大家捐的不是50元，就是100元，自己只捐5元钱，他觉得很丢脸，所以从那之后他一直闷闷不乐。

妈妈看出了儿子的心思，对他说：“儿子，或许你同学的家境都非常好，但我们帮助别人必须量力而行，而且帮助别人，不一定非要在学校捐款，我们能做的还有很多。”从那之后，妈妈就经常带着儿子参加一些慈善捐助会，为需要帮助的人奉献爱心。小男孩每次跟着妈妈去捐款的时候，都会被捐款的人群所感染，他看到有的小朋友比他年龄还小，捐的钱也不多，但是他们都感到非常自信和快乐。

一段时间后，小男孩不再闷闷不乐，在学校也是抬头挺胸地走路，因为他知道捐款不是为了在同学面前炫耀自己的富有，而是为了能为那些真正需要帮助的人奉献自己的爱心。

妈妈可以经常带自己的儿子去参加一些慈善捐助会——当然捐款的数目要在你的经济承受范围之内。其实让孩子捐1元钱还是100元钱并不重要，重要的是让孩子体验到当一个人面对困难的时候，有那么多的人会去帮助他，而且不要任何回报。

让男孩观看一些有关“感恩”的影片、电视节目

生活中，妈妈可以有意识地让孩子观看一些“感恩”主题的电视节目和影片，以便让他在深受感动的同时提醒自己要有感恩之心。

有一位妈妈就是这样做的：

一直以来，我对儿子都爱护有加。但前一段时间发生的事情，让我感到十分心酸。有一天，我生病发热躺在床上休息，儿子放学回来后，不但不关心我一下，反而对我抱怨：“你病了，谁给我做饭啊？真是的，你要是提前告诉我，我就可以去奶奶家吃饭了！”听到这里我伤心地哭了。

当然，儿子这样不能全怪他，也有我教育不当的原因。于是，为了让儿子学会关爱他人，周末我硬拉着他去电影院看了一场“感恩”主题的电影。

刚开始，儿子有些烦躁，但是慢慢地电影吸引了他，到最后他哭了，虽然他倔强地没让我看到他的眼泪，但是我知道儿子被感动了。从那之后，儿子对我的态度好了很多，偶尔也会关心我。慢慢地，儿子通过许多“感恩”主题的电影及电视节目的熏陶，不但学会了关心我们，也学会了如何更友好地对待别人。

专家课堂

如何让孩子学会感恩呢？教育专家王金战给父母的建议是：

1. 父母要让孩子懂得爱、学会爱，但前提是父母不能溺爱孩子，更不能向孩子索取爱的回报。

2. 在孩子需要时给他帮助，而不是事事为其包办。

3. 让孩子的心理、情感、思想随着身体一起成长，并在他情绪低落时，给他最恰当的点拨和安慰。

第十二章　解读青春密码，陪伴男孩走过青春期

青春期是从儿童过渡到成年的衔接期，男孩进入青春期后，会出现一些令妈妈担心的问题：

男孩交上坏朋友怎么办？

男孩早恋怎么办？

男孩总是逃学、打架、顶嘴怎么办？

……

妈妈该怎样引导和帮助自己的儿子，让他健康快乐地度过人生中最为关键的青春期呢？

第91招

越成长，越叛逆——青春期男孩关键在引导

不少男孩妈妈都深有体会，自从男孩进入中学后就不一样了：他们不再对长辈言听计从；开始跟妈妈和老师顶嘴；他们还经常请假、翘课，每天早离校、晚到家……其实，这往往是男孩进入青春期的表现。

以下是一位男孩妈妈的叙述：

我儿子自从六年级开始，便逐渐出现叛逆倾向，可能这与我和他爸爸离婚有关。我越不允许他做某件事，他就越与我唱反调。

有一次，我把他的游戏机藏起来了，他找了半天没找到，便开始对我发脾气。我开始好言相劝，告诉他应以学习为重，不要时时刻刻都想着玩儿。没想到他一听我说这些就立刻摔门而出，还狠狠地丢下一句：“不要以为你是妈妈就可以为所欲为！”

进入青春期的孩子最难管，尤其是男孩，常常会出现情绪抑郁、压力增大、人际冲突等现象。妈妈如果在这时没有对其进行积极引导，很容易导致男孩出现各种叛逆行为。当男孩出现叛逆行为时，有些妈妈感觉对孩子的教育颇为棘手：打骂不行，放任不得，孩子又听不进说教。对此，妈妈首先应理解孩子，并相应地调整教育方法。

妈妈要想了解男孩叛逆的原因，必须走进孩子的内心，了解他的真实想法。

孩子进入青春期后，生理变化和心理变化都在进行，他们遇事开始思考，会形成自己的主见，对妈妈的话开始产生怀疑。而妈妈在自己的权威被动摇后，一时难以适应，又不愿降低身份、调整教育方法去面对孩子。于是，便出现孩子心生抗拒，妈妈难以调教的局面。

那么，如何面对和教育叛逆的孩子呢？

妈妈应率先走出“两极教育误区”

什么是“两极教育误区”？即妈妈与男孩之间的思想不统一，出现两极分化的现象。在现实生活中，这种情况是较为普遍的。长此以往，双方的代沟会越来越深，甚至可能会对孩子的健康成才产生严重的不良影响。

小宇上初三了，马上面临着中考，各科成绩却大幅度下降。因为这件事，小宇的老师找他谈话，可小宇却说：“我觉得念书没有意思，我不打算考高中了，我准备向我妈要点儿钱做买卖，一样可以赚钱养活我自己！”

这话可气坏了小宇的老师。老师叫来了小宇的妈妈，想问个究竟。不知情的妈妈一听便来了气，当着老师的面狠狠地给了小宇一个耳光：“我供你吃，供你穿，供你念书，到最后你却要弃学做买卖！我告诉你，一分钱也没有！你给我好好念书，听见没有？再提做买卖的事，我就不认你这个儿子！”

小宇捂着脸跑了。此后，他再也不和妈妈说话了，更不好好听课、复习了。小宇的妈妈为此仍然采用打骂的方式，但小宇丝毫没有妥协的意思。中考第一科，小宇早早就交了卷。

小宇的妈妈在了解了儿子的想法后，没有正确地引导他，与他交流，反而采取强硬的措施，企图压制孩子的反叛思想，最终造成孩子无法向妈妈敞开心扉，亲子关系更加紧张。

其实，青春期的男孩内心充满了迷茫和无助，许多不成熟的想法与父母的观点发生了分歧，致使他们出现顶嘴、不听话等叛逆现象。如果妈妈在这个阶段能够认真聆听一下孩子的想法，并在孩子冷静的时候和孩子交流意见，将自己的经验告诉孩子，这样有助于男孩形成正确的人生观。

为孩子下放五种权利

进入青春期的男孩，其实特别渴望得到别人的认可和尊重。因此，妈妈应该适当地给孩子一些权利，以帮助孩子从不谙世事向成熟过渡。生活中，妈妈至少要下放以下五种权利：

第一，发言权。有时，妈妈应该给孩子一些表述自己观点的机会，多听听他的意见，以了解他到底在想什么。

第二，自主权。面对叛逆的男孩，妈妈应该少说“你必须”“你应该”“你马上”等话，一些自以为已经是大人的男孩是不会接受你这种命令式的口吻的，妈妈应该多多尊重孩子的意愿。

第三，表决权。家中的一些大事，如搬家、买家电之类，不妨与孩子共同商议一下，征询一下孩子的意见。一个家庭若民主氛围浓厚，亲子关系则会更加和谐。

第四，隐私权。如果孩子实在不愿同你交流，就不必强迫他，尤其注意不要偷窥他的隐私。妈妈一定要记住，在你尊重孩子的同时，也为自己赢得了尊重。

第五，时间支配权。妈妈要让男孩自己安排、使用自己的时间。妈妈千万不要自作主张，把孩子的时间填充得满满的。当然，当孩子安排时间不合理时，妈妈可以以商量的口吻提出建议，但千万不要全盘否定孩子。

多与孩子沟通，且要讲究技巧

对于叛逆情绪较为明显的男孩，很多妈妈会感觉到不好与其沟通，其实可能是你没有掌握沟通技巧而已，以下提供几条比较实用的沟通技巧 。

第一，不要带着情绪教子。如果妈妈带着情绪去教育孩子是特别不理智的行为，会导致男孩产生抗拒心理，从而更加叛逆。因此，当妈妈心情急躁、烦乱、不冷静时，可以先自我冷静一下，待情绪平和后，再与男孩交流。

第二，不要一开始就明确交流动机。与孩子交流思想时，妈妈不要一开始就搬出“学习成绩”“考试”等沉重的话题，这样会使孩子心里产生压力和排斥，致使交流无法继续。妈妈在与孩子交流时，可以先从家事入手，待孩子的情绪慢慢放松后，再切入正题。

第三，寻找男孩的优点。沟通时，妈妈不要总是盯着孩子的缺点不放，更不要拿孩子的缺点与别人家孩子的优点比。妈妈应多寻找孩子的优点，并加以鼓励，这样便可以减少男孩的抗拒心理。

第四，换位思考。人人都是从“叛逆期”走过来的，妈妈在不理解孩子的行为时不妨换位思考一下，想想孩子为什么会这样，渐渐便会找出问题的症结所在。妈妈还要学会理解和接受孩子犯下的一些小错误，不要过分束缚孩子的手脚。

青春期是男孩形成主见的关键时期，妈妈一定要掌握好上述沟通技巧，用良好的言行帮助孩子释放压力、减轻烦恼，顺利度过这个人生中最为关键的时期。

专家课堂

父母如何与青春期的孩子相处呢？心理专家李子勋提出以下建议：

1.父母要表现出适当的“无知”，给孩子“当家做主”的机会。

2.父母要时常对孩子表示好奇并关注孩子的成长，对他多一些关心和尊重。

3.父母要学会在孩子面前“示弱”，让孩子来充当自己的“保护者”。

第92招

青春不是苦艾酒——帮男孩化解青春期烦恼

对青春期男孩来说，如果妈妈仅关注他的身体健康和学业是远远不够的。因为一个真正健康的男孩，不但要有一个健康的体魄，还要有一个健康的心理。

生活中，我们常听到下面这样的话：

“你是男孩子，这点儿小困难算什么！”

“妈妈后半辈子就指望你了，你要好好努力啊！”

“这学期你要好好学习，不要再和那些坏学生待在一起了……”

……

男孩都有很强的自尊心，以上这些话除了给他增加心理压力之外，并不能起到激励作用。妈妈可能都深知这样一个道理：没有压力，孩子会变得懒散，适度的压力会激励孩子奋发上进，而过度的压力会致使孩子因无法承受而产生心理问题。青春期男孩总是会遇到各种各样的问题和压力，一般来说，因压力产生的心理症状表现为紧张、愤怒、焦虑、 悲观、消极、怨恨、暴躁、精神涣散等。那么，当男孩出现以上这些心理压力或不良情绪时，妈妈应该怎么帮助他应对呢？

采用正确的方法安抚委屈的男孩

青春期男孩有时会有些倔强和固执，当他们受到委屈的时候，基本上会有两种表现形式 ：一是沉默，把所有的委屈藏在自己的心里；二是“无理”发泄，比如摔门、大吼、打架等。无论是哪一种方式，对男孩的身心都会产生不良影响。

王爽从学校回来之后，一脸的不高兴，晚饭也不想吃。妈妈问他是怎么回事，他闷声说道 :“妈妈，今天下午上体育课的时候，我明明没有打孙卓，可我们体育老师非说我打他了，真是气死我了！我以后再也不上体育课了。”这时，妈妈说:“明明不是你打的，体育老师还冤枉你，真是让人生气的事情。不过，体育课还是要上的，而且下次要表现得更好，让那位老师意识到你是一个多么出色的学生。”王爽觉得妈妈是站在自己这一边的，不但气慢慢消了，而且暗暗决定以后在体育课上要表现得更好，让那位老师刮目相看。

王爽的妈妈非常理智和聪明，她选择理解和尊重自己的儿子，并且站在儿子的立场上去看待问题，这种方式不但让受委屈的儿子产生共鸣， 而且也更易说服自己的儿子按照妈妈所提供的建议去做。

因此，当男孩受委屈的时候，你千万不要一直追问：“你为什么这样？”“老师到底说什么了？做什么了？”“你怎么这么傻？”……如果你一直这样追问和责备，不但不会使孩子心中的委屈和不满消失，反而会加剧男孩的负面情绪。遇到这种情况时最好的方法就是理解和尊重。

允许男孩表达他的各种情绪

青春期男孩大多有一种“舍我其谁”的豪爽之气，而且喜怒哀乐等情绪都喜欢表现在脸上，敢爱、敢恨、敢说、敢做是他们这个年龄段最洒脱的表现。因此，面对这个时期的男孩，妈妈最恰当的教育方式就是让男孩自然表达他的各种情绪，不要去嘲笑、轻视，甚至诋毁他。

一般来说，青春期男孩自尊心特别强，而且正处在叛逆期，如果他经常从妈妈那里听到的是这样的话："这么大的男孩还哭，丢不丢脸！""你是男子汉，怎么一点儿都不坚强？""遇到一点儿小事就垂头丧气，真不像个男子汉！"……只会增加男孩内心的压力和产生更多的负面情绪。

所以，当你面对青春期男孩出现哭泣、发怒等不良情绪时，一定要表现出妈妈应有的豁达和理解，进而引导他朝着正确的方向前进。

不要给男孩过多的学习压力

王彬从小学到高中的学习成绩一直名列前茅，年年被评为"三好学生"，妈妈也一直对他寄予厚望，更给他非清华、北大不上的"死目标"。王彬虽然一直学习成绩都很好，但是上了高中之后，他感到压力很大。一方面，要学的知识变多了；另一方面，妈妈整天在他耳边念叨"好好学习，一定要考上北大、清华"。结果在临近高考的一个星期，王彬变得异常紧张，每天失眠，临考前竟然大病一场，最后连高考也错过了。

这个结果令人感到十分惋惜，可造成这一不良后果的恰恰就是王彬的妈妈，她给自己的儿子太多学习压力，以至于孩子压力过大，造成了一系列恶劣的后果。妈妈关注孩子的学习是没错的，但过度关注就会使孩子失去喘息的空间，甚至有时会让男孩产生逆反心理，变得讨厌学习，厌恶学校。因此，多给男孩一些空间，少给他一些学习压力，让他在轻松的环境中学习、生活。

专家课堂

英国教育专家伊丽莎白·哈特利–布鲁尔认为孩子实际上面临双重压力：一是来自他自身生活中的事件，比如学业、交友问题等；一是来自成年人对他的期望。因此，她认为父母应该这样做：

1.多抽时间陪伴孩子，帮助他提升自信心，确保他睡眠充足。

2.认真对待孩子的忧虑，重视他对事态的预期。

3.及时告知孩子事情的变化及你对此做出的决定，让他觉得你对事态有很强的控制力。

4.保持生活常规不变，以强化他的安全感。

第93招

爱在左，管教在右——教育儿子要宽严相济

很多妈妈都发现，当男孩进入青春期后，他们越来越不听话了，也越来越难管了。有些男孩甚至专门和妈妈对着干，只要看到妈妈生气，他们就觉得高兴。

奇凡是一个非常听话的孩子，从来不惹爸爸妈妈生气。但是自从升入中学后，奇凡的情况发生了很大的变化。

上个周末，奇凡没完没了地看电视，妈妈怕他写不完作业，便对他说：“等一会儿电视剧演完了赶紧写作业吧，要不然就写不完了。”就这样简单的一句话，奇凡竟和妈妈发起火来：“你每天都没完没了地唠叨，以后我的事不用你管！”妈妈听了这话非常生气，和奇凡吵了起来，结果奇凡不仅不认错，还摔碎了一个玻璃杯，气得妈妈连话都说不出来了。

一般来说，心理发展和生理发展是密切相关的，大部分时间里，生理发

展和心理发展的速度是相互协调的，处于一种和谐、平衡的状态。但是当孩子进入青春期后，生理发展十分迅速，而心理发展相对滞后，从而引起身心发展的矛盾。所以，青春期的孩子情绪多变、脾气暴躁都是正常的，妈妈应该对他多加引导，让他身心健康地成长。

青春期男孩的叛逆主要体现在：

对抗妈妈和老师

当男孩进入青春期后，他感觉自己长大了，迫切想摆脱对妈妈的依赖，从而寻找独立的自我。所以，他不再像以前那样和爸爸妈妈无话不谈了，甚至还会故意和妈妈对着干，妈妈让他这样做，他就偏不这样做。孩子这种反抗性是正常的心理发展过程，妈妈应该对孩子进行正确的引导，让他顺利地度过这一阶段。

乱发脾气

对于孩子来说，青春期是一个“苦闷期”和“烦恼期”。当他进入青春期后，身体发育逐渐成熟，但是对自己的身体状况的了解相对较少；思想上迫切想摆脱对妈妈的依赖，但是又做不到；对异性充满渴望，但是内心又非常封闭。正是这种理想和现实的冲突，让他非常苦闷和烦恼，从而情绪也容易激动，动不动就乱发脾气。

沾染一些坏习惯

当男孩进入青春期后，有些孩子会沾染一些坏习惯，例如打架、说脏话、抽烟、喝酒等。为什么会出现这种情况呢？ 这是因为他们的心智尚未发展成熟，社会以及生活阅历非常有限，从众心理以及模仿性非常强。有时，各种媒体也在渲染这些东西，青春期男孩很容易受到消极影响。对他们来说，抽烟、喝酒是一件很“酷”的事情，所以，他们常常对这些坏习惯“情有独钟”。对于妈妈来说，应该对他们进行正确的引导，帮助他们树立正确的价值观，让他们对这些坏习惯产生“免疫力”。

对于男孩来说，青春期是一个特殊的阶段，它既是男孩的心智发展期，也是男孩的叛逆期。所以，我们应该正确看待青春期男孩的叛逆，并且对他们进行正确的引导。这样，就能够让他们顺利地度过这一阶段，从而达到心智的发展、成熟。

尊重和理解青春期男孩，减少批评和指责

青春期男孩的叛逆是有原因的，所以，我们要尊重和理解他们，减少批评和指责。

一位妈妈曾经谈到这样的教子经验：

儿子进入青春期后，脾气变得越来越坏，常常和我们发生争吵。开始的时候，我对儿子的改变非常不适应，总想教训他一下。后来看过一些关于男孩青春期的书籍后，我改变了自己的做法。我试着和儿子做朋友，并且尊重和理解他，当遇到一些矛盾的时候，我不像以前那样马上就批评、指责他，而是给他讲一些道理，多给他一些思考的时间。现在儿子已经过了青春期，变得更加成熟了，我真为自己当初的改变而庆幸。

对青春期男孩多加指导

面对青春期男孩的叛逆，妈妈应该宽容和理解他，但并不是要纵容他，让他任意发展下去。

一位妈妈曾经谈到这样的教子经验：

我的儿子正处在青春期，我非常宽容和理解他，也正因为这样，我们的关系非常好。我常常找儿子聊天，让他谈谈对一些事物的看法。这样做，有利于树立他的是非观和价值观。当然,我们也有发生矛盾的时候。前段时间，儿子不知道和谁学会了说脏话，脏字、脏话一串串地从嘴里冒出来，让人听了很不舒服。我温和但又不失严厉地对儿子说：“说脏话是不好的行为，你以后要改掉这个坏毛病。”儿子有些不服气地说：“我们班里的男生都这样。”我说 ：“你不应该追随别人，你要有自己的观点和看法。我问你，你感觉说脏话很好吗？”儿子低着头不说话。我接着说：“既然你也认为说脏话不好，你就应该坚持自己的做法，而不是模仿别人。”从那以后，儿子改掉了说脏话的毛病。

对青春期的孩子要宽严相济：一方面多给他理解和尊重，但是遇到原则

回来就玩游戏，你的作业写完了吗？真不让人省心！
你每天都没完没了地唠叨，我的事以后不用你管！
我知道你现在长大了，但妈妈还是想给你提点意见：能先写完作业再玩儿吗，那样玩儿更踏实。考虑一下妈妈的建议。
好的，妈妈，我写完作业再玩儿。

问题时，一定不要纵容他。这样，孩子才能健康地成长。

专家课堂

父母如何与青春期男孩相处呢？教育专家王金战给出的建议是：

1.父母首先要颠覆“听话就是好孩子”这一传统观念，敢于接受青春期孩子的逆反，让他有自己的生活主见。

2.父母要先去理解孩子，多站在孩子的角度去体会他的心情和想法，进而引导孩子认识到自己的问题，并提出科学、合理的解决办法。

3.父母要全面地看待孩子，在批评孩子时，也要讲究方式和方法。

第94招

远离恶友、损友——指导男孩怎样交朋友

朋友对于处在成长阶段的男孩来说，是必不可少的。与品行好的朋友一起玩儿，可以让男孩朝着好的方向发展；而与道德恶劣、品行不端的朋友混在一起，则可能会让男孩走上邪路。所谓“近朱者赤，近墨者黑”，说的就是这个道理。对于年龄尚小的男孩来说，朋友的多寡与好坏，可能会影响他的一生。因此，妈妈必须认真对待这个问题，争取让孩子做到广交友，慎交友，交好友。

但在现实生活中，一些妈妈对自己的儿子百般呵护，视他为掌中宝，为了避免儿子在人际交往中受到伤害，妈妈常常限制他交朋友，甚至认为孩子有没有朋友并不重要。这种想法是非常错误的。男孩需要朋友，需要友情，尤其是处于青春期的男孩，他渴望与人交流和倾诉，需要在与同龄人玩耍的过程中体验生活。若此时妈妈因害怕孩子接触到不良少年而限制其交友活动，则很容易伤害孩子的感情，导致他在今后的人际交往中出现一些障碍，

如冷漠、自闭、疑心重、孤僻、多愁善感等，这对孩子的健康成长与今后的生活都是很不利的。

美国前总统布什上大学的时候学习一般，但他依旧能够在学校中脱颖而出，这主要是因为他的一个过人之处——社交能力非常强。在大学 4 年中，他结识了耶鲁大学 5000 多名在校学生中的 1/3。这近 2000 名同学为他今后的从政生涯打下了坚实的基础，在竞选中起到了不可忽视的作用。

从上面这个例子可以看出朋友对于男孩成长的重要性。朋友多了，男孩的眼界就广了，遇到事情后也不会再怅然若失，而是可以和他的伙伴一起协商。同时，这些幼年的伙伴还有可能会成为男孩成人后取得成功的人脉资源。

妈妈需要在男孩交友的过程中对儿子进行指导，但这并不意味着孩子要完全按照妈妈的意愿来选择自己的朋友，妈妈也需要尊重孩子的意愿。虽然妈妈都希望自己的孩子能够结交良友，但除非孩子遇到危险，不然最好让孩子自己去选择朋友。

根据男孩的性格，为他寻找合适的朋友

不少性格内向的男孩，总是喜欢闷在家里。此时，妈妈应该对他进行积极的引导，教他清楚地认识到，多认识些朋友，青春才更加美好；多和朋友一起玩耍，生活才会更加丰富多彩。

晓明 13 岁了，但由于他很内向，不爱和别人说话，所以在生活中他没有什么朋友。一到假期，别的孩子都出去和伙伴玩耍，晓明总一个人闷在家里。妈妈见到这种状况，觉得很有必要为晓明找一个好朋友。于是就经常为晓明安排一些课外活动，并把朋友家一个比较活泼、好动的男孩阿凯请到家里和晓明玩耍。一开始，晓明并不愿意和阿凯玩儿。这时，妈妈就会鼓励晓明说：“晓明，你是家里的主人，阿凯是客人，你一定要尽到地主之谊，让阿凯感受到你是个非常热情的孩子，妈妈相信你一定能做到。”就这样，晓明迈出了第一步，主动走到阿凯身边和他说起话来。很快，晓明和阿凯就成了好朋友。渐渐地，晓明开朗多了，在去课外活动班的时候，也能主动和其他伙伴交流、玩耍了。

妈妈要根据孩子的性格为他寻找合适的朋友。对于男孩来说，朋友可以引导他做很多事情。与安静的朋友在一起，能够让他变得安静；与活泼的朋友在一起，则能调动他的积极性，让他也变得开朗；与爱读书的朋友在一起，则能激发他的读书兴趣。

为了让孩子结交到更多的好朋友，可以尝试着让他参加一些社会活动，接触到不同的孩子，为他提供广泛的交友条件。

培养男孩广泛的兴趣，增强男孩的交友自信

有些妈妈会说："我不限制孩子交友，但我儿子一直没有找到自己的好朋友。"这是因为男孩处于青春期，有时不善于表达自己的情感，交往能力有限所致。当出现这种情况时，妈妈就要为孩子的交友牵线搭桥。

你也可以从培养儿子的兴趣入手，按照他的兴趣帮他报一些课外活动班，如吉他班、书法班等。这样，就能帮他制造与人相处、结交朋友的机会，还能充分利用男孩的业余时间，让他学到更多的知识，避免他因为无所事事而结交一些社会上的不良少年。

引导男孩明辨是非、好坏

处于青春期的男孩虽然表面上发育成熟，但内心却依旧是个孩子，缺乏辨别是非、好坏的能力。在男孩交友的时候，就需要妈妈正确的引导，告诉儿子生活中的是非、好坏。不过需要注意的是，妈妈不能单纯从孩子朋友的成绩来判断其是否优秀，而要从品德等多方面来观察。只要男孩能从朋友身上学到有益的东西，那么，这个朋友对于男孩来说就是好朋友。

总之，妈妈要通过言传身教，帮助孩子寻找朋友，使之身心健康地发展。

专家课堂

父母该怎样引导男孩交到对他有益的朋友呢？英国教育专家伊丽莎白·哈特利-布鲁尔提出的建议是：

1.“你要成为怎样的人？”父母首先要把这个问题抛给孩子，让孩子自己选择交友方向。

2.把自己当成孩子的朋友。父母要本着理解、信任和尊重的态度，多与孩子进行感情沟通，了解他的愿望和苦恼。

3.要给孩子一个民主宽松的环境，尽力帮孩子实现自己的愿望，改善孩子在集体中的地位，帮助他赢得“重视”和“尊重”。

第95招

恋爱的孩子伤不起——引导儿子走出早恋

从男孩入学起，就总能听到妈妈这样那样的抱怨，而其中最令妈妈担心的莫过于男孩的早恋。随着各种媒体的不断发展，孩子受其影响，变得越来越早熟。很多青春期男孩会对异性产生好感，但是，值得妈妈注意的是，这时的好感往往只是一种单纯的友谊，在以后的日子，这种好感会随着男孩年龄的增长逐渐趋于理性。

因此，妈妈在谈及孩子早恋的时候，首先要认清“早恋”这个词的真正含义。这时的早恋一般都是一种青春期前后非理性的好奇、爱慕。那么，妈妈应当怎样在尊重孩子的同时，又帮助其解决情感上的问题呢？

首先，当你的儿子对你说他喜欢上了一个女生时，你绝对不能恶语中伤。毕竟，一个男生对一个女生的情感是美好而纯洁的，这也是男孩成长的一个重要标志。所以，面对孩子生命中展现出的自然情感，妈妈千万不可妄下结论，甚至奚落孩子的感情，否则很难与孩子坦诚沟通。

学会理解和尊重孩子的感情

随着青春期的到来，男孩逐渐开始发育，这时他们对独立和自由的渴望是非常强烈的，也是非常容易产生叛逆心理的时期。他们对异性的好感有时是不受自己控制的，这也是青春期孩子最正常的反应。因此，对于青春期男孩的这种情感，妈妈首先应当予以尊重和理解。

下面是李女士的一段亲身经历：

我儿子上初中了，那天我无意中发现了儿子写给一个女孩的一封情书，当时我就意识到他可能早恋了。起初，我想把信私自留下来，等他回来好好地质问他，并将信作为一份证据，但是很快我又制订了一个新的计划。我故意将信草草地放回抽屉里，让他知道肯定有人看过了，而这屋子里只有我和他爸爸，这样他心里就会有个底。

果然，下午放学后，儿子和我打了个招呼便走进房间，他在里面待了大概半个多小时才出来，这与他平时很不一样，平时他都会放下书包就出来的。

我能体会到儿子此时的心情，于是让他坐在我的旁边，并用温和的语气对他说："你是不是有什么事情要告诉妈妈？"

儿子看着我，他的眼里有点儿怒气，我猜想是因为我私自看了他的信，他沉默了一会儿，说："没错！我喜欢班里的一个女生！"

我看了看他，然后很高兴地说："是吗？那首先要恭喜你终于长大了！因为你已经有了能够发现美的眼睛和懂得爱的心了。"

儿子不敢相信自己的耳朵，吃惊地看着我，我继续笑着问："那么，她喜欢你吗？"

接下来，我们轻松地聊了起来。当我了解到儿子只是单相思后，我又潜移默化地为儿子讲了很多关于早恋的故事，告诉他对异性好奇是正常的，但要保持一个度，要保持一个良好的形象等。就这样，我取得了儿子的信任，也让他感受到了我对他的理解。

事实上，任何一个男孩对异性产生好感的同时，心里都会出现很多困惑，此时，他最需要的就是妈妈的理解和尊重，需要一个能够像朋友一样帮他解决问题的人，而不是一个不分青红皂白就责备他的妈妈。

在男孩早恋问题上，如果妈妈能够表现出一种豁达和尊重，并像朋友一样站在男孩的角度去帮助他解决问题，那么，他一定会变得越来越理性，最后将自己的爱慕沉淀在心里。

教男孩理智地认识、对待早恋

小雨最近的学习成绩大幅度下降，原来是他喜欢上班里的一个女生，每天都无法把精力放在学习上。班里的老师得知后，及时地把这个情况告诉给了小雨的妈妈。

在一个阳光明媚的周末，小雨的妈妈突然要儿子陪自己到果园去玩儿。正值春季，树上一些花都开了。小雨的妈妈随手摘下了一朵，小雨惊讶地对妈妈说:“这花开得这么漂亮,为什么你要摘下它呢？”妈妈却冷静地回答:“这花确实很漂亮,但却不会结果实。”小雨好奇地问：“为什么呢？”妈妈解答说：“这些花是由于肥料充足才开放,而一遇到春寒它就会自动衰落。也就是说，没有任何生命力的花，还不如先把它摘掉。这就像爱情一样，过早的恋情往往都承受不住风吹雨打，只有经过时间考验、理智而成熟的爱情才会圆满。”妈妈的话顿时化解了小雨心中的疑虑。此后，他的生活再次步入正轨。

妈妈可以借助各种方式暗示男孩，早恋就像一朵鲜艳的花，必须具备温度、土壤及正确的时令才会结果，否则会过早地凋零。

爸爸应间接地影响男孩

怎样和早恋的男孩沟通，已经成为妈妈最大的心事。当然，与男孩沟通时，爸爸也应参与。因为爸爸作为家庭生活中男孩最先接触的男人角色，与男孩沟通起来会比妈妈容易得多。爸爸可以轻松地告诉自己的儿子：“你现在的所感所想，我都经历过。现在回头想想，都是一些很不成熟的想法……”以聊天的方式与男孩共同回忆你的过往，比单纯的说教要强得多。

除了在生活中要与儿子保持良好的沟通外，爸爸还可以通过一些日常生活的小细节间接地对男孩进行引导。比如，在看一些电视节目时，和你的孩子一起讨论其中的人物，并将一些正确的思想灌输给他；在生活中还应适当给男孩讲述一些有关男人魅力、胆识、梦想、勇气、责任的话题，以便孩子找到自己的现实位置，淡化心中的恋情。

专家课堂

父母应如何看待孩子的早恋？心理专家李子勋的建议是：

1.要重新评价对孩子的前期印象，对青春期的孩子重新定位，不要再认为他在“恋爱”方面还是白纸一张。

2.要意识到孩子有这样的情感活动，但因孩子没经验，所以父母要仔细、谨慎地考虑孩子是否需要指导，以及怎么指导。

3.在给孩子“恋情”方面进行指导时，指导方式应是朋友式的，或者是旁观者建议的方式。

第96招

性教育是必修课——妈妈如何对男孩谈性问题

可能大多数妈妈，尤其是男孩的妈妈都会觉得对儿子谈性问题是件特别尴尬的事情。其实不然，男孩进入青春期后，在生理和心理方面尚不成熟，对性问题十分好奇，同时也存在着很多疑惑，很希望搞清楚。这时，如果妈妈能与儿子谈谈性问题，就可以解除男孩心中的疑问。

生活中，有些男孩通过一些非正规的途径获取性知识。要知道，那些途径是有害的，通过它们获取的知识非常夸张、有失常理，甚至还有些变态和暴力，不能从根本上让男孩认识性，如果男孩照此学习和模仿，难免会出现性偏差行为。因此，妈妈应以自然、正常的态度，教给男孩正确的性观念，让孩子在很自然的情况下吸收性知识。

为了更好地对男孩进行性教育，妈妈应该多掌握一些与性教育有关的知识。有了足够的知识储备，与孩子谈论性问题时才会更游刃有余。

教儿子认识性问题，给他更多知情权

有一个男孩在睡觉时发生了遗精现象，他认为自己生病了，非常担心，但由于“病情”发生在私密处，他又不好意思告诉自己的妈妈。于是，他便在书摊上买来一些书籍，想从中寻找到答案。

一天，男孩的妈妈在整理他的房间时，发现了这些书籍，妈妈恍然大悟，这才意识到是时候告诉孩子一些性知识了。于是，以非常轻松的口吻给儿子写了一封信。信中介绍了一些青春期的性知识。男孩明白了这些后，不再为自已感到担心，心情放松多了。

妈妈应该给儿子更多的知情权。正因为他不知道的东西太多，才会去尝试。妈妈可以开诚布公地与孩子讨论性及性器官的基本常识，把正确的知识清楚地告诉孩子，从而让他懂得如何尊重、爱护自己和他人。

发现男孩对性产生兴趣时，不要呵斥他

这是一位妈妈的教子经历：

我儿子 15 岁了，正值青春期。一次我去他房间找东西，忘记了敲门，却发现儿子正躺在床上，尽管他的身上盖着被单，但我能清晰地看出他的手正放在下体上……我马上转移开视线，假装没在意他的行为，随便在他的书柜中翻出一本《红楼梦》就离开了。

过了一会儿，我决定找儿子谈谈。我特意以《红楼梦》为话题，对儿子这样说道:“《红楼梦》这本书挺有意思的，里面有个人物叫贾瑞，他得了重病，有一位道士来给他治病，送给他一面神奇的镜子。镜子从正面照会出现一位漂亮的姑娘，而从反面照就会出现一具可怕的骷髅。道士嘱咐贾瑞，千万不要照正面，可他不听，每天都贪恋美女，结果不久便送了命。这就是因为他太不节制自己了。”儿子听完后，脸上流露出懵懂的神情。

接着，我不再拐弯抹角，与儿子面对面地谈起性问题。我深入浅出地告诉儿子：男孩在青春期有哪些心理特点，男孩与女孩有什么区别，女孩的身

体有什么特点……使儿子对男性和女性有了比较全面的认识。接着，我便对儿子解释什么是手淫。我告诉儿子："手淫是男孩长大后出现的一种正常的自慰行为。很多男孩都有手淫的行为，没什么见不得人的，但是要懂得节制。"儿子听完我的话后，好像一下子变得轻松了。

慢慢地，儿子手淫的次数变少了。看到他平安地度过了性萌动期，走上了健康之路，我由衷地感到欣慰。

当你发现自己的儿子有手淫等行为时，千万不要大声怒斥他。否则，要么会让孩子对性更加好奇，要么会让他觉得自己是罪恶的、可耻的。

遇到这种情况时，妈妈应该告诉男孩如果不知节制会影响到他的健康。如果你觉得尴尬、无法开口，可以将一些性教育书籍、科普杂志摆放在孩子的桌子上。男孩看到后，既能获得正确的性知识，又会对你无声的关爱和理解心存感激。

从正面引导男孩度过性冲动时期

男孩不可能永远长不大，不可能永远没有欲念。所以，他在青春期出现性冲动是非常正常、健康的现象。妈妈只要加以正确引导，分散其注意力，男孩的性冲动现象就会有所缓解。妈妈可以先从净化孩子身边的环境做起，还可以多带孩子参加一些体育活动、集体活动； 多让他读一些自然科学、社会科学方面的书籍……这样，他的精力就会集中到学业等方面上来。

专家课堂

教育专家郑委在谈到青少年性教育的问题时，认为父母应从以下几方面去做：

1.让孩子通过青春期读物等正规渠道学习生理知识。

2.尊重孩子，并学会与孩子进行有效沟通。

3.重视情感教育，帮助孩子树立正确的人生观、价值观、恋爱观、婚姻观和家庭观。

第97招

去糟粕，取精华——引导男孩合理使用网络

每到假期，王女士就坐立不安。因为一放假，她的儿子王蒙每天就对着电脑浏览网页。为了防止儿子在网上接触到不良信息，王女士只要一看到儿子坐在电脑前，就在儿子房间内走来走去，一边监视着孩子的一举一动，一边对孩子唠叨个不停。但在这种“高压”之下,儿子依旧聚精会神地浏览网页、玩在线游戏，丝毫没有离开电脑的意思。无奈之下，王女士在电脑上设置了密码。王蒙知道后，对妈妈的做法非常气愤，他再也不在家上网了，网吧成了他休息时的栖身之地……

互联网是时代进步与发展的产物，它一方面为孩子提供了丰富的图文、声音等信息资源，创造了精彩的学习、娱乐与交往的空间；另一方面，互联网中庞杂的信息，诸如色情、暴力等内容，也在潜移默化地侵蚀着孩子的心灵。如何发挥网络资源的正面作用，消除其负面影响，成了妈妈面前的一个难题。

为了避免男孩沉迷于网络，有的妈妈在家里装了拦截不良信息的软件；有的妈妈则给孩子买电脑却不开通网络，只让孩子在电脑上看看教学光盘；有的妈妈害怕孩子去网吧上网，于是在休息日把孩子关在家里， 不让孩子出门……但没过多久，妈妈就会发现，这样的方法都是治标不治本的。密码和大门虽然可以阻止孩子接触网络的行为，但与此同时，也关住了男孩那种渴望自由和探索未知世界的好奇心。而且，这种过分阻拦的行为对于正处在叛逆期的孩子来说，无疑是一种反向推动力，会将他逐渐推入网络的陷阱。

那么，究竟该用什么方法才能引导男孩健康上网、安全上网，避开那些网络陷阱呢？我们都知道“大禹治水”的故事，在面对洪水的时候，大禹没有像前人一样采取堵的方式，而是另辟思路，以疏通的手段治理好了洪水。

妈妈在面对爱上网的孩子时，也应该效仿大禹，放弃“蛮堵法”，而采取正确的“疏导法”。

对于妈妈来说，最理智的方式就是：合理地引导孩子自觉地回避网络上的色情、暴力等不良信息，利用优质的网络资源提高自己的各项能力。

通过耐心的沟通，打开男孩封闭的心门

研究发现，凡是喜欢上网的男孩都有一些共同点——性格孤僻、内向，不善于人际交往，情感淡薄，与父母有矛盾等。若想改变男孩的这些状况，妈妈一定要与他进行有效的沟通。

沟通前，首先要求妈妈对网络有一个正确的认识，了解网络的利与弊。接着，以温和的态度告诉孩子如何正确地使用网络，如何避开网络中的不良信息。

下面是一位妈妈的成功教子经历：

一年前，我的儿子小山迷恋上了网络。一味地纵容他上网肯定不行，而贸然地制止又会引起儿子的抵触心理。经过深思熟虑，我决定偷偷地做儿子的网友。

于是，我以“明月”的网名加儿子为好友，经常有事没事找他闲聊。一个月后，我便取得了儿子的信任，成了与他无话不谈的“老大姐”。一次，小山告诉“明月”：“我真的很孤单，我的妈妈总是很忙，每天只把工作当成头等大事，根本不关心我，所以我才借助网络寻找关爱……”听完儿子的讲述，我真的很自责，后悔没有关心孩子的心理状况。于是，我又作了一个决定——永远维持自己在网络上的身份，做孩子幕后的朋友，默默地支持、鼓励、引导他的行为。同时，在生活上我要多给予孩子关注，让他体会到家庭的温馨、妈妈对他的爱。

有一天，儿子给“明月”留言：“我可能要与你暂别一段时间，因为我要考高中了。我不想让关心我的妈妈失望，必须以优秀的成绩回报她。”看见留言的那一刻，我笑了，儿子懂事了，没有枉费我的良苦用心……

生活中，不少男孩在最开始接触网络时，对网络的喜爱程度并不是很深，但由于妈妈的过度限制，反而会激发他们的好奇心或叛逆心理。

对于孩子来说，家庭和妈妈的爱是重要的支持。妈妈一定要时刻关注孩子，不要抱着有学校、有老师教育这样的观念，对孩子放任不管。妈妈对孩子付出爱，孩子也一定能感受到妈妈的爱，家庭中的爱会在孩子心底生根发芽，成为孩子成长中最大的动力，孩子自然也不会去虚拟的网络寻求关爱了。

培养孩子辨别是非的能力

网络其实并非洪水猛兽。如果能引导孩子学会健康上网，不仅能够开阔视野、 促进交流，而且可以促进男孩的个性化发展。那么，妈妈具体该如何做呢？

男孩刚学会上网时，妈妈可以在一旁加以指导：为孩子推荐一些有益的网站 ，帮助孩子了解国内外的重大新闻，为他选择一些利于学习的辅助资料，帮助孩子下载一些有意义的学习或娱乐视频等。通过妈妈的指导，孩子可以学会搜集、选择、整理、归纳和运用信息，对提高自己的学习成绩大为有利。

长期坚持，孩子还能拥有强大的辨别能力。这样，在纷繁复杂的网络信息时代，孩子就会自觉接受优质信息的陶冶，妈妈再也不必担心孩子会受到不良信息的影响了。

投其所好，与儿子建立亲密的关系

下面是李女士的一段经历 ：

小武13岁了，半年前开始接触网络游戏，很快就达到了痴迷的程度，经常旷课逃学去网吧上网，学习成绩不断下降。无奈之下，李女士只好每天接送小武，限制他的零花钱，把家里的电脑设上密码，但小武依旧沉迷于网络游戏，即使没有办法坐在电脑前玩儿，他也会买各类游戏书看。

于是,李女士开始改变自己的教育方式。她开始尝试玩儿子喜欢的游戏，去体会儿子的爱好……久而久之，小武觉得原来他与妈妈之间除了亲情之外，还能像朋友一样相处。

成为朋友后，李女士开始在言谈之间提及一些关于沉迷于网络的坏处和一些孩子因染上网瘾而犯错的故事，潜移默化地去改变小武的认知。当小武对网游的危害有一定认识后，李女士又开始转变思路，向小武讲述一些有趣的电脑知识。渐渐地，小武不但不再痴迷网络游戏，还学会了很多实用的电脑软件技术。

这位妈妈的做法很明智。她在与孩子聊天的时候，从不揪住上网这件事情说个没完，而是投其所好，先置身于网络中体验男孩的爱好，并以此为话题，与他建立稳固的朋友关系。最后，再通过正确的引导，教给孩子如何利用网络来增长自己的知识，开阔自己的视野。

任何事情都有利有弊，网络也是如此。只要你运用得当，网络不仅不会影响孩子的健康成长，还会成为他学习、生活的辅助工具，更能成为妈妈与孩子亲情的纽带。

专家课堂

男孩经常上网玩游戏，父母非常担心孩子沉迷网络会影响他的学习和成长，对于如何改善这一状况，教育专家王金战提供的方法是：

1.父母要有耐心，并且要为孩子提供一个温暖、民主、宽松的家庭环境，让他在家里有一种很舒服的感觉。

2.父母要学会改变自己，更要学会跟孩子进行良好的沟通。

3.学会给孩子确立目标，分散他在网络上的注意力。

第98招

诱惑面前及时转身——教男孩远离不良诱惑

五光十色的大千世界里，可谓无奇不有，在男孩的周围自然也存在着很多的诱惑。吸烟、酗酒、黑社会团体、毒品、色情等不良诱惑严重地影响着男孩的身心健康。因此，妈妈必须教会孩子学会分辨和自觉抵制社会生活中那些看似“光鲜”的不良诱惑。

一名戒毒中心的医生在自己的博客中这样写道：

身为一名戒毒医生，我每天都会看到一些吸毒的人被送进来，这对我来说已经是习以为常的事情了。但最近两年，看着越来越多的十几岁的花季少年被送进来，我的心被刺得更痛了。我不禁要问：“这些应该在明亮的课堂里认真读书的孩子，为什么会染上这样致命的‘恶习’呢？”

前两天，一个15岁的清瘦少年被妈妈送进了戒毒中心。据他的妈妈讲，这个男孩子虽然从小爱玩儿好动，但学习成绩一直不错。随着他进入青春期，外面各种各样的不良诱惑就像旋涡一样，不断“吸”着他“下沉”。

上初三的时候，这个孩子可能是因为学习压力突然增大，脾气变得很暴躁，而且又迷上了网络游戏。因为爸爸妈妈在家管得严，他就经常跑到外面去上网，于是在网吧里遇到一些不学无术的不良青年。和他们混熟之后，这个男孩开始吸烟、喝酒、打架。有一次，其中一个哥们儿给了他一支烟，这个孩子想都没想就吸上了。从那之后，他就再也离不开这种烟，而且为了能够有足够的钱让自己“享受”，他竟然开始偷家里的钱。要不是妈妈发现后报了警，可能永远都不知道自己的儿子竟然在吸毒。

由于青少年自身意志力薄弱，再加上模仿力强，没有很强的分辨能力和认知能力，所以他们很容易把不良现象和行为当成追求“酷”“时尚”的一种表现和途径，这也是造成他们成为瘾君子的主要原因。

天底下恐怕没有妈妈会希望自己的儿子成为人们口中的烟鬼、酒鬼、吸毒者，但面对处在青春期的男孩，妈妈该如何让他远离那些不良诱惑呢？

用决心和恒心为儿子创造无烟环境

张好是一名初二的学生，有一次他妈妈在为他整理书包时，发现了藏在夹缝里的香烟。其实像这样的情况妈妈已经发现了很多次，但儿子就是屡教不改，这让她深深意识到问题的严重性。不过这一次，张好的妈妈并没有像上次那样狠狠地教训儿子，而是忍住心中的愤怒，仔细盘问张好究竟是怎样学会吸烟的。

“我们班会吸烟的男生经常聚在一起买烟，而且他们经常在我面前炫耀，还总是对我说吸烟的感觉有多棒，不吸烟的男生根本就不算是男人。他们总是拉帮结派，看谁不吸烟就故意刁难谁。所以为了和大家打成一片，也为了不让那些男生笑话，我才学会吸烟的。”听了儿子的回答，张好的妈妈感到异常震惊和担心，现在的初中生竟然一个个成了烟不离身的“小烟鬼”，还自诩是一种成熟男人的表现，这样下去对他们的学习、生活和身体健康都会产生不良影响。

和张好的妈妈一样，很多妈妈也有这样的担心。现在的男孩好像认为吸烟就是一种成熟的标志，是一种爷们儿的表现，而且他们还有很多的理由——“我爸也吸烟”“现在哪个男生不吸烟，你看来我们家的客人，只要有男的，都会递烟”……

男孩为什么能这么理直气壮地为自己的行为辩护？其根源就在于我们没有给他创造一个真正的无烟环境。所以妈妈与其整天对儿子说“吸烟有害”，不如从现在开始用你的决心和恒心为儿子创造一个无烟环境。男孩生存在这样的环境中，再也找不到吸烟的借口，会逐步改掉吸烟的坏习惯。

以身作则，戒酒从爸爸开始

处在生长发育期的男孩，心理发展尚未成熟，身体各器官对酒中的有害物质极为敏感，所以喝酒会对他们的身心健康造成不良影响。

但由于青少年对酒存在一些错误的认识，或者受朋友、同学的影响与鼓励，或者是因为学习、生活上的压力，进而他们希望借由喝酒来获得某种安慰。这时，爸爸就要给孩子做好榜样，用自己良好的生活习惯去影响他。

有一位爸爸是这样做的：

我不是个酒鬼，但平时高兴的时候或者家中来客人的时候，我总爱喝点儿小酒，有时候也会喝醉。我爱人虽然说过我很多次，但我不以为然，觉得男人不喝酒、不吸烟就不是真正的男人了。

不过，随着儿子年龄的增长，我发现我的这些坏习惯对他产生了很坏的影响。上初三的他竟然喝酒、吸烟、打牌……为了让孩子改掉坏毛病，我决定先要改正自己的坏习惯。于是，我和儿子“约法三章”，在他18岁之前，我不会再喝一滴酒、吸一支烟，而他也要遵守这个约定。从约定生效之后，我真的戒烟、戒酒了。虽然这个过程很痛苦，但是我要让儿子看到我的决心和诚意。果然，儿子的坏毛病都渐渐改掉了。

早预防、早发现，让男孩远离毒品

毒品对青少年的危害不单单是一个人，对一个家庭来说更是灭顶之灾。那么，怎样才能让男孩们远离毒品呢？妈妈首先要做的就是早预防、早发现。

从男孩还没有进入青春期开始，妈妈就要多给他讲解一些“吸毒有害”的知识，也可以带他去参加一些“青少年预防毒品”的讲座和展览，或者让他观看一些这方面的教育影片。

平时，妈妈一定要培养孩子良好的生活习惯，切忌让他接触一些不良环境和交一些品行很差的朋友，以免孩子在不知不觉中受到毒品的侵害。

专家课堂

吸烟、喝酒等不良嗜好对男孩的影响是无处不在的，教育专家王金战认为，处在青春期的男孩更容易在这些问题上不知所措，所以父母要帮助孩子从困惑中走出来。具体方法简单归纳如下：

1.父母应给予孩子所需要的关心和爱护，而不是责备和训斥。

2.父母要信任孩子，无论何时何地都要让孩子坚信“爸爸妈妈是我坚强的后盾”。

3.如果有可能，尽量多跟孩子在一起，用自己良好的生活习惯去影响孩子，引导他改掉自己的某些不良嗜好。

第99招

抵制垃圾节目——别让暴力侵蚀男孩的心灵

电视、网络、手机都是青少年生活中很重要的获取信息的渠道，但大量的信息难免存在暴力、血腥、色情等不良内容，对青少年造成不良的影响。因此，妈妈要帮助孩子提高分辨能力，自觉抵制垃圾信息。

有一位心理学家做过这样一个试验：

他随机把两组孩子分别安排在两个房间里，一组观看暴力打斗的电视节目，另一组则没有观看这些暴力节目。奇怪的事情很快就发生了，当电视节目播完之后，观看暴力节目的孩子因为玩具开始厮打起来 ；而另一组孩子则没有出现任何争斗的现象。于是，心理学家得出这样一个结论：观看暴力、血腥的电视节目对孩子的影响很大，甚至会引发孩子的模仿行为。

以看电视为例，妈妈该怎么引导男孩抵制垃圾节目呢？

陪同男孩一起看电视

可能很多妈妈会说："儿子小的时候我可以陪他看会儿动画片，现在都这么大了，看个电视还要有人陪？"当然，妈妈不仅要陪他看电视，最好和他进行交流、讨论。因为随着男孩年龄的增长，他们已经渐渐具备了一定的认知能力和判断能力，但他们这方面的能力还不完善，所以依旧需要妈妈的帮助。

另外，对于那些"电视王"男孩，妈妈要尽量多带他出去参加户外活动和社交活动，减少他看电视的时间，或者培养他的其他兴趣，比如打球、游泳、登山等。

妈妈要有选择地让男孩看电视

青春期男孩往往会把更多的目光转向武侠、警匪等电视节目上，而这些电视节目可能就存在一些暴力镜头。

一位妈妈曾在日记中这样写道：

儿子从五六岁开始就特别喜欢看武侠、枪战类的电视剧，一开始我并没有太在意，认为男孩喜欢这类型的电视节目很正常。但是当我的儿子进入青春期后，我发现他的性格变得很暴躁。以前他和别人打架，我觉得批评他两句也就行了，可是前两天他竟然拿砖头砸了一个同学的头，这下我才知道事情比我想象的要严重得多。我想他出现暴力行为和他一直以来看那些暴力内容的节目有一定的关系。

平时，妈妈应该让男孩多看一些有益他学习和身心的电视节目，例如，看一些科技、教育频道，或者观看一些益智、休闲的电视节目等。

规定男孩看电视的时间

任何一档电视节目都是有时间的，妈妈完全可以通过调控孩子看电视的时间，来让他有选择地观看一些适合他的电视节目和影片。

下面这位妈妈做得就很好：

儿子已经是一名高一的学生了，但是他平时非常喜欢看电视，尤其是打打杀杀的电视剧。为了让儿子把更多的精力放在学习上，也为了避免电视节目对孩子造成不良的影响，我每天都会规定他看电视的时间。

我在给儿子规定看电视的时间的同时，还对节目内容进行了精心挑选，如新闻、科技、励志类的节目等。一段时间下来，我发现儿子与我讨论的话题内容发生了变化，不再局限于武侠片等类似内容，而是开始给我当起了“科技讲解员”，他的学习成绩也慢慢提高了，他的变化让我感到十分欣慰。

专家课堂

教育专家郑委在“电视要不要看”的问题上，认为父母在以身作则的前提下应适当把选择权还给孩子，具体做法是：

1.事前有约定——根据孩子的年龄，规定合理的看电视时间。

2.事中有提醒——及时提醒孩子“时间快到了”，但避免提醒频繁惹孩子厌烦。

3.事后有总结——根据事先的约定，订立奖罚规则。

第100招

人生只有一次——教男孩热爱生活、珍惜生命

在世人的眼里，男人就应该是坚强的，他们有一颗能够经受打击的强大心灵，但再勇敢、坚强、乐观的男人都会有脆弱的一面，尤其是当他还是一个青春懵懂少年时，他的心并没有人们想象的那么坚毅。

下面我们就来看一个真实的事例。

初二的李星同学因为不堪忍受同班同学的欺负，竟然趁家中无人之际，留下一纸遗书后，在浴室割腕自杀。李星刚刚14岁，平时也是一个十分乖

巧的男孩，从来没让家人操过心。人们在他稚嫩的笔迹里看到这样的话语："亲爱的爸爸妈妈、爷爷奶奶，对不起，我走了……我实在是无法忍受别人的嘲笑和欺负了，我只有选择死，只有死亡才能让我的痛苦结束。我爱你们，但我不想这么痛苦……我以后再也见不到你们了，我爱你们……"

如何给青春期男孩上好"生命教育"这一课，显得尤为重要。

让男孩学会坦然接受生命的终结

死亡并不是一件可怕的事情，它就和新生命的降生一样，是最自然的事，因此我们必须让青春期男孩学会坦然接受生命的终结。

东东是由外婆从小带到大的，所以和外婆的感情非常深厚，外婆因为重病离开了人世，这让东东难以接受。再加上外婆去世的时候，东东正在上寄宿高中，妈妈怕他分心，就没有告诉他，直到暑假东东才知道最疼爱自己的外婆已经去世了。东东很伤心，对死去的外婆怀有一种深深的愧疚，认为自己很不孝，都没有见外婆最后一面，所以那个暑假他异常的消沉，谁也不理，经常把自己锁在房间里。

妈妈决定和儿子好好谈一谈："东东，妈妈知道外婆的离开你很难过，妈妈和你一样难过，直到现在我也不相信我的妈妈已经离开我，我总觉得她去了一个很远的地方，总有一天还会回来看我的。"说到情深处，妈妈的眼圈红了。

"妈妈，我也有这种感觉，我到现在也不相信外婆不在了。"东东说着眼泪就流了下来。

"好儿子，妈妈理解你的感受。不过，外婆确实是不在了，有一天妈妈也会不在，这是大自然的规律……"

"妈妈，我现在心情好多了。"说完，妈妈和儿子相视一笑，悲伤的氛围被这温暖的话语化解开了。

用恰当的词语向男孩表达和描绘死亡

很多妈妈对自己的儿子讲到死亡时，总是会变得闪烁其词，或者用其他浪漫的语言掩饰。例如有些故事在谈到死亡时，更多是用神话或浪漫体验来代替，这样会让男孩产生一种错误的认知：死不算什么，只是一个通道，或者死后可以复生、轮回。很显然，这种认知是不科学的。

因此，妈妈在回答男孩有关死亡的问题时，绝不能将那些错误的死亡观念传递给你的儿子。正确的方法是，首先要让孩子明白死亡的客观存在，而且人人都会面对。同时你要告诉他死亡既不是浪漫的事，也不是可怕的事，而是一件人人都会遇到的平常事，鼓励男孩坦然面对。

让男孩正确认识到自己生命的价值

很多青春期男孩有时会问大人："人为什么会活着啊？"这是一个仁者见仁、智者见智的问题，但答案必定是积极的、乐观的、向上的，因为只有这样的回答才能让男孩正确认识"人来到这个世上是为了什么"，才能用充满希望和热情的双手去打拼美好的未来。

有一位明智的妈妈是这样做的。

一天，上初二的儿子突然好奇地问我："妈妈，人为什么要活着呢？"我笑了一下，虽然对儿子的这个问题有些惊奇，但我还是决定好好回答："儿子，你这个问题问得非常好。因为我也有这个疑问，但是现在我想明白了。人是因为爱才活着，才情愿在世上走一遭的。就像我是因为有你爸、有你，还有外公和外婆的爱活着的。因为你们爱我，所以我才活得有希望、有成就感。"

儿子听完我说的话想了一下，然后狡黠地笑着说："妈妈，那如果有一天我们都不爱你了，你怎么办？"

我微笑着说："如果有一天你们都不爱我了，我也会把自己无私的爱奉献给你们，让你们能因感受到我的爱而活着。"

儿子有些感动地说："妈妈，我会一直爱你，我也会因为爱而活着。"

专家课堂

儿童心理学家海姆·G. 吉诺特说：“如果死亡对于成年人来说是一件难以捉摸的事情，那么，对于孩子来说，死亡就是神秘面纱下的谜团。”因此，为了帮助孩子正确面对死亡，应该这样做：

1.不应剥夺孩子痛苦和哀伤的权利，应该让他自由地为失去的生命和爱而哀悼。

2.允许孩子充分地表达出他的担心、幻想和感受，此时成年人只需做一个贴心的聆听者。

3.简洁、诚实地告诉孩子死亡的真相时，应给他一个充满善意的拥抱并投以关切的眼神，让孩子安心。

附录一 亲子沟通忌语

生活在批评之中的孩子，学会了谴责；
生活在敌意之中的孩子，学会了争斗；
生活在恐惧之中的孩子，学会了忧虑；
生活在讽刺之中的孩子，学会了害羞。
一句话，可以改变孩子的一生。

1.“出去就永远别回来！”

专家建议：当男孩顶撞父母时，威胁或以暴制暴只能激化矛盾，恶化亲子关系。父母应该多一些宽容和理解。

2.“为了妈妈，你一定要考好！”

专家建议：父母应给男孩足够的自立、自主空间，不要把自己的意愿强加在孩子的身上，别让孩子为了父母而学习、生活。

3.“要是这样，你一辈子都没有出息！”

专家建议：父母教育男孩时切忌否定男孩。应该以男孩的优点和兴趣为着眼点，鼓励男孩，从而加速男孩的进步。

4.“你问我，我问谁！”

专家建议：父母说这种话会使男孩觉得受到了冷遇。这时，不妨说：“我也不太清楚，你可以再好好想一想。”

5.“说你几句就不高兴！”

专家建议：男孩挨骂后自然会有情绪，父母这时不要火上浇油再数落他了。

6.“你怎么这么笨！”

专家建议：父母批评男孩时切忌使用讽刺、过激的语言，以防阻碍男孩潜能的发挥，父母应帮助男孩找方法。

7.“你为什么不还手打他？！”

专家建议：不要纵容男孩报复，正确的做法是和男孩一起分析产生矛盾的原因，让男孩自己去解决。

8.“你这个‘人来疯’！”

专家建议：让男孩在日常生活中感受到家庭的快乐氛围，这是解决男孩“人来疯”的根本方法。

9.“别动，等你长大后再帮我！”

专家建议：父母应该分阶段培养男孩的动手能力，应该鼓励男孩去做，给男孩尝试的机会。

10.“不做完作业就别想玩儿！”

专家建议：父母应该和男孩一起制订一个合理的时间表，让男孩按照时间表来安排自己的时间。

11.“按我说的做！”

专家建议：男孩不是父母的傀儡，对于男孩的合理想法和意愿，父母不妨放手让男孩去独立完成。

12.“你敢不听我的话！”

专家建议：在劝说男孩时采取强压方式易激起男孩的逆反心理，应采取平等式沟通。

13.“老毛病还没改！”

专家建议：面对男孩的各种坏习惯，父母应仔细观察，找出原因，通过潜移默化的方法使他改掉坏习惯。

14.“你看看人家的孩子！”

专家建议：当男孩失败时，不要拿别人的孩子和他比较，这样容易导致他自卑，应该给予男孩安慰。

15.“没看我正忙着吗！”

专家建议：父母说这句话容易让男孩放弃探索和学习，可以告诉男孩你现在很忙，等忙过后再听他说。

16.“闭嘴，小孩子问那么多干什么嘛！”

专家建议：父母应该耐心回答男孩的问题，也可以和他一起查资料找答案。

17.“考 100 分我就给你买礼物！”

专家建议：与其用金钱去“引诱”男孩，不如找出男孩不愿读书的根源，然后对症下药。父母应以精神鼓励为主。

18.“你这个窝囊废！”

专家建议：这样数落、嘲讽男孩，会让男孩变得胆怯、自卑。父母的鼓励是男孩最好的助推力。

19.“马上给我滚！”

专家建议：这种话会让男孩觉得父母不再爱他了。父母应尽量克制自己，以避免伤害亲子感情。

20.“一点儿礼貌都没有，快叫叔叔！”

专家建议：父母应针对男孩不敢与人打招呼的具体原因，如怕生人等，采用具体办法帮助男孩提高交往能力。

21.“早知道这样，当初就不该生你！”

专家建议：这种践踏男孩尊严的话只会让他感到自卑，变得自暴自弃。父母批评男孩要注意用词。

22.“大人说话，小孩别插嘴！”

专家建议：这种话无形中会伤害男孩的自尊心。父母应该尊重男孩的表达需求。

23.“说不行就不行！”

专家建议：父母切勿制订过多的限制条件，这样会影响男孩的成长。父母应该倾听男孩的想法，并给出合理的建议。

24.“当个小组长有什么了不起！”

专家建议：男孩取得成绩后，父母要及时给予肯定和鼓励，这样男孩才会变得更有信心，更加努力。

25.“谁让你撒谎的！”

专家建议：当男孩撒谎时，父母应该通过间接引导的方式让男孩认识到问题的严重性，这样他以后就不会再犯了。

附录二 亲子沟通忌事

上一代教育我们的方式，不一定对；
习惯地对待孩子的行为，也可能错；
关心，不小心变成枷锁；
爱，有时却成了伤害。
一件事，会影响孩子的一生。

1. 拿孩子跟别人的孩子作比较。

专家建议：父母应用平常心面对孩子“不如他人”的事实，然后多给孩子创造自我展示的机会，相信他也能做到最好。

2. 夸大孩子的天然缺陷。

专家建议：父母应平静地接受孩子的一切，包括外表的小遗憾，既不能用缺陷逗弄自己的孩子，也不必刻意地掩饰它。

3. 用拳头告诉孩子对与错。

专家建议：父母惩罚孩子要有度，一定不要伤害孩子的自尊心，更不能伤害孩子的身体，很多时候说服教育比暴力教育更有效。

4. 用金钱“塑造”孩子。

专家建议：金钱不能代替亲子之爱，父母应多抽出时间陪陪孩子，了解孩子的真正需求。

5. 吓唬孩子。

专家建议：父母的“恐吓管理”并不利于孩子的健康成长，如果遇到不听话的孩子，父母正确的做法就是弄清楚孩子不良行为背后的原因，然后坦诚地指出孩子的错误。

6. 偷看孩子的日记。

专家建议：父母应给予孩子充分的信任和独立的空间，要让孩子有决定自己事情的权利，让孩子有自己的隐私。

7. 回避对孩子的性教育。

专家建议：父母应坦然面对孩子性教育的问题，开诚布公地与孩子讨论性及性器官的基本常识，让孩子知道大人对此所持的态度。

8. 孩子的理想，我做主。

专家建议：父母在谈论孩子的未来时，不宜用做大官、挣大钱、住豪宅这类功利想法来激励孩子，应切实尊重孩子的理想。

9. 孩子提出问题时加以否定。

专家建议：父母应多鼓励孩子发散性地思考，在衡量他的答案的合理性的同时，让孩子始终保持着强烈的好奇心。

10. 让孩子自己玩儿。

专家建议：父母不应漠视孩子的内心感受，除了给予孩子物质上的支持，还应该给予孩子精神上的关心。

11. 禁止孩子的顽皮行为。

专家建议：父母切忌对孩子什么都警告、什么都禁止，而应在第一次发现孩子做错的时候，明明白白地告诉孩子，这件事情对他会造成什么样的影响。

12. 老是给孩子开“空头支票”。

专家建议：父母不应该欺骗孩子，而是应恪守自己对孩子的承诺，做到不失信于孩子。

13. 一个“唱白脸”，一个“唱红脸”。

专家建议：父母在教导孩子时，应该保持相同的权威和立场，以免使孩子感到无所适从。

14. 觉得孩子的行为荒唐，嘲笑他。

专家建议：当男孩讲述他千奇百怪的想法时，父母最应该做的就是鼓励自己的孩子。

15. 当着孩子的面议论他人是非。

专家建议：孩子易受家庭和父母的影响，特别容易模仿大人。因此，父母切忌在孩子面前议论他人是非。

16. 带孩子串门，不让孩子吃人家的东西。

专家建议：父母没必要非让孩子禁锢自己的欲望，只要让孩子注意一些基本的礼仪就够了。

17. 总是命令孩子干什么、怎么干。

专家建议：父母在跟孩子讲话时，要特别注意自己的语气，摒弃那些命令的语气，应多用协商和提示的口吻。

18. 替孩子陈述冤屈。

专家建议：父母不应该替孩子陈述冤屈，而应该让孩子认识到委屈和误解是人生常见事，然后告诉他如何恰当地去选择时机给对方解释清楚。

19. 用分数、名次衡量孩子。

专家建议：父母应冷静对待孩子的成绩，并用欣赏和发展的眼光，帮助孩子发掘其自身的潜力和优势。

20. 把自己的梦想“移植”在孩子身上。

专家建议：孩子有实现自己梦想的权利，父母不应该把自己的梦想强加在孩子身上，而是应该鼓励孩子朝着他自己的梦想前进。

21. 干涉孩子交朋友。

专家建议：父母不要干涉孩子交朋友，更不要以自己的好恶来评价他的朋友，而是要相信孩子，在询问过孩子对自己朋友的评价后，再说出自己的想法。

22. 过分干涉孩子的衣着、发型。

专家建议：父母要正确看待自己和孩子在衣着、打扮方面的分歧，尽量尊重孩子自己的选择，允许孩子做自己喜欢的事情。

23. 忽略孩子逆境商（AQ）的培养。

专家建议：逆境商（AQ）对孩子的一生非常重要，父母不应对孩子过度保护、溺爱，而是应让孩子时常吃点儿“苦头”，学会如何应对人生的挫折和困境。

24. 责备孩子撒谎。

专家建议：父母应首先弄清楚孩子撒谎的原因，然后再决定用什么样的办法去纠正孩子的这种不良行为。

25. 不支持孩子的社会实践活动。

专家建议：父母应多支持孩子的社会实践活动，这些实践活动可以锻炼孩子的人际交往、团队合作等多方面的能力。